中国失能老人长期照护多元主体融合研究

基于财务供给的视角

RESEARCH ON THE INTEGRATION OF MULTIPLE SUBJECTS
IN LONG-TERM CARE OF DISABLED ELDERLY IN CHINA

Based on the Perspective of Financial Supply

曹信邦◎著

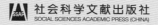

社会科学文献出版社
SOCIAL SCIENCES ACADEMIC PRESS (CHINA)

本书为国家社会科学基金重点项目"中国失能老人长期照护财务供给多元主体融合机制、模式与制度架构研究"（项目编号：16AGL014）的研究成果

前　言

　　随着中国人口老龄化进程的加快和中国家庭人口结构的小型化、核心化发展，老年人所占比重越来越大，失能老人数量在持续增加，失能老人长期照护财务总需求也呈现不断上升趋势，长期照护的财务风险已经成为个人或家庭沉重的经济负担，长期照护财务风险已经逐步演变为社会风险，需要政府从制度层面加以设计，以制度化方式化解失能老人长期照护的财务风险。但是长期以来，中国失能老人长期照护财务供给主要依赖家庭互助和政府、社会救助制度，还没有形成系统的、稳定的、制度化的应对措施，目前政府、家庭、市场、社会组织等多元主体的供给处于分离状态，还没有实现融合，资源使用效率低，失能老人长期照护需求没有得到适度满足。因而研究中国失能老人长期照护财务供给多元主体融合机制、模式与制度架构，有助于防范失能老人长期照护财务风险的发生，有助于保障失能老人的生活品质。

　　本书以福利多元理论和协同理论为理论基础，认为失能老人长期照护财务需求通过多元主体供给、多元主体之间协同供给可以形成新的、稳定有序的财务供给体系，可以实现长期照护财务供给多元主体融合的目标。本书构建了失能老人长期照护财务供给多元主体融合的概念、分析框架和分析工具，认为融合是财务能力和制度供给两个方面相互结合的状态，提出了多元主体融合机制可以通过财务能力融合与制度供给融合两个维度来分析。本书运用定性和定量相结合的方法以及比较分析法，分析多元主体融合机制、模式与制度架构。

本书得出以下几个方面的结论。（1）2020～2050年中国失能老人数量大、长期照护财务需求总量大、平均照护成本高且呈现不断上升的趋势，而政府、家庭、市场、社会组织等单一主体的财务供给能力不足，无法独立承担失能老人长期照护财务供给的责任，需要多元主体的融合才能实现。（2）建立"政府主导，长期照护保险为载体"的多元主体融合模式。失能老人长期照护财务供给多元主体融合的模式有分层替代型融合模式、任务主导型融合模式和多元主体协同型模式。中国失能老人长期照护财务供给多元主体融合模式应该充分发挥政府主导作用，建立"政府主导，长期照护保险为载体"的多元主体融合模式，其基本精神就是"以权力、资源和责任作为多元主体深度融合机制的纽带，建立以政府为主导的长期照护保险为载体的融资机制，以家庭、市场为载体的私人融资机制和以社会组织为载体的社会融资机制的融合"，以保障多元主体深度融合机制的实现。（3）由核心主体确定机制、责任分担机制、相互渗透机制和法律保障机制构成的四维机制共同作用，才能实现长期照护财务供给多元主体融合。（4）中国失能老人长期照护财务供给多元主体融合的制度架构由政府的制度安排、家庭的支持系统、市场的供给系统和社会组织的补充系统构成。其中政府的制度安排包括强制性长期照护保险制度、长期照护救助制度；家庭的支持系统包括个人储蓄支持和个人财产支持；市场的供给系统由市场自愿性的长期照护商业保险和市场竞争构成；社会组织的补充系统由社会组织非营利性机构和慈善募捐构成。（5）提出了多元主体财务供给融合的政策建议，认为政府应该加大多元主体内部资源和主体之间资源整合力度，明确政府、家庭、市场、社会组织在长期照护财务供给中的责任，加快构建长期照护保险制度，搭建多元主体信息共享平台，提升多元主体融合程度和效率。

　　本书主要有以下几个方面的创新。（1）提出了长期照护财务供给多元主体的融合是财务能力和制度供给两个方面相互结合的状态，从财务能力融合与制度供给融合两个维度来分析长期照护财务供给多元主体融合机制、模式与制度架构。（2）提出核心主体分析方法。运用单一主体长期照护财务供给能力的比较分析法，得出政府作为多元主体的核心主体具有经济上和政治上的优势，以此构建"政府主导，长期照护保险为载体"多元主体融合的模式，提出了长期照护财务供给多元主体融合机制。（3）发现单一主体长期照护财务供给能力与财务需求不均衡。本书中通过定量预测的手段，对单一主体财务供给能力进行分析，发现即使是中国政府作为单一主体也无法满足中国失能老人长期照护财务需求，需要多元主体共担失能老人长期照护的风险。

目　录

第一章　绪论

早在 2000 年，中国就进入了老龄社会，截至目前，中国已经成为世界上老龄人口最多、老龄人口增长速度最快的国家之一。老龄化带来的一系列社会问题日益凸显，失能老人数量不断增长、失能时间持续延长，家庭结构小型化，家庭照护功能弱化，长期照护已经成为社会面临的共同风险。而中国失能老人长期照护财务供给主体存在相互分离的倾向，还没有形成失能照护成本的社会共担机制。长期照护财务供给需要政府、家庭、市场、社会组织的共同参与，任何一个独立的个体都无法妥善解决失能老人所面临的风险。本书从中国老龄化背景下失能老人长期照护财务供给主体分离、失能老人长期照护财务供给不能满足需求的现实状况出发，在对中国失能老人长期照护财务需求规模预测的基础上，对单一财务供给主体的供给能力进行分析，进而验证多元主体深度融合的必要性，并对多元主体融合机制、模式与制度架构进行设计。

第一节　研究背景

一　现实背景

（一）人口老龄化进程不断加快

国际社会认为，当一个国家或地区年满 60 岁的老年人口占人口总数的 10%，或 65 岁及以上老年人口占人口总数的 7%，就可以认为这个国家或地区处于老龄化社会。中国自 2000 年进入老龄化社会以来，老年人口数量、老年人口占总人口的比重不断上升，老龄化程度不断加深。虽然与世界其他国家相比，中国进入人口老龄化社会的时间并不长，但是由于人均寿命的延长、相关政策的影响以及中国年青一代人口增长速度一直低于自然增长率等诸多问题的出现，中国社会老龄化速度不断加快，并有愈演愈烈之势。学术界普遍认同中国人口老龄化有一个显著特点，即增速快、规模大、未富先老。

表 1 – 1   2000 ~ 2015 年中国 65 岁及以上人口数及占总人口比重情况

单位：万人，%

年份	2000	2005	2010	2015
65 岁及以上人口数	8821	10055	11894	14386
占总人口比重	6.96	7.7	8.9	10.5

资料来源：《中国统计年鉴》（2001、2006、2011、2016），中国统计出版社。

图 1 – 1 反映了中国进入老龄化社会以来，人口老龄化迅猛、高速的发展趋势。

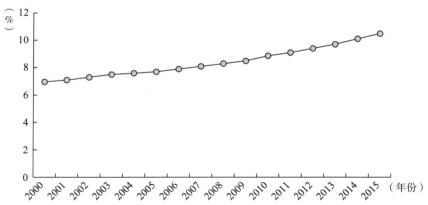

图 1 – 1   2000 ~ 2015 年我国 65 岁及以上老年人口占总人口比重

资料来源：《中国统计年鉴》（2001 ~ 2016），中国统计出版社。

《中国老龄产业发展报告（2014）》预测，2050 年全世界老年人口数量将达到 20.2 亿，其中中国老年人口数量将达到 4.8 亿，几乎占全球老年人口数量的 1/4，成为世界上老年人口最多的国家。老龄化快速发展的同时，必然包含着高龄化的快速推进。国家日益重视老龄事业的发展，力图全面提升全体国民生活幸福感。

当今社会由于医疗技术水平的发展，传染性疾病已经不再是影响老年人生存的最主要疾病。根据《世界卫生组织全球疾病负担评估报告》相关数据，慢性疾病已经成为影响老年群体健康的首要问题。老年人会随着年龄的增长而发生身心功能退化现象，其器官功能衰退，机体抗病能力明显减弱，患有慢性病或多种复杂的并发症的可能性增大，特别是高龄老人身心功能退化现象更为严重。① 老龄化的快速增长导致我国失能老人数量也不断增长，《中国老龄产业发展报告（2014）》发布的数据称，截至 2013 年，我国的失能老人已超过 3700 万人，并以每年 3% 以上的速度快速增长；到 2020 年，失能、半失能老人将突破 4600 万人。失能老人的长期照护问题日益凸显，形势日益严峻。失能老人的长期照护服务需要大量的物力、人力、财力支持，而目前我国人均收入较低，社会保障体系还不是很健全，大量的照护费用支出给需要照护服务的家庭带来沉重的经济和精神负担，成为社会一个不可忽视的共同的财务风险，需要政府、家庭、市场和社会组织等多元主体共同参与、相互融合。

（二）家庭照护功能弱化

中国传统文化历来提倡孝道，在传统社会中皆由家庭为失能老人提供长期照护，长期照护风险一旦发生，所产生的长期照护服务以及衍生出的财务费用将完全由个人和家庭承担。传统社会的家庭养老功能被强化，老年父母对子代具有较大制约力，直系家庭因而得以维系并占较大比例。② 但是，中国家庭结构在不到 30 年的时间里发生了巨

---

① 　E. Cambois, J. M. Robine. 1996. An International Comparison of Trends in Disability – free Life Expectancy. *Developments in Health Economics and Public Policy*.

② 　王跃生：《十八世纪中后期的中国家庭结构》，《中国社会科学》2000 年第 2 期，第 167 ~ 177、209 页。

大变化，从一个传统的金字塔形状的家庭结构演变为倒金字塔形状的家庭结构。出现"四二一"家庭，甚至是"八四二一"家庭，传统的家庭养老模式已经无法满足老年人的养老需求。随着计划生育政策和人口老龄化的影响，老龄人口在总人口中所占的比例越来越高，从图 1-2 可以看出，自 2000 年以来，老年抚养比越来越高，即养老压力越来越大，传统社会那种完全依靠家庭提供长期照护服务在当今社会已然不可能。

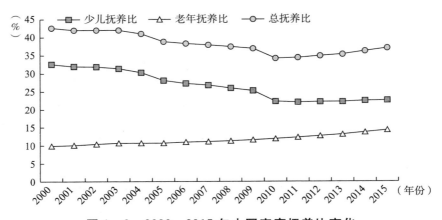

图 1-2　2000~2015 年中国家庭抚养比变化

数据来源：《中国统计年鉴》(2001~2016)，中国统计出版社。

地区间经济发展不平衡以及我国社会长期存在的二元经济结构差异，导致越来越多的年轻人选择外出务工，进行地区间劳动力迁移、流动。人口流动使核心家庭、直系家庭出现"缺损"，增加了单人户、"空巢"家庭、隔代家庭的比例。① 2000 年第五次人口普查时，65 岁及以上老年人的空巢率为 22.83%，到 2010 年第六次全国人口普查时，这一比率已增加至 31.77%。另外，随着社会的发展，年青一代的思想观念开始发生变化，年青一代与老一辈思想观念的冲突加剧，

① 王跃生：《中国城乡家庭结构变动分析——基于 2010 年人口普查数据》，《中国社会科学》2013 年第 12 期，第 60~77 页。

代际矛盾日益增多，更多的年轻人在婚后选择与父母分开居住。

表 1-2　1995~2015 年中国家庭户规模比重

单位：%

年份	1995	2000	2005	2010	2015
1 人户	5.89	8.30	10.73	14.53	13.15
2 人户	13.73	17.04	24.49	24.37	25.28
3 人户	28.42	29.95	29.83	26.87	26.42
4 人户	26.58	22.97	19.18	17.56	17.90
5 + 人户	25.38	21.74	15.77	16.67	17.25

资料来源：根据《中国统计年鉴》（1996、2001、2006、2011、2016）；《中国 2010 年人口普查资料》，中国统计出版社；第五次人口普查数据（2000 年）计算。

图 1-3 可以反映中国家庭户规模的变化趋势。

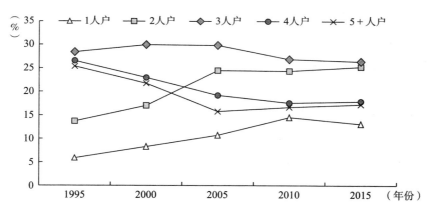

图 1-3　1995~2015 年中国家庭户规模比重

自 20 世纪 80 年代以来，由于计划生育政策的全面实施，家庭子女由六七十年代的三四个剧减为一个，加之生育成本的剧增，人们生育观念急速转变，家庭规模日趋变小。① 根据图 1-3 可以看出，计划

---

① 邓高权：《中国家庭结构变迁与养老对策探讨》，《湖南社会科学》2014 年第 4 期，第 109~112 页。

生育政策自实施以来 1 人户、2 人户家庭在总体上呈上升趋势，其中 1 人户家庭从 1995 年的 5.89% 上升至 2015 年的 13.15%，2 人户家庭从 1995 年的 13.73% 上升至 2015 年的 25.28%，3 人户家庭所占比重较为稳定。相反，4 人户、5 + 人户家庭总体上都呈下降趋势，且下降幅度较大，说明中国社会家庭呈现核心化特征，子女和老人共同居住比例下降。自 2013 年实施"单独二孩"政策后，2015 年"全面二孩"政策也相继出台。"全面二孩"政策虽然对于提升生育率、扭转中国人口结构形势有积极作用，但是由于孩童抚养成本的剧增以及年青一代生育观念的变化，在很长的一段时间内核心家庭数量不断增长的情况仍然不会改变。家庭规模总体上呈现不断缩小的趋势，家庭照护功能弱化。

（三）长期照护财务供给压力大

相较于其他风险而言，长期照护风险发生的概率较小，但是这种风险一旦发生便难以规避，并将蔓延至生命的终结。在生育率降低、少子化现象日益凸显的现代社会，人口老龄化、高龄化所带来的问题不断增多，长期照护风险已经逐渐成为社会所面临的共同风险。可以预见，在未来社会失能群体将日益庞大，同时失能照护成本将不断上升，任何一个单独的社会部门都难以独自承受长期照护所带来的财务压力。

在传统社会，家庭承担全部的长期照护责任，这也意味着一旦长期照护风险产生，家庭需要提供的不仅仅是长期照护服务，还包括长期照顾过程中衍生出来的一系列财务费用。当代社会，家庭规模逐渐缩小，"四二一"家庭甚至是"八四二一"家庭的出现，使更少的年青一代需要承担起更多长辈的养老责任。2015 年第四次"中国城乡老年人生活状况调查"结果显示，中国社会当前老年人健康状况不容乐观，失能、半失能老年人口数量较大，全国失能、半失能老年人口大致有 4063 万人，占老年人口的 18.3%。长期照护风险一旦产生，家庭将面临沉重的照护服务和财务压力，这对于一般家庭而言是难以承受的。长期照护风险的频繁出现，使得政府、家庭、市场和社会组织等部门都无法独立负担起全社会长期照护。这就迫切需要一个由政府主导的，家庭、市场和社会组织等多元主体共同参与、相互融合的长期照护财务供给体系。

（四）长期照护财务供给多元主体分离

政府、家庭、市场、社会组织作为失能老人长期照护财务供给主体，在失能老人长期照护中有着不同的角色定位、不同的目标属性、不同的责任机制。在财务风险不断增加、家庭照护功能弱化的背景下，虽然家庭已经无法提供持续性长期照护财务供给，但家庭依旧是失能老人长期照护财务供给的责任主体。政府在财务供给中发挥补缺作用。政府还没有一种制度化的方式来化解失能老人长期照护财务风险，只有在家庭因有限的财务供给能力，而使失能老人陷入贫困境地时，政府才会发挥补缺作用，给予困难者临时性生活救济。市场和社会组织在失能老人长期照护中处于补充地位，其长期照护财务供给能力非常有限。市场作为以营利为目的的经济体，为获得经济利益最大化提供商业性的长期护理保险，往往会把低收入、高失能风险人群拦在商业性长期护理保险之外。社会组织一般包括非营利组织和志愿组织，其财务供给大多来源社会捐赠和慈善事业捐助，目前还远远无法满足失能老人长期照护需求。政府、家庭、市场、社会组织这种分离式的长期照护财务供给模式无法实现社会资源的有效整合利用，在一定程度上也造成了长期照护资源浪费、资源供给效率低下，导致供给与需求间的不平衡加剧，迫切需要寻求一个有效的长期照护财务供给主体融合机制。

二　理论背景

目前，世界各国失能老人长期照护发展水平不一、异中有同，毋庸置疑的是长期照护财务风险已经引起了社会各界和各国政府的广泛关注。国内一些学者就长期照护财务风险成因进行了研究探索，一方面，失能老人长期照护风险一直存在，近些年由于平均寿命的延长、人口老龄化程度的快速加深，加重了个人和家庭的失能老人长期照护财务负担。另一方面，中国家庭结构、女性就业结构和居住模式的变化使得老年长期照护从过去家庭责任逐渐演变成社会责任，长期照护人口规模、照护需求时间及照护需求程度的增长对长期照护财务供给的要求不断提高。就当前的中国社会现实情况而言，长期照护财务供给仍然存在"独木难支"的问题。[1][2]

一些学者通过统计预测手段对失能老人长期照护需求进行估算和预测。研究发现，在死亡率下降和寿命延长的社会发展趋势下，大大提高了老年照护的需求和成本；我国人口快速大规模老龄化，未来平均每位劳动者承担的老年家庭照护负荷将越来越重；随着老龄化的加剧，老年人口的长期照护不仅增加了家庭的经济负担，而且构成了一个国家未来巨大的、隐性的老龄化债务，长期照护财务风险不仅仅是对个人和家庭的威胁，亦是对社会的巨大威胁。[3][4]

国内外众多专家学者就长期照护财务供给模式问题展开了丰富多样的研究，给出了各种不同意见。一些学者认为可以主要依靠政府强制力建立长期照护社会保险来保证失能老人长期照护财务供给。商业性长期照护保险会出现所谓"市场失灵"现象，与市场自由交易不同，政府利用公共权力建立的长期照护社会保险可以强制人们参保。构建以政府为主体、以市场为补充的长期照护保险体系，在强制性原

---

① 戴卫东：《国外长期护理保险制度：分析、评价及启示》，《人口与发展》2011 年第 5 期。

② 崔晓东：《中国老年人口长期护理需求预测——基于多状态分段常数 Markov 分析》，《中国人口科学》2017 年第 6 期，第 82~93 页。

③ 曾毅、陈华帅、王正联：《21 世纪上半叶老年家庭照料需求成本变动趋势分析》，《经济研究》2012 年第 10 期。

④ 黄枫、吴纯杰：《基于转移概率模型的老年人长期护理需求预测分析》，《经济研究》2012 年第 S2 期。

则下可以规避"逆向选择"。[①] 一些学者认为可以充分发挥政府和市场交互作用，采用社会基本长期照护保险和商业长期照护保险并行的模式。要合理设置国家、企业和个人的责任，综合考虑财政、社会及个人的负担能力，引入市场竞争机制，将由国家、企业、个人共同参与的社会基本长期照护保险和商业长期照护保险相结合，给长期照护财务供给体系提供良好的运作环境。[②③] 一些学者认为应该拓展长期照护财务供给主体，共同处理失能老人长期照护财务供给问题。仅仅依靠政府和市场无法实现长期照护财务可持续性，长期照护体系应由多方共同承担照护责任。家庭、社会、政府、市场共同参与，打破"三无老年人靠国家，一般老年人靠家庭"的传统照护格局。[④]

研究表明，失能老人长期照护财务风险已经得到了社会以及各界学者的广泛关注，然而由于问题研究视角的不同，现有的研究就失能老人长期照护财务供给问题还没有讨论出一个真正贴近社会实际、广泛适用的财务供给办法，也没有提出一个完整的长期照护财务供给体系建设之策。

本书在对失能老人长期照护需求和各财务供给主体财务供给能力预估的基础上，以福利多元主义理论为理论背景，研究建立中国失能老人长期照护财务供给多元主体融合机制的必要性、可行性，并就此提出切实可行的失能老人长期照护财务供给制度架构。

第二节　问题界定

在传统社会，失能老人长期照护责任完全由家庭承担。家庭作为

① 曹信邦：《中国失能老人公共长期护理保险制度的构建》，《中国行政管理》2015 年第 7 期。
② 朱铭来、宋占军：《未来"老护"之路的设计走向》，《中国社会保障》2011 年第 2 期。
③ 荆涛：《建立适合中国国情的长期护理保险制度模式》，《保险研究》2010 年第 4 期。
④ 陈璐、范红丽：《我国失能老人长期护理保障融资制度研究——基于个人态度的视角》，《保险研究》2014 年第 4 期。

失能老人长期照护责任主体，基于当时的家庭人口结构以及家庭居住模式，家庭有能力提供必要的长期照护服务以及长期照护财务供给。但是，当今社会人口老龄化、高龄化趋势不断加快，失能老人群体日益庞大。再加上长期实行的计划生育政策以及生育率降低等造成的家庭规模小型化、核心化，传统的家庭照护模式已经无法承担巨额的长期照护成本。随着年轻人观念的变化，家庭居住模式也相应发生改变，女性劳动参与率提高，家庭所能提供的长期照护服务已经无法满足失能老人的长期照护服务需要。无论是财务供给还是长期照护服务的提供，以家庭为责任主体的长期照护模式已经无法满足当今社会的现实需要，传统的家庭照护模式遇到了前所未有的挑战。

失能率的增长，家庭人口结构的不断缩小等一系列社会问题使得长期照护财务风险不断增大，长期照护已经成为社会所面临的共同风险。在传统的家庭长期照护模式中，家庭作为一个独立的财务供给主体已经无法独自承担高昂的长期照护成本，而中国社会当前长期照护财务供给主体之间存在相互分离的现象，缺乏财务供给主体的融合机制。失能老人长期照护财务供给仍是一个值得关注的社会问题。

（1）失能老人长期照护潜在财务需求大，而长期照护财务供给不足，无法满足失能老人多样化的长期照护需求。自 2000 年以来，中国老龄人口数量呈快速上升趋势，随着经济社会的快速发展，医疗水平也相应地提高，老年人口寿命延长，高龄化趋势随之加快。同时，慢性疾病发病率上升，失能、失智人口增加，中国社会面临数量日益庞大的失能老人群体，失能老人长期照护潜在财务需求巨大。《中国城乡老年人口状况调查报告（2018）》显示，中国老年人口持续增加，老龄化程度持续加深；老年人收入总体水平虽然有较大程度提高，但是贫困和低收入老年人口数量依然较多；老年人健康状况不容乐观，失能、半失能老年人口数量较大，全国失能、半失能老年人大致 4063 万人，占老年人口总数的 18.3%。在传统社会，失能老人长期照护服务、财务供给往往都是由个人及家庭共同承担。现代社会家庭人口结构的变化使落在年青一代肩上的长期照护负担加重，女性往往是家庭照护的主力，但是由于女性劳动参与率的提高，传统的居家照护变得更加困难。随着经济的发展和收入水平的提高，长期照护相对的机会成本也大大提高。照护成本的大幅度提升使得个人和家庭已经无法独自承担失能所带来的财务风险，长期照护财务供给不足。长期照护财务供给主体单一，尚未形成失能老人长期照护财务风险的社会共担机制，长期照护财务供给不足缺乏可持续性，无法满意日益多样化的失能老人长期照护需求。

（2）失能老人长期照护单个主体财务供给能力不足，迫切需要财务供给多元主体融合，共同承担长期照护财务风险。面对巨额的失能老人长期照护成本，传统的家庭照护已经无法独自承担完全的失能老人长期照护责任。党的十八届三中全会提出，要使市场在资源配置中起决定性作用和更好的发挥政府作用。尽管财政收入连年增长，但是财政支出增长远高于财政收入增长，国家财政在失能老人长期照护中的财务供给能力有限，不足以应对长期照护财务风险。在社会转型过程中家庭照护功能随之改变，家庭已经无法作为一个独立的长期照护财务供给主体。市场作为一个利益导向型的主体，它的财务供给能力必定是有限且分配不均匀的，无法独立承担长期照护风险。社会组织一般是指非营利组织以及一些志愿活动组织，具有慈善性质，财务供给能力有限且具有不稳定性，只能成为失能老人长期照护财务供给的辅助手段。政府、家庭、市场、社会组织都无法独立应对长期照护风险，失能老人长期照护风险作为一种社会风险，迫切需要这些多元主体融合，协同应对日益增大的长期照护财务风险。

（3）建立中国失能老人长期照护财务供给多元主体融合机制，用制度化的方式化解失能老人长期照护财务风险。需要明确建立中国失能老人长期照护财务供给多元主体融合机制的必要性、紧迫性和可行性；研究失能老人长期照护的财务需求规模及其未来趋势，单个财务供给主体的供给能力，多元主体融合下的财务供给可持续性。主要包括以下几个方面。

一是需要研究失能老人长期照护财务风险的性质，是不是一种社会成员所面临的共同风险。

二是需要研究中国失能老人长期照护财务需求现状、财务需求预测方法、财务需求的长期变动趋势。

三是测算中国失能老人长期照护财务供给主体，政府、家庭、市场、社会组织单个主体的财务供给能力，测算多元主体融合情况下财务供给与财务需求的匹配程度。

四是研究中国失能老人长期照护财务供给多元主体融合机制、模式以及相应的制度架构。

五是研究中国失能老人长期照护财务供给多元主体融合的政策支持。

第三节　概念界定

一　失能

失能是指意外伤害或疾病导致身体或精神上的损伤，导致生活或社交能力的丧失。失能老人是潜在的需要长期照护的人口，失能的定义范围将影响到长期照护的财务供需，影响到长期照护的政策法律和服务体制。国际上通常将失能（Disability）定性为一个人因年迈虚弱、残疾、生病、智障等而在日常生活中主要活动能力或生活能力的丧失或受限，是个体健康测量的重要指标。但是失能是引起一种或一种以上功能丧失或者损害的状态，失能者可能不止一种失能，同一失能症状在不同个体的表现程度也有差别，这就给失能程度评估带来了一定的难度，需要对失能状况的评估从基本概念量化到明确的测量指标，并且对不同个体失能各项指标严重性程度进行量化界定。为了确保评估的可操作性、可信性，对其测量的内容界定至关重要，它是长期照护费用、成本确定的基础。

从量上具体来评估失能状况方法较多，一些文献或者实践通常从生理、心理和社会三个层面来评估失能状况，评估的工具主要分为"功能性评估"和"认知评估"两种。"功能性评估"主要有基础性日常生活活动（Activities of Daily Living，ADL）和工具性日常生活活动（Instrumental Activities of Daily Living，IADL）两种，其中 ADL 慢性功能障碍表示基本自我照顾能力受限，需要他人提供"个人照顾"（Personal Care）服务的协助，由于此类功能障碍来自慢性疾病的后遗症，其和照护（Nursing）服务的需要有很强的关联性，所以常以照护服务的需要表示，评估的工具主要有柯氏量表（Katz Index）、巴氏量表（Barthel Index）等。柯氏量表由 Katz 在 1959 年提出并于 1976 年修订，评估失能者日常生活中独立完成穿衣、吃饭、洗澡、上厕所、室内走动、上下床等 6 项活动受限程度。

巴氏量表是由美国巴尔的摩（Baltimore）市州立医院物理治疗师巴希尔（Barthel）1955 年应用于测量住院中复健病患的进展状况，1965 年巴氏量表公开发表在医学文献上，自此巴氏量表就被广泛的应用，它主要从进食、轮椅与床位间的移动、个人卫生、上厕所、洗澡、行走于平地上、上下楼梯、穿脱衣服、大便控制和小便控制等 10 项活动评估失能者受限程度并加以量化。巴氏量表共分为 5 个等级：0～20 分属完全依赖；21～60 分属严重依赖；61～90 分属中度依赖；91～99 分属轻度依赖；100 分则完全独立（见表 1-3）。

表1-3 巴氏量表（Barthel Index）评估项目及分值量化表

项目	分数	内容
一、进食	10	□自己在合理的时间内（约十秒钟吃一口），可用餐具取食眼前食物，若须使用进食辅具，会自行取用穿脱，无需协助
	5	□需别人协助取用或切好食物或穿脱进食辅具
	0	□无法自行取食
二、轮椅与床位间的移动	15	□可独立完成，包括轮椅的刹车及移开脚踏板
	10	□需要稍微的协助（例如予以轻扶以保持平衡）或需要口头指导
	5	□可自行从床上坐起来，但移位时仍需别人帮忙
	0	□需别人帮忙方可坐起来或需别人帮忙方可移位
三、个人卫生	5	□可独立完成洗脸、洗手、刷牙及梳头发
	0	□需要别人帮忙
四、上厕所	10	□可自行进出厕所，不会弄脏衣物，并能穿好衣服。使用便盆者，可自行清理便盆
	5	□需帮忙保持姿势的平衡，整理衣物或使用卫生纸。使用便盆者，可自行取放便盆，但仰赖他人清理
	0	□需他人帮忙
五、洗澡	5	□可独立完成（不论是盆浴或沐浴）
	0	□需别人帮忙
六、行走于平地上	15	□使用或不使用辅具皆可独立行走50米以上
	10	□需要稍微的扶持或口头指导方可行走50米以上
	5	□虽无法行走，但可独立操纵轮椅（包括转弯、进门及接近桌子、床沿）并可推行轮椅50米以上
	0	□需别人帮忙
七、上下楼梯	10	□可自行上下楼梯（允许抓扶手、用拐杖）
	5	□需要稍微帮忙或口头指导
	0	□无法上下楼梯
八、穿脱衣服	10	□可自行穿脱衣服、鞋子及使用辅具
	5	□在别人帮忙下可自行完成一半以上的动作
	0	□需别人帮忙
九、大便控制	10	□不会失禁，并可自行使用塞剂
	5	□偶尔失禁（每周不超过一次）或使用塞剂时需别人帮助
	0	□需别人处理（挖大便）

项目	分数	内容
十、小便控制	10	□日夜皆不会尿失禁，并可自行使用塞剂
	5	□偶尔会尿失禁，（每周不超过一次）或尿急（无法等待便盆或无法及时赶到厕所）或需别人帮忙处理
	0	□需别人处理

　　IADL 功能障碍表示日常生活必需的家务活动受限程度，需要给予社会服务（Social Services）方面的生活照顾，其评估工具有 Lawton – IADL、OARS – IADL 等，其评估的内容主要包括上街购物、外出活动、食物烹调、家务维持、洗衣服、使用电话的能力、服用药物和处理财务能力等 8 项并给予分值量化，各项分值 2 ~ 4 分不等，总分 24 分，分值越低则代表失能程度越严重（见表 1 – 4）。ADL、IADL 这两类指标是目前最常用的长期照护保险对象确认和评估的手段。一般情况下，完成 IADL 要比完成 ADL 困难，IADL 的要求远高于 ADL。

　　失智人口的持续增加，认知评估量表的发展也越来越受到重视，目前主要以简短操作心智状态问卷（SPMSQ）与简易心智状态量表（MMSE）最为常用。

　　对于由功能障碍和认知障碍而形成的失能老人是不是都是长期照护的对象，目前争论较大。本书将失能界定为功能障碍，而功能障碍以 ADL 中最为常见的、最核心的独立完成吃饭、穿衣、洗澡、上厕所、室内走动、上下床等 6 项活动受限程度作为评估失能程度的依据，这个指标能够很好地描述失能者的功能损失情况。对于一些不必每天做，但对一个人独立生活却很重要的活动，例如，洗衣、做饭、理财、户外活动等日常工具性生活活动能力（IADL）功能障碍，本书未列入功能障碍的考量范围，主要考虑到两方面原因，一是因为这些活动是个人用以应付环境需要的一些适应性活动，并不一定是生活必需的活动；二是考虑到长期照护制度在中国的推进还有很大的阻力和障碍，因而可以采取先易后难的策略，实行分步实施战略，优先解决生活中最常见、最基本的生活功能风险损失的财务赔付，待条件成熟时再逐步将工具性日常生活活动和认知障碍风险损失财务赔付纳入制度范围内。

处于所有年龄段的人口都有失能的可能性，失能并不是老年人特有的风险，然而老年人由于身体器官的老化、衰竭，慢性病及意外伤残等，失能的概率要高于年轻人，因而本书的对象主要界定为风险发生概率较大的老年人口。当然，各国对老人概念的界定也有差别，老人是一个年龄定义，有的国家把 65 岁及以上的人口作为老人，也有的国家把 60 岁及以上的人口作为老人，本书根据国际上的习惯，将65 岁及以上的人口界定为老年人，以适应中国即将延迟退休年龄的需要，也便于制度在进行国际比较时口径一致。

表 1 – 4　工具性日常生活活动（IADL）评估项目及分值量化表

项目	分数	内容
一、上街购物	3	□独立完成所有购物需求
	2	□独立购买日常生活用品
	1	□每一次上街购物都需要有人陪
	0	□完全不会上街购物
二、外出活动	4	□能够自己开车、骑车
	3	□能够自己搭乘大众交通工具
	2	□能够自己搭乘出租车但不会搭乘大众交通工具
	1	□当有人陪同可搭乘出租车或大众交通工具
	0	□完全不能出门
三、食物烹调	3	□能独立计划、烹煮和摆设一顿适当的饭菜
	2	□如果准备好一切佐料，会做一顿适当的饭菜
	1	□会将已做好的饭菜加热
	0	□需要别人把饭菜煮好、摆好

续表

项目	分数	内容
四、家务维持	4	□能做较繁重的家事或需偶尔家事协助（如搬动沙发、擦地板、洗窗户）
	3	□能做较简单的家事，如洗碗、铺床、叠被
	2	□能做家事，但不能达到可被接受的整洁程度
	1	□所有的家事都需要别人协助
	0	□完全不会做家事
五、洗衣服	2	□自己清洗所有衣物
	1	□只清洗小件衣物
	0	□完全依赖他人
六、使用电话的能力	3	□独立使用电话，含查电话簿、拨号等
	2	□仅可拨熟悉的电话号码
	1	□仅会接电话，不会拨电话
	0	□完全不会使用电话
七、服用药物	3	□能自己负责在正确的时间用正确的药物
	2	□需要提醒或少许协助
	1	□如果事先准备好服用的药物份量，可自行服用
	0	□不能自己服用药物
八、处理财务能力	2	□可以独立处理财务
	1	□可以处理日常的购买，但需要别人协助与银行往来或大宗买卖
	0	□不能处理钱财

二 长期照护

国内对 LTC 的翻译和解释不尽相同，目前较常见的有"长期照护""长期护理""长期照料""长期照顾"等，似乎"长期照护"、"长期照料"和"长期照顾"偏向于日常生活的照料，"长期护理"偏向于医疗疾病护理，而日本则翻译为"长期介护"一词，其实，这些翻译仅仅是语言表述习惯，并没有实际意义上的差别。当然，一些专业权威机构以及学界对长期照护概念的范围界定是有差别的。

OECD（经济合作与发展组织）将长期照护定义为在长期生活中

的许多方面需要帮助的人，例如日常生活活动（ADL）中洗澡、穿衣、上下床，通常由家庭、朋友和低技能的护理人员或护士来完成。长期护理可在家庭、机构或日托机构进行，由公共、非营利或营利性服务提供者提供，服务从报警系统到全天候个人护理。[①]

美国医疗保险协会（HIAA）认为长期照护是指在一个较长的时期内持续地为患有慢性疾病（Chronic Illness）譬如早老性痴呆等认知障碍（Cognitive Impairment）或处于伤残状态下即功能性损伤（Functional Impairment）的人提供的照护。这种照护包括医疗服务、社会服务、居家服务、运送服务或其他支持性的服务。这些服务可以由不需付钱的家庭成员或朋友等非正规照护人员（Informal Caregivers）提供，即所谓非正规照护，也可由受过专业培训并持有执照的专业正规医护人员（Formal Caregivers）提供，即所谓正规照护，这种照护可以在家中提供也可以在社区或专业机构中提供。长期照护与传统健康照护有显著的区别，传统健康照护主要目的是治愈疾病或保全生命，而长期照护的目的是对慢性疾病或丧失日常生活的能力（ADL）进行恢复和修补并使不利降至最小化。[②]

世界卫生组织（WHO）将长期照护定义为由非正规护理者（家庭、朋友或邻居）和专业人员（卫生和社会服务）进行的护理照料活动体系，以保证那些不具备完全自我照料能力的人能继续获得个人喜欢且质量较高的生活方式，获得最大程度的独立、自主、参与、个人满足及人格尊严。[③]

戴卫东认为长期照护服务不仅包括日常生活照料，而且包括医疗保健（Health Care），在护理服务过程中还要注重对老年人的心理和

---

① F. Colombo, A. Llena – Nozal, J. Mercier, et al. 2011. Help Wanted? Providing and Paying for Long – term Care. *OECD Health Policy Studies*, pp. 37 – 59.

② 荆涛：《长期护理保险研究》，对外经济贸易大学博士学位论文，2005。

③ WHO Study Group on Home – based Long – term Care, WHO. 2000. Home – based Long – term Care: Report of a WHO Study Group. Geneva Switzerland: WHO, pp. 1 – 5.

精神慰藉（Psychological Comfort）。虽然我国目前的养老保障还是以经济保障为主，服务保障仍处在起步阶段，但是精神保障或心理慰藉随着社会的进步和国民生活水平的提高会越来越受到重视。[①]

总的来说，长期照护内涵有狭义与广义之分。狭义的长期照护仅仅包括日常生活照护和医疗照护，而广义的长期照护还包括失能老人的精神慰藉，以及其他一些支持性的照护服务。本书所指的长期照护主要是狭义的长期照护，主要集中在日常生活照护服务、医疗照护方面各方财务供给主体所需的失能老人长期照护财务供给。

三　长期照护财务需求与财务供给

就经济学意义而言，长期照护财务需求是指长期照护服务需求方在一定的价格水平下愿意并且能够购买的照护服务数量，即消费者购买长期照护服务所支付的货币量。同理，长期照护财务供给是指长期照护供给主体在一定价格水平下愿意并且能够供给的长期照护财务量。在不同的情境下，长期照护财务需求和财务供给的具体内涵会有所不同。

长期照护财务需求。在不同的市场价格水平下，消费者因为自身财务状况所能购买的长期照护服务数量不同。当长期照护服务价格超出消费者的承受范围时，消费者会减少对长期照护服务的购买。失能老人会根据自身的财务状况购买在其承受范围内的长期照护服务，以满足自身的基本长期照护需求。这也意味着在长期照护服务市场上，失能老人的长期照护需求满足程度不同，市场提供并为失能老人所购买的长期照护财务需求与失能老人理想状态下的长期照护财务现实需求不一致，后者大于前者。消费者因自身财务不足无法购买充足的长期照护服务，也透露出如果仅仅凭借失能老人个人与家庭的财务支

---

① 戴卫东：《中国长期护理制度建构的十大议题》，《中国软科学》2015 年第 1 期，第 28～34 页。

出，在市场机制下失能老人的长期照护需求是无法得到真正满足的。必须借助各方力量，扩大长期照护财务供给来源以满足日益增长的失能老人财务需求。本书中将失能老人财务需求界定为维系失能老人基本生活所必需的日常生活照料服务及医疗护理所需要的财务数量。

长期照护财务供给。长期照护财务供给是失能老人长期照护的责任主体对失能老人所需的日常照料服务和医疗护理等所需财务费用的供给。本书中的长期照护财务供给从不同财务供给主体出发研究单个主体财务供给能力，这里的财务供给一方面是失能老人长期照护财务需求的经济赔付，另一方面又是失能老人长期照护的制度供给。

四 长期照护财务供给多元主体

福利多元主义的核心理念是分权与参与，主张福利的筹集、提供要由不同的部门共同参与，减少国家干预，强化家庭、市场、社会组织的作用。福利多元主义理论同样适用于失能老人长期照护领域，长期照护财务供给责任应由政府、家庭、市场、社会组织共同承担。

政府。占据主导地位，统筹规划全局。在失能老人长期照护中的财务供给方式包括财政直接出资、国家优惠补贴以及一定的长期照护服务软硬件投入。

家庭。为情感承载，长期照护责任主体。即使是在家庭照护功能弱化的当今社会，家庭照护依然是长期照护中最原始、最无法分割的一部分。不仅仅能进行长期照护财务供给，更可以为失能老人带来其他财务供给主体不具备的精神慰藉，以满足失能老人长期照护多样化需要。

市场。营利性产品与服务的提供者。通过商业长期照护保险、机构养老与其他营利性养老产业，在保证自身利益的基础上通过竞争性产品的供给以降低产品价格，间接为失能老人长期照护提供财务支持。

社会组织。社会力量的整合。社会组织的存在纷繁复杂、形式各异，可以根据不同的标准对其进行不同的分类，根据组织是否营利和是否具有竞争性为标准，将组织分为四类，即竞争性营利组织、竞争性非营利组织、独占性营利组织和独占性非营利组织。本书中所指的社会组织主要指非营利组织和志愿组织。社会组织的财务供给包括社会捐赠和慈善事业捐助、利用公益性机构提供财务支持，充分利用社会闲散资源，为长期照护财务供给搭建平台。

第四节　研究意义

研究失能老人长期照护财务供给多元主体融合，具有以下几点意义。

（1）为失能老人长期照护过程中单个主体财务供给能力不足问题提供了解决路径。随着经济社会的发展，失能老人长期照护财务风险已经演变为社会共同风险，单个财务供给主体缺乏能力也难以独自承担高昂的长期照护财务支出，财务供给多元主体融合成为一种不可逆的社会福利发展趋势。

（2）为失能老人长期照护财务供给提供了制度化途径。针对中国失能老人长期照护财务供给主体相互分离的现象，建立失能老人长期照护财务供给多元主体融合机制，形成长期的照护成本社会共担机制，并随之建立适用于中国社会的有效财务供给制度体系。满足失能老人群体的财务需求，为其提供一个稳定、持续的财务供给来源。

（3）为中国失能老人长期照护财务供给体系的有效运行提供了理论依据和实现路径。根据中国的现实国情，借鉴国际社会成功经验，运用相关理论，构建适用于本国社会的失能老人长期照护财务供给制度。在对中国失能老人长期照护财务需求、财务供给主体、主体供给能力研究的基础上，综合分析多元主体融合视角下财务供给能力的可持续性，经过系统的分析研究为构建稳定、可持续的中国失能老人长期照护财务供给体系提供现实路径，为政府决策提供参考。

第五节　研究设计

一　研究目标

（1）揭示失能老人长期照护财务供给能力可持续性与财务供给多元主体融合机制之间关系的一般规律，以构建满足失能老人长期照护财务需求的供给体系。

（2）研究失能老人长期照护财务供给多元主体融合机制，拓展福利多元主义理论，深化多元主体融合机制理论。

（3）从理论层面和操作层面为政府失能老人长期照护财务供给提供政策依据和政策路径。

二　研究内容

本书以"福利供给多元"为价值导向，在研究失能老人长期照护财务需求与财务供给主体关系的基础上，揭示长期照护财务供给多元主体的关系及影响机理，探讨失能老人长期照护财务供给多元主体融合的机制、模式与制度架构。

（1）长期照护财务需求规模。失能老人长期照护财务需求是本书的研究基础，也是财务供给核心主体界定的前提，因而需要对长期照护财务需求进行长期、动态预测，以验证长期照护财务需求规模巨大的命题。本书将重点研究以下变量对长期照护需求规模的影响。

失能率。利用权威数据库，对中国老人的失能率进行预测。

长期照护使用率。研究不同等级的失能老人长期照护使用时间和使用频率。

平均照护成本。根据老人不同失能等级，预估失能老人长期照护的平均成本。

（2）长期照护财务供给主体能力。本书主要研究政府、市场、社区和社会组织等单一主体财务供给能力及其变化趋势，以此来说明财务供给主体多元化必然性。

单一主体的财务供给能力。通过对单一主体财务供给能力的长期预测，发现单一供给主体供给能力不可持续性和单一主体供给范围的缺陷。

主体多元的必然性。主体多元的必然性是由主体供给能力和供给主体特征所决定的，并对主体多元的学理性进行分析。

（3）多元主体融合机制。研究多元财务供给主体融合的基础与机制设计。

多元主体融合的基础。从各主体财务供给能力视角研究多元主体融合的基础。

多元主体融合机制的设计。在多元主体融合机制中，运用核心主体主导理论，以权力、资源和责任作为多元主体深度融合机制的纽带，建立以政府为主导的财政融资机制，以市场、家庭为载体的私人融资机制和以社会组织为载体的社会融资机制的融合。

（4）多元主体融合的模式与制度架构。研究多元供给主体"任务主导型"模式的优化，并通过建立公共长期护理保险制度为载体的多支柱制度架构，以保障多元主体深度融合机制的实现。

本书的重点难点包括以下几个方面。

（1）科学预测失能老人长期照护财务需求规模是本书的研究基础。涉及护理学、人口学、统计学等领域，而老年人失能率是预测失能老人长期照护财务需求规模的核心。

（2）探索核心主体界定方法，揭示单一主体财务供给能力与失能老人长期照护财务需求匹配程度及其变化趋势是本书研究的关键。需要通过横向比较和纵向比较对单一主体财务供给可持续能力进行界定。

（3）探寻多元供给主体深度融合机制是本书的又一研究重点和难

点。需要从多元主体融合的学理性、多元主体融合模式优化和制度架构等对融合机制进行设计和研究。

三 研究方法

本书采用定量分析和定性分析相结合的方法。定量方法有社会保险精算法、统计分析法等；定性分析法有文献分析法、社会调查法、制度认知等分析方法。

文献分析法。文献分析法主要是搜集、鉴别、整理失能老人长期照护财务供给制度的相关文献，并通过对文献的分析，形成对失能老人长期照护财务供给制度理论和方法的认识。本文在研究过程中，利用中国知网、中国台湾智库、中外经济学网站、国际经济组织等数据库，搜集有关失能老人长期照护财务供给制度的相关文献资料，对文献资料进行梳理，撰写文献综述，全面地了解国内外关于失能老人长期照护财务供给研究的现状、研究基本内容和理论发展的趋势，归纳总结已有理论研究的优势与缺陷等，从而形成关于失能老人长期照护财务供给制度理论与方法研究的思路，为本文的研究奠定理论基础。

社会调查法。社会调查法是通过有计划、有目的地系统搜集研究对象社会现实状况或历史状况材料的方法。

制度认知法。运用经济学、管理学中一些基本理论对失能老人长期照护风险的特征、性质和风险形成的机理进行分析，提出失能老人长期照护财务供给的特征，以比较分析法得出多元财务供给主体融合可以保障失能老人长期照护财务供给可持续性。

本书为了从量上对失能老人长期照护财务供给制度财务需求和财务供给均衡进行分析，采用了一些定量分析常见的保险精算法和统计分析法进行研究分析，为多元财务主体融合提供依据。

保险精算法。保险精算法是指运用数学、统计、精算学等知识，对未来不可预测的社会风险进行量化估算，从而为化解所面临的社会风险提供决策建议和解决方案。本书主要将曼联方法与国际劳工组织（International Labour Office，ILO）、国际社会保障协会（International Social Security Association，ISSA）向全世界卫生保健领域推广的卫生筹资建模思路（ILO 筹资模型①）相结合，运用财务平衡法构建失能老人长期照护财务需求和财务供给精算模型，以此推估未来中国长期照护财务需求和财务供给变动趋势。

统计分析法。本书通过统计数据资料进行描述性统计分析，运用 SPSS 统计分析方法分析长期照护财务供给多元主体供给能力与失能老人长期照护财务需求之间的关系。

四 数据来源

为了使研究具有说服力，本书所采用的数据来源于三个方面。

（1）公开数据。公开的数据包括国家统计局公开发行的各年的《中国统计年鉴》和《中国人口和就业统计年鉴》、2000 年国家第五次人口普查数据、2010 年国家第六次人口普查数据汇总资料即《中国 2010 年人口普查资料》。

（2）专项调研数据库数据。主要使用了中国健康与养老追踪调查（China Health and Retirement Longitudinal Study）CHARLS 2015 年数据测算老人分年龄段、性别、居住地的失能率以及影响因素。

（3）采用 PADIS - INT 人口预测软件。PADIS - INT 人口预测软件是在联合国人口司的指导下，由中国人口与发展研究中心开发的人口宏观管理与决策信息系统，利用 PADIS - INT 人口预测软件和中国人口统计数据分析中国老年人状态，包括老年人人口年龄结构、老年

---

① ILO 筹资模型的核心就是遵循基金总体平衡原则，将某一特定时期内社会健康保险计划的支出现值等于这一时期内健康保险计划的收入现值。因而影响健康社会保险保费直接的因素主要是医疗费用损失或基金支出的频率和支出额，而医疗费用损失主要与特定损失额发生的概率、每年的平均损失等参数有关。

人总量和失能老人数量等。

五　研究框架

从中国人口老龄化背景下失能老人长期照护财务供给主体分离、失能老人长期照护财务供给不能满足需求的现实状况出发，对既有文献进行梳理、剖析与评述，提出多元供给主体融合机制的理论框架和假设命题。在对中国失能老人长期照护财务需求规模预测的基础上，对单一主体财务供给能力进行实证分析，评估和测度各主体财务供给能力的可持续性，说明单一主体财务供给能力有限，验证多元财务供给主体的深度融合能够满足失能老人长期照护财务需求的命题。建立以政府财政融资、私人融资和社会融资多元主体的深度融合机制，对多元财务供给主体融合机制、模式与制度架构进行设计。研究总体框架如图 1-4 所示。

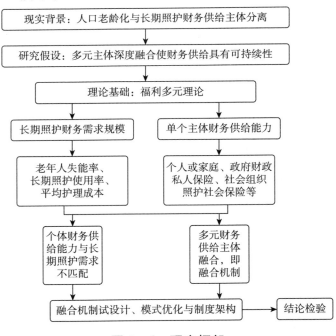

图 1-4　研究框架

（1）问题提出。通过访谈、调研等社会现实的认知和相关文献研读，提出中国失能老人长期照护财务风险已经演变为社会风险，单一主体由个人或家庭、政府、市场和社会组织来承担失能老人长期照护财务风险，面临着单一主体财务能力有限问题，需要建立中国失能老人长期照护财务供给多元主体共担机制，而长期照护财务供给多元主体共担机制需要多元主体融合，才能实现制度的财务供给与需求之间的均衡，维系制度的可持续发展，因而确定本书的研究视角和基点。

（2）理论基础。建立失能老人长期照护财务供给多元主体融合机制的理论基础是福利多元理论，认为长期照护财务供给的主体已经由政府单一供给福利，到政府、家庭、市场和社会组织等福利主体多元供给，多元主体的供给有利于充分调动多元主体的力量，提升长期照护财务供给的能力、供给水平和供给效率，有利于长期照护财务供给的可持续性和失能老人长期照护需求的适度满足。协同理论是多元主体融合的形成机制、实现机制、融合模式和制度架构的理论支撑，认为多元主体的协同可以产生新的稳定有序的财务供给体系，多元主体协同机制能够达到多元主体协同的目标，但多元主体协同需要一定的条件。

（3）失能老人长期照护财务需求分析。失能老人长期照护财务需求通过对中国老年人口、老年人失能率、失能老人数量、不同等级失能老人长期照护的人均费用、失能老人长期照护财务总需求等相关数据的预测，并在此基础上对相关数据进行技术分析以此来检验本书的假设前提，即中国失能老人数量大，失能老人长期照护潜在的财务需求风险大，个人或家庭无法承担人口老龄化所引发的长期照护的财务风险。

（4）失能老人长期照护财务供给分析。通过对中国失能老人长期照护个人或家庭、政府、市场和社会组织各主体财务供给能力的分析，得出单一供给主体财务供给能力不足需要多元主体共同供给的结论。

（5）制度构建。为了实现财务供给多元主体融合，需要构建财务供给多元主体融合的机制，探寻多元主体融合的模式和制度架构，只有这样才能提升多元主体供给的能力和供给效率。为此，对多元主体融合的机制、融合模式和制度架构进行分析，研究多元主体融合的外在条件、各主体的角色定位，从分层替代型模式、任务主导型模式和多元协同型模式进行比较和选择，通过政府制度安排、家庭的支持系统、市场的供给系统和社会组织补充系统的制度架构，探寻中国失能老人长期照护财务供给和财务需求均衡多元主体融合的制度设计。

（6）管理策略。提出促进中国失能老人长期照护财务供给多元主体融合的政策建议，认为加大多元主体资源整合、明确多元主体责任定位、构建长期照护保险制度、搭建多元主体融合的信息共享平台、政府通过多元主体财务供给的激励政策来促进多元主体财务供给的融合。

第六节　章节安排

第一章，绪论。分析研究中国失能老人长期照护财务供给多元主体融合的意义、研究的现实背景和理论背景，认为在中国人口老龄化背景下中国失能老人长期照护风险已经演变为社会风险，失能老人长期照护财务需求压力大，需要政府、家庭、市场和社会组织多元主体共同供给，而财务供给多元主体融合有助于财务供给的可持续性和效率的提升。因而提出了长期照护财务供给多元主体融合的科学问题。在此基础上，对研究思路、研究方法、研究框架、数据来源等进行了设计。

第二章，文献综述。在对国内外学者关于长期照护财务供给的目标、财务供给的主体、多元主体融合理论、多元主体融合机制、多元主体融合模式等已有研究成果进行梳理和分析的基础上，了解前人的研究成果和研究思路，为本书提供研究基础。

第三章，中国失能老人长期照护财务供给多元主体融合的理论分析。构建了失能老人长期照护财务供给多元主体融合的概念、分析框架和分析工具，认为融合是财务能力和制度供给两个方面相互结合的状态。提出了多元主体融合机制分析可以通过财务能力融合与制度供给融合两个维度来分析。福利多元理论为政府、家庭、市场和社会组织多元主体供给提供了理论依据。协同理论为多元主体融合的形成机制、实现机制提供了理论支撑，认为协同可以产生新的稳定有序的财务供给体系，协同可以实现长期照护财务供给多元主体的目标。基于上述理论的分析，构建本书关于失能老人长期照护财务供给多元主体融合机制、模式和制度架构的分析框架。

第四章，中国失能老人长期照护财务供给主体的历史演变。通过对中国失能老人长期照护财务供给责任主体的演变进行分析，认为责任主体演变是一个循序渐进的过程，从个人或家庭为责任主体到政府、家庭、市场、社会组织共同参与、共担责任，既是历史进步，也是人口老龄化社会的客观需要。但是政府、家庭、市场、社会组织多元主体参与、多元主体供给并没有出现多元主体融合状态，由于多元主体参与的目标差异大，行动缺乏一致性，多元主体参与度和资源投入的动力不足，多元主体参与行动缺乏协调性，资源投入缺乏整合性。

第五章，中国失能老人长期照护财务需求分析。通过对中国老年人各年龄段失能率、失能老人数量、失能老人长期照护财务需求成本、失能老人潜在的财务总需求的预测，得出 2020～2050 年中国失能老人长期照护财务需求总量、平均照护成本的变动趋势。通过对不同老年人健康程度、机构照护意愿和照护服务购买力的分析，对老年人长期照护财务需求进行科学分类。为失能老人长期照护财务供给多元主体共担提供科学依据。

第六章，中国失能老人长期照护单一主体财务供给能力分析。通过定量分析方法，对单一主体提供的政府财政普惠制供给、长期照护社会保险制度、长期照护私人保险的财务供给能力进行分析，得出2020～2050年单一主体财务供给承担能力的变动趋势。单一主体财务供给能力难以满足失能老人长期照护潜在的财务需求，需要多元主体共同融合，共担长期照护财务损失的风险，为失能老人长期照护财务供给多元主体融合提供依据。而政府的长期照护保险制度具有成为核心主体的条件。

第七章，失能老人长期照护财务供给多元主体融合的国际比较。通过对德国、日本和美国等发达国家失能老人长期照护财务供给体系建立的历史背景和体系组成进行分析，总结这些国家的政府、家庭、市场、社会组织在失能老人长期照护财务供给责任定位、主体间责任边界和融合机制、模式，为中国失能老人长期照护财务供给多元主体融合提供经验借鉴。

第八章，中国失能老人长期照护财务供给多元主体融合模式与融合机制。本章主要分析政府、家庭、市场、社会组织在中国失能老人长期照护财务供给中的角色，多元主体能够实现融合的基础条件。在此基础上，分析失能老人长期照护财务供给中政府、家庭、市场、社会组织各主体之间的融合模式，提出中国失能老人长期照护财务供给多元主体融合的模式选择应该是"政府主导，长期照护保险为载体"，并构建促进各主体之间融合的机制。

第九章，中国失能老人长期照护财务供给多元主体融合的制度架构。在"政府主导，长期照护保险为载体"多元主体融合模式下，中国失能老人长期照护财务供给多元主体融合的制度架构由政府的制度安排、家庭的支持系统、市场的供给系统和社会组织的补充系统共同构成。其中政府的制度安排包括强制性长期照护保险制度、长期照护救助制度；家庭的支持系统包括个人储蓄支持和个人财产支持；市场的供给系统由市场自愿性的长期照护商业保险和市场竞争构成；社会组织的补充系统由社会组织非营利性机构和慈善募捐机构构成。

第十章，促进长期照护财务供给多元主体融合的政策建议。认为政府应该加大多元主体资源整合力度，包括各主体内部资源整合和主体之间的资源整合；明确政府、家庭、市场、社会组织在长期照护财务供给中的责任；加快构建长期照护保险制度，明确长期照护保险制度的覆盖对象、资金来源、给付标准，实施"三步走"战略推进长期照护保险制度。搭建多元主体信息共享平台有利于主体之间、主体内部之间的信息共享，提升多元主体融合程度和效率。

第十一章，基本结论和研究展望。总结研究的结论，认为单一的政府、家庭、市场、社会组织都难以满足中国失能老人长期照护财务需求，需要多元主体共担。认为多元主体融合有助于基本满足失能老人长期照护财务需求，有助于提升多元主体财务供给的效率。认为"政府主导，长期照护保险为载体"的融合模式适合中国国情和中国管理体制。而政府的制度安排、家庭的支持系统、市场的供给系统和社会组织的补充系统的有效运行是失能老人长期照护财务供给多元主体融合制度的架构。还分析了项目研究的创新之处，总结项目研究中不足和未来研究的设想。

第二章 文献综述

平均余命的延长、生育率降低所导致的中国人口老龄化、高龄化所产生的社会问题越来越凸显,失能老人数量不断增长和失能时间持续延长,家庭长期照护功能弱化,长期照护已经成为社会面临的共同风险,迫切需要制度化的方式来化解风险。而中国失能老人长期照护财务供给主体存在相互分离的现象,还没有形成失能照护成本的社会共担机制。有必要构建由政府主导,市场、社区和社会组织等多元主体共同参与、相互融合的长期照护财务供给体系。本章主要目的在于回顾和总结已有研究成果,分析已有研究成果的贡献和不足,在此基础上确定本书的研究方向。首先,本章通过叙述长期照护财务供给的目标和财务供给的主体,系统回顾和比较福利供给主体理论、多元主体融合理论和财务供给相关理论,并把这些作为本书的理论基础。其次,总结国内外学者对失能老人长期照护财务供给多元主体融合机制的研究成果。最后,对已有的研究成果进行评述,指出本书的研究空间。

第一节 长期照护财务供给的目标

学术界从不同层面对长期照护财务供给的目标进行了界定,并提出了生活护理需要论、财务风险补偿论、雇主雇员双赢论三种观点。

一 生活护理需要论

Rivlin 和 Wiener 认为人口老龄化导致老年人生活需求呈现多元化

态势，老年人不仅需要医生来治疗疾病，而且需要长期护理来解决老龄化、高龄化导致的失能所产生的生活不能自理问题，因此需要通过长期护理财务供给，满足老年人基本生活护理和疾病护理的需要。[1]林志鸿则从更高的层面进行界定，他认为长期照护财务供给不仅满足失能老人生活护理和疾病护理的需要，而且能维持和促进失能者的身体功能，增进失能者独立自主生活能力。[2] 陈晶莹认为长期照护财务供给是为了失能者配合其功能或自我照顾能力，提供不同程度的照顾措施，不仅要达到失能者生理上的需求，同时又要满足他们心理上的慰藉，保持其自主独立的生活，从而保障失能者的生活质量。[3]

二　财务风险补偿论

Schnepper 从财务风险化解机制的视角对失能老人长期照护财务供给的目标进行了界定，他认为长期照护保险能够提供相应的资金，避免家庭陷入财务危机。[4] 荆涛认为多元化的财务供给主体能更好地解决家庭或个人因无法支付足够的护理费用所面临的家庭照护失灵的风险。[5] 刘继同指出为了应对财务风险，一些国家建立了以家计调查为基础的救助制度对失能者提供经济上的援助，也有国家建立普惠性福利制度对所有失能者提供免费护理服务。[6] 黎建飞、侯海军提出可以建立一个以社会保险为主、私人保险为辅的失能老人长期照护财务

---

[1]　M. A. Rivlin and J. M. Wiener. 1998. Who Should Pay for Long – term Care for the Elderly? *The Brookings Review*, pp. 1 – 3.

[2]　林志鸿：《德国照护保险照护需求性概念与制度化意涵》，《小区发展季刊》（台湾）2000年，第 258 ~ 269 页。

[3]　陈晶莹：《老年人之长期照护》，《台湾医学会杂志》2003 年，第 71 ~ 75 页。

[4]　J. A. Schnepper. 2001. Can You Afford Long – term Care? *USA Today Magazine*, pp. 9 – 25.

[5]　荆涛：《长期护理保险研究》，对外经济贸易大学博士学位论文，2005。

[6]　刘继同：《中国现代家庭福利政策的基础性、战略性地位》，《社会政策研究》2016 年第 1期，第 98 ~ 110 页。

风险化解机制，一方面，国家通过立法对护理保险的类型、模式及其运营做出原则性规定，强制社会成员参加统一的公共长期护理保险制度；另一方面，政府应该鼓励一些经济发达地区和收入水平较高的人群参加私人长期护理保险，以提高失能老人长期照护风险弥补能力，减少风险损失。[①]

三　雇主雇员双赢论

Gordon 从雇主和雇员角度来分析长期照护财务供给的目标。在长期照护财务供给主体中，失能老人的长期照护保险能够使雇主和雇员同时受益。因为通过保险费、国家税收的优惠，雇主可以以较低的成本吸引和留住员工，增加员工待遇的市场竞争力，而雇员通过长期照护保险能够让保险机构提供护理费用损失的补偿，使得雇员能够保全自己的资产，避免高额的护理费用所带来的个人或家庭财务危机。[②]在荷兰、德国、日本等早期建立长期护理保险制度的国家，由雇主、雇员、政府三方筹资的长期护理保险制度减轻了国家、失能者个人或家庭的负担，满足了失能者的需求。

第二节　财务供给主体的研究

我国目前使用较多的养老福利供给方式主要包括家庭养老、社会养老、自我养老等。福利在人类社会的不同阶段有着各自的发展轨迹，社会福利的制度安排、政策实践和供给主体不仅反映着社会的变

---

① 黎建飞、侯海军：《构建我国老年护理保险制度研究》，《保险研究》2009 年第 11 期，第 65～71 页。

② M. Gordon. 2001. A Guide to Understanding Long - term Care Insurance. *Employee Benefits Journal*, pp. 9 - 24.

迁，而且也反映着福利制度本身体现的理念。① 福利供给主体经典理论的演变主要经历了家庭供给主体论、市场供给主体论、国家供给主体论、多元供给主体论。

一 家庭供给主体论

（1）个人或家庭责任理论

个人或家庭责任理论基础是自由放任理论。该理论主要来源于亚当·斯密，他认为自由要成为资本主义制度发展中的主要原则，强调自利选择原则，主张政府不作为、自由放任原则。在福利领域，这种理论认为不应该为民众提供国家层面的福利，因为这样会干涉市场经济的自由，福利的接受者侵蚀劳动者的财富，认为市场是满足人们需要的最佳方式。但是政府的自由放任会导致社会公平的丧失，社会财富分配差距加大，社会冲突带来的社会福利最大化难以实现，易引发一系列社会问题。

在有长期护理制度化体系之前，传统上家庭被视为长期护理责任者，即主要由家庭提供护理服务，或由个人或家庭负担因失能老人长期护理需求而衍生的财务支出。个人或家庭为主的筹资模式主要包括代际护理、私人储蓄和房屋资产抵押等。

虽然个人或家庭成员提供无酬护理服务，但仍然存在机会成本，这也是非制度化护理体系下长期护理的主要财务来源。个人或家庭护理、私人储蓄主要是通过家庭连带或投资工具将资源在个人生命周期进行转移。② 但是资源却无法在风险程度高低者之间、需要程度高低者之间合理转移，因而这种筹资模式缺乏风险共摊的机制，使得在家

① 徐斌秀：《福利多元主义视角下中国老年社会长期护理保险制度的建构》，南京大学硕士学位论文，2011。
② J. R. Brown and A. Finkelstein. 2015. Supply or Demand：Why is the Market for Long - term Care Insurance so Small? *NBER Working paper*, pp. 10 - 12.

庭人力缺乏和家庭财务不足时，大量失能老人因没有私人储蓄而无法获得基本的护理服务。

（2）弱化论

弱化论中弱化是指家庭照护功能因家庭人口结构弱化，需要其他主体共同支撑。黄匡时、陆杰华运用 Sullivan 方法和多状态生命表法，通过编制中国老年人日常生活照护生命表，反映了中国老年人平均照护预期时间长、家庭照护负担重的结论。[①] 邓子纲、雷俊指出中国城镇的主要家庭成员模式已经转变为"4 - 2 - 1"，目前独生子女一代成为养老主力军，他们不具备较强的专业性照护能力，并且还要照顾众多长辈，这使得家庭照护困难重重。[②] 荆涛认为长期照护风险性质决定了私人长期照护保险是失能老人长期照护财务供给主体。[③] 戴卫东基于中国城乡居民负担能力的差异，认为在城市应该由政府提供公共长期照护保险，而在农村应该由政府提供老年照护救助制度作为财务供给主体。[④]

（3）互补论

互补论认为家庭照护功能难以替代，各供给主体具有"互补"功能。袁小波认为传统家庭养老价值观决定了失能老人长期照护的主要提供者是家庭成员，但家庭照护功能在不断弱化，需要建立家庭照护者社会支持体系。[⑤] 符柯认为这种护理成本较低的非正式照护服务可以给予失能老人较多的精神慰藉，但是长时间的照护容易导致家庭成员在身体、精神和经济方面的负担过重，也很难给予失能老人专业性

① 黄匡时、陆杰华：《中国老年人平均预期照料时间研究——基于生命表的考察》，《中国人口科学》2014 年第 4 期，第 92 ~ 101 页。
② 邓子纲、雷俊：《失能老人长期照护体系建设及产业化的三个维度》，《社会保障研究》2014 年第 4 期，第 44 ~ 49 页。
③ 荆涛：《长期护理保险研究》，对外经济贸易大学博士学位论文，2005。
④ 戴卫东：《中国农村社会养老保险制度研究述评》，《中国农村观察》2007 年第 1 期，第 71 ~ 79 页。
⑤ 袁小波：《构筑家庭照料者社会支持体系》，《社会福利》2010 年第 6 期，第 27 ~ 28 页。

的照护服务。① 曹艳春、王建云认为以家庭照护为主的非正式照护和正式照护之间存在一定的互补关系。正规机构为家庭护理人员提供护理知识指导，使得他们在服务内容上形成伙伴式的责任分担，在功能上形成相辅相成的增强关系。② 王德文认为要推动失能老人长期照护服务行业的健康发展，需要培养一大批专业照护人员。要积极鼓励志愿者参与，加强专业和非专业照料人力资源培训，强调正式与非正式照料互补、专业与非专业人才的协同发展。③

二　市场供给主体论

古典学派创始人亚当·斯密（Adam Smith）认为，应该在市场经济活动的自动化调节中强调"自由"原则，国家不应该为国民提供一般化的社会福利，福利供给应主要来自市场，市场竞争是最好的经济制度安排，依靠价格机制可以实现市场的均衡状态。④ 在失能老人长期照护财务供给主体中，市场通过良性竞争实现失能老人长期照护服务、资金的筹资与融资，由于市场具有高效率的特征，它们可以向有经济能力且要求高质量生活的失能老人额外收取费用，从而有针对性地为他们提供长期照护服务。

保险的实质是风险集中和风险分散的一个过程。长期护理私人保险就是由商业性保险公司作为主体对长期失能老人所发生的护理费用成本损失提供经济补偿的一种运营机制。

私人保险优于私人储蓄和家庭代际互助，其基本的理由是"风险

---

① 符柯：《农村失能老人居家长期照护问题研究——以河南省 N 县为例》，郑州大学硕士学位论文，2017。

② 曹艳春、王建云：《老年长期照护研究综述》，《社会保障研究》2013 年第 3 期，第 56～65 期。

③ 王德文：《我国老年人口健康照护的困境与出路》，《厦门大学学报》（哲学社会科学版）2012 年第 4 期，第 90～98 页。

④ 亚当·斯密：《国民财富的性质和原因的研究》，郭大力、王亚南译，商务印书馆，1972。

共摊"，即由所有长期护理保险参保者共摊少数人因发生失能风险而产生的经济损失。长期护理私人保险的自愿购买比个人储蓄更有效率，因为保险可以把资源从护理需求低的人重新分配给护理需求高的人，同时私人护理保险也可以体现选择权、自主权和个人的尊严。

但私人长期护理保险并没有成为护理保险主流，其原因是受到供给面和需求面等多种影响。长期护理私人保险供给不足主要是受到行政成本、信息不对称、逆向选择、道德风险和聚集风险等方面影响，另外长期护理需要的发生率与给付成本估算困难也给私人长期护理保险供给带来风险。① 对于需求面，由于对风险缺乏认知、偏好目前消费而忽视未来消费、偏好家庭护理、私人长期护理保单给付水平和给付范围有限、家庭购买私人护理保险经济能力等多方面影响，个人购买私人长期护理保险意愿偏低。从公平性看，私人长期护理保险需要满足的公平性缺乏，高额保费导致购买能力不足的人无力购买保险，违反了同等需要获得同等护理的公平原则，也是私人护理保险受到质疑的地方。

三 国家供给主体论

英国经济学家贝弗里奇（Beveridge）在凯恩斯福利思想的影响下，于20世纪40年代提出《贝弗里奇报告》，这标志着西方福利国家发展到一个新的阶段，该报告强调国家通过干预经济生活来解决"市场失灵"引发的各种社会问题。

贝弗里奇提出个人的福利责任不能被国家的福利责任所替代，国民福利责任应该由国家和公民共同承担。《贝弗里奇报告》中对福利国家目标和原则的界定奠定了福利国家建立和发展的制度基础，国家

---

① J. R. Brown and A. Finkelstein. 2005. Supply or Demand: Why is the Market for Long – term Care Insurance so Small? *NBER Working paper*, pp. 10 – 12.

是社会福利的主要供给者，福利国家理论日趋成熟。国家为失能老人提供长期照护财务支持的标准是保障失能老人最基本的生活水平，所以国家应该积极做好顶层政策的设计，为失能老人提供长期照护资金的管理与具体财务监管机制。

（1）税收制责任理论

税收制责任理论也经常被称为国家责任理论，利用国家一般税收支付为长期护理需要者提供长期护理服务或补助。根据国家介入程度，长期护理税收制筹资模式可以分为两种类型。

一种是国家完全责任制筹资模式。这种筹资模式强调普惠性，无须对国民家计进行调查，国民具有人人享有的权利，就是以税收为财源，由政府公共部门保障长期护理需要者的护理费用和人力，国家是税收筹资模式的责任主体也是制度的运营者，供给与需求由国家垄断，其实质是所有的纳税人共同为少数失能老人负担护理服务成本费用。国家通过强力介入并以国家税收为财源来干预长期护理供需失灵，优化长期护理资源解决与国民需求不均衡的问题。2001~2002年澳大利亚政府确定了老年长期家庭护理计划，长期护理的经费全部由政府筹措，政府、志愿团体和商业性机构共同提供服务。[1] 1993年奥地利通过《联邦长期护理补贴法案》，规定长期护理补贴是失能者应有的权益，与被补贴者的收入、财产等无关联，资金来源于国家税收；丹麦针对失能老人的长期护理完全由国家财政提供资金；加拿大长期护理的费用由省或行政区政府财政负担。

还有一种是国家有限责任制筹资模式。国家有限责任制筹资模式可以通过两种方式来体现，一种方式是国家税收直接对有长期护理需求而无力负担长期护理费用的人或家庭提供财务补贴，它是建立在家

---

[1]　E. Sharman, J. Healy, B. Lokuge. 2006. Australia: Health System Review. *Health Systems in Transition*, pp. 105 – 107.

庭收入调查基础上的残补型的筹资模式，也称为选择性护理筹资模式，即家庭经济承担能力有限，国家需要对陷入贫困的失能老人提供护理成本。而对于富人或者有经济能力的人则通过私人储蓄或购买私人保险来满足自身的需要。这种筹资模式一般是在既有的社会救助制度体系中，美国的医疗救助制度（Medicaid）就是这种制度的典型代表。另一种方式是长期护理风险主要依靠市场机制来化解，而国家通过税收优惠或者是财政补贴方式降低私人长期护理保险的成本、价格，以鼓励个人或家庭购买私人长期护理保险，防范未来风险经济损失。在国家有限责任制筹资模式中，国家介入程度由家庭承担能力、风险规模和税收补贴政策决定，大部分长期护理费用来源于个人或家庭、保险市场，而不是来自税收。

（2）公共护理保险责任理论

社会保险责任理论就是通过强制参保机制建立风险分摊集合体，参保人因失能而发生的长期护理费用成本由社会保险支付。公共长期护理保险是具有社会政策特征的保险制度，因而从财务安排角度，一方面保险符合互助互济、风险分摊的财务机制安排，以筹集足够的资金、提供适当的保障，来化解长期护理财务风险。另一方面公共长期护理保险基于社会性，制度的目标强调满足失能老人长期护理基本需要，因而制度财务具有个人或家庭与国家、政府连带责任，各方共担机制使得被保险人财务负担小于私人长期护理保险制度下被保险人负担。

公共长期护理保险具有强制性，强制性长期护理保险制度使得任何人不能根据自身的风险预期加以选择是否参保，所有参保人风险发生的整体概率相对稳定，有利于制度根据过去的风险状况计算出整体所需的护理费用，并确定全体投保人缴费率。公共长期护理保险制度消除了私人保险逆向选择的倾向，制度财务可持续性强。

国家完全责任制的税收筹资模式与社会保险制筹资模式最大的差

异并不在于"风险共担",以税收制融通长期护理资金的模式最符合风险共担的精神,它是全体纳税人共担少数失能风险人口的长期护理财务风险,所得再分配的效果更为显著。两者的差别在于,保险制强调事先投保才具有申请给付的资格条件,一旦风险发生符合给付条件,被保险人即可以申请给付,而不需要证明其资产或所得匮乏程度,这是透过保险而产生的权利,而税收制主要基于权利。

四 多元供给主体论

福利多元主义是在福利国家危机的背景下产生的,是为解决福利国家的危机而积极寻求的一种替代方案。福利多元主义又叫混合福利经济,这个概念最早来源于 1978 年英国的《沃尔芬德的志愿组织的未来报告》。之后罗斯在《相同的目标、不同的角色——国家对福利多元组合的贡献》中,对福利多元主义的概念进行了详细的阐述和论证。他主张福利是全社会的产物,应该由市场、雇员、家庭、国家等不同主体共同分担。福利供给多元主义强调,任何单一主体的供给都会带来一定的灾难,积极谋求多元主义供给来实现合作、互补的主体供给结构,即是福利供给多元主义理论的内在要求,也是失能老人养老服务的本质要求。

(1)私人与公共混合责任理论

自 20 世纪 50 年代福利国家产生以来,福利国家的理论就一直受到学者的批评,20 世纪 70 年代西方经济危机使得福利国家危机重重,出现了以哈耶克、弗里德曼和熊彼特为代表的新右派,对福利国家提出了彻底的批评,形成了自由主义福利观,认为市场是满足人们需要的最佳方式,国家应该成为规则的制定者和监督者。与右派相同,以高夫、欧菲为代表的左派也反对福利国家制度,认为福利国家仅是资本主义合法化的工具,福利国家内部的资本主义矛盾是福利国家无法解决的。正是在这种左、右学派的争论中,有关社会福利构建主体开始出现多元化，思考国家和市场在福利供给中如何合作的问题。20世纪 80 年代中期，罗斯、伊瓦斯等学者开始探讨福利组合的研究，提出应该依靠国家、市场和家庭三方组合来提供社会福利。1988 年伊瓦斯提出著名的"福利三角"（Welfare Triangle）理论，即充分调动国家、市场和家庭等各个福利主体的力量，形成福利的合力。[①] 1999年，约翰逊继承了罗斯和伊瓦斯的思想，认为直接或间接的国家福利、职工或营利性的市场福利、家庭和邻里提供的非正规福利、自助或互助组织提供的志愿组织福利共同构成了福利四维度。[②] 因而各国在选择长期护理筹资制度时，单一的个人或家庭制筹资模式、私人保险制筹资模式、税收制筹资模式和社会保险制筹资模式仅是理论分析的需要，除了考虑各国政治、经济、社会文化以及社会保障制度因素以外，也会对不同筹资模式理念、权利义务安排与制度的利用行为加以考虑。所以一些国家选择了长期护理公共筹资与私人筹资相结合的混合制模式，以形成不同筹资模式优劣互补的效应及长期护理筹资可供选择的责任主体模式。

（2）多元主体论

多元主体论认为失能老人的长期照护服务应该由政府、市场、家庭和社会组织共同供给。陈慧、刘晋指出面对老年长期照护保障领域复杂、多层次、多样性且动态性的特征，想要解决老年长期照护保障问题从而化解供需非均衡现象，是需要进行治理主体的多元化建设。[③]尚晓援认为中国失能老人长期照护的资源供给已经从完全依赖政府逐

① R. Rose. 1986. Common Goals but Different Roles：The State's Contribution . *The Welfare State East and West*，pp. 1 – 20. A. Evers，H. Wintersberger. 1990. Shifts in Welfare Mix. *Their Impact on Work*，*Social Services and Welfare Policies*，pp. 23 –30.

② N. Johnson. 1999. *Mixed Economies of Welfare：A Comparative Perspective*. Prentice Hall Europe，pp. 31 –37.

③ 陈慧、刘晋：《中国老年长期照护多支柱保障模式研究》，《经济问题》2014 年第 8 期，第 20 ~ 23 页。

渐转变为多元化投入。[①] 杨超柏发现，政府财政的有限支持应该注重多元主体之间的供给，即通过多元主体共同筹资来应对失能老人日益增长的财务需求，形成互补的合作关系结构和完善的供给网络。[②]

第三节　多元主体融合的相关理论

协同理论和多中心治理理论都是与多元主体融合相关的重要理论。协同理论通过市场化使营利企业或机构介入养老产业和市场，整合各类养老资源、优化配置、提高效率，建立起综合协同的失能老人长期照护财务供给体系，来解决财务供给不足和效率低下的问题。[③] 多中心治理理论强调失能老人长期照护财务供给是政府、企业、家庭、非营利组织等各个主体间相互信任、联动、合作、博弈的结果，它能极大发挥市场的能动性，通过整合社会资源，构建多中心失能老人长期照护财务供给体系，从而提供多样化和多层次的选择，满足失能老人对养老服务的不同需求。[④]

一　协同理论

协同理论（Synergetics）又称为协同学或协和学，是由联邦德国理论物理学家赫尔曼·哈肯（Hermann Haken）于 1969 年提出。所谓协同即"相互协调、联合作用"。在协同学中，协同就是指在系统中各个组成部分或子系统之间共同围绕集体目标相互协调产生新的有序结构及功能。哈肯认为协同是指系统内诸多子元素之间的和谐状态，

---

① 尚晓援:《从国家福利到多元福利——南京市和兰州市社会福利服务的案例研究》,《清华大学学报》(哲学社会科学版) 2001 年第 4 期,第 16 ~ 23 页。

② 杨超柏:《我国养老服务多元供给主体关系研究》,南昌大学硕士学位论文, 2017。

③ 张俊良、曾祥旭:《市场化与协同化目标约束下的养老模式创新——以市场人口学为分析视角》,《人口学刊》2010 年第 3 期,第 48 ~ 53 页。

④ 徐玮茜:《多中心治理视角下社区居家养老服务供给研究》,南京大学硕士学位论文, 2015。

研究这些子系统如何自发地由无序状态走向有序状态或由有序状态走向更为有序状态的途径问题。

构建失能老人长期照护财务供给多元主体融合机制，要建立和完善跨主体协同机制，实现各个财务供给主体的协同。协同是供给的手段，供给是协同的最终目标。各主体是独立的个体，具有各自的利益和追求，多个主体在一起会发生矛盾和冲突，最终会导致无法为失能老人长期照护提供有效的财务供给。因此，协同理论要求应该建立政府、家庭、市场、社会组织等各个财务供给主体的协同机制，化解和协调各主体之间的利益冲突，实现各主体之间组织协调和供给手段的整合与革新，各个主体之间能够在"强关系"的结盟中形成"部分之和大于总体"的"协同增效"，这样才能保障财务供给活动长期、有效地进行。

二 多中心治理理论

1961 年，美国学者文森特·奥斯特罗姆（Vincent Ostrom）和埃莉诺·奥斯特罗姆（Elinor Ostrom）基于深刻的理论和实证分析，共同创立了多中心治理理论。奥斯特罗姆夫妇为了有效地克服单一依靠市场或政府所带来的不足，他们通过长期的社会实践调查，发现公共事物的治理应该摆脱市场和政府单中心的治理模式，相应的应该建立以政府、市场、社会三维框架下多中心的一种补充、合作、制约、竞争的自愿合作治理模式。多中心治理理论的核心是主张采用分级别、分层次、分阶段的多样性制度设置，加强政府、市场、社会之间的协同共治。[1] 由于社会环境中的多样性，失能老人长期照护财务需求呈现多样化发展趋势。单中心的失能老人长期照护财务供给已经不能够

---

[1]　E. Ostrom, L. Schroeder & S. Wynne. 1993. *Institutional Incentives and Sustainable Development*: *Infrastructure Policies in Perspective*. Boulder, CO: Westview Press.

满足日益增长的财务需求，因此多中心财务供给相互融合模式已经成为学界和政府关注的焦点。多中心治理理论意味着让政府、企业、民间团体等一起参加失能老人长期照护财务供给，综合多元主体的各种优势多管齐下，既能保证政府的公共性，又能体现市场企业社会组织的高效性。

第四节　长期照护财务供给多元主体融合机制

一　任务主导型长期照护财务供给融合机制

Peter 提出任务主导机制，认为不同的供给主体有各自的长处，可以满足不同失能老人长期照护财务需求的多样性，根据不同的任务要求和财务供给主体的专长匹配，实现长期照护财务供给的高效利用。[①] 陈慧、刘晋认为没有任何一个单一主体能够掌握所有社会资源来满足老年长期照护保障领域的复杂性要求，因此要对政府、市场、社会和家庭在老年长期照护服务供给上进行合理分工，明确各方责任，制定严格的准入机制，合理引导市场和社会力量参与，使老年长期照护服务真正处于社会监督之下。[②] Davey 认为政府是长期照护财务供给的正式供给者，政府供给对家庭、市场、社会组织，努力给予辅助和补充，只有非正式供给者的供给能力无法满足失能者长期照护财务需求时政府才会提供支持。[③]

---

① P. Zweifel and W. Strüwe. 1993. Long – term Care Insurance in a Two – Generation Model. *Journal of Risk and Insurance*, pp. 65 – 67.

② 陈慧、刘晋：《中国老年长期照护多支柱保障模式研究》，《经济问题》2014 年第 8 期，第 20～23 页。

③ A. Davey, E. E. Femia, S. H. Zarit, D. G. Shea, G. Sundstrom, S. Berg, M. A. Smyer & J. Savla. 2005. Life on the Edge：Patterns of Formal and Informal Help to Older Adults in the United States and Sweden. *The Journal of Gerontology：Series B*, pp. 281 – 288.

二　分层替代型长期照护财务供给融合机制

Cantor 和 Mark 提出分层替代机制，他们认为失能老人长期照护财务供给主体之间融合机制是通过分层替代实现的，即失能老人一旦有照护财务需求，是根据关系的亲疏和照护的可获得性来确定照护财务需求的供给者，首先是配偶，然后是子女，之后是较远的家庭成员，最后才是家庭之外的成员和组织。[①] 席恒提出"分层养老"的理念，即按照老年人年龄状况和身体健康程度来进行划分。这样能够有针对性地对不同失能等级的失能老人提供不同财务供给，增强财务供给的瞄准率与可及性，让家庭和社区的基本服务、市场的多元服务、志愿组织的稳定服务等充分发挥作用。[②]

三　福利多元化长期照护财务供给融合机制

福利多元主义理论的本质是实现投资多渠道化、福利来源社会化、福利运行市场化以及服务队伍专业化，并提出国家、家庭、市场、社会组织等诸多多元福利提供者的职责并重原则。郑阳雨璐、潘国臣等以财务的可持续性为核心，提出构建多元混合财务供给模式，认为我国政府应发挥其在长期照护体系中的基础作用，通过财政补贴为全社会提供最基本的资金保障，让部分市场机制介入；通过政策开放、法规松绑，让保险公司和雇主为政府基础覆盖以外的部分提供财务支持，个人和家庭也应该根据自身实际需求做好老年人照护的资金供给准备。[③] 吉鹏认为各行为主体间已经形成多元合作的格局，其中政治互依、资源共享、功能互补是养老服务财务供给主体之间展开合

---

① M. H. Cantor and M. Brennan. 2000. *Social Care of the Elderly：The Effects of Ethnicity，Class and Culture*. New York：Springer.

② 席恒：《分层分类：提高养老服务目标瞄准率》，《学海》2015 年第 1 期，第 80 ~ 87 页。

③ 郑阳雨璐、潘国臣、陈森松：《财务可持续的长期照护制度构建研究——基于台湾地区的经验》，《社会保障研究》2018 年第 3 期，第 102 ~ 112 页。

作，进而形成委托代理链的基础。[1] 雷继明认为长期照护财务供给融合机制应该是一种福利性与营利性相结合的养老机制，在政府的支持下走产业化发展道路，建立一种以家庭养老为基础、社区养老为依托，机构养老为补充的财务供给体系。[2] 曹信邦认为长期照护财务供给多元主体融合不是一个自发的过程，也不是依靠行政强制执行的过程，而是核心主体确定、责任分担、相互渗透和法律保障构成的四维机制共同作用，形成长期照护财务供给主体融合状态。[3]

第五节　长期照护财务供给多元主体融合的模式

在多元财务供给主体中，政府、市场、家庭和社会组织之间的角色和功能，直接影响各主体之间的融合。多元主体之间融合发展的基础是科学确定各主体在长期照护财务供给中是主导地位还是辅助地位。不同组合方式的结果反映了制度理念的差别和福利模式的选择。社会福利制度有"剩余型"和"制度型"两种社会福利模式。"制度型"福利模式认为社会福利是任何社会必须具备的一项重要职责和功能，社会福利不是在个人、家庭或市场不能满足个人需要时政府才介入，而是现代社会结构中常规化和永久性的制度，不同于自由市场和家庭的收入再分配机制，是一种事前预防机制，这种制度把福利享有对象从特殊的弱势群体扩大到所有社会成员，从选择性社会福利到普遍性社会福利，这个模式中政府处于一种积极、主动的角色。"剩余型"福利模式也称为残补式福利模式，是指福利制度仅扮演常态社会结构（家庭和市场）功能失灵后的补救角色，即个人福利的供给首先

---

① 吉鹏：《社会养老服务供给主体间关系解析——基于委托代理理论的视角》，《社会科学战线》2013 年第 6 期，第 184～189 页。

② 雷继明：《家庭、社区与国家：农村多元养老机制的构建》，华中师范大学博士学位论文，2013。

③ 曹信邦：《中国失能老人长期护理保险制度研究——基于财务均衡的视角》，社会科学文献出版社，2016。

通过家庭、市场来解决，家庭、市场的失灵才会有政府福利制度来提供补救，即福利制度只有在紧急状态下才能启动，家庭和市场等社会的常态系统正常运转后，福利制度就退回后台。

显然，选择什么样的福利供给模式，失能老人长期护理财务供给多元主体融合模式就有什么样的差别。中国社会保障制度采用了"制度型"模式，与中国社会保障制度相适应，由于失能老人长期照护财务风险是一个常态的风险，也是一个社会所有成员面临的共同风险，失能老人长期照护的财务需求通过"制度型"模式供给具有一定的社会意义。本书采用"制度型"福利模式，建立事前预防的制度化、常规化的失能老人长期照护财务供给制度，即建立以政府为主导，其他主体共同参与的长期照护财务供给的制度模式。

第六节　国内外研究的评价

国内外关于失能老人长期护理财务供给多元主体融合研究有大量值得借鉴的经验。

（1）国外学者的协同理论和福利供给多元理论为失能老人长期照护财务供给多元主体融合提供了理论上的支撑。协同理论指出各个财务供给主体之间要相互协作，共同为失能老人提供长期照护服务和财务支持。现如今，我国失能老人长期照护财务供给存在很多问题。一般来说，失能老人长期照护财务供给主体主要是家庭、机构和政府，家庭养老可以给老年人提供精神慰藉，但是缺乏专业化的服务；机构养老能够提高社会化的服务水平，但是很难满足失能老人不愿离开原有居住地的心理需求；政府养老主要是保障失能老人最基本的生存问题，强调公平性，所以很难为不同失能等级的失能老人提供专业化照护服务和额外的财务支持。所以各个主体应该如何协同和合作是至关重要的。福利供给多元理论提出政府、市场、社区和社会组织都被视为福利供给的主体，这为长期照护财务供给提供了新的思路——个人或家庭不是唯一的主体，政府、市场、社区和社会组织应共同构成失能老人长期照护财务供给体系。但是，多元供给主体之间如何深度融合以实现适度满足失能老人长期照护财务需求的目标，现有成果还缺乏深度融合机制的研究和政策路径探寻，需要通过供给主体融合机制的设计加以优化。

（2）关于失能老人长期照护财务费用到底应该由谁供给的问题，不同国家和学者对于这个责任分配有着不同的理解。国外一般采用的是政府起着主导作用、社会积极协作参与的机制，即把有限的照护资源用于最需要照护的失能老人中，这样既提高了照护效率，又节省了照护资金。同时，国外学者也强调失能老人长期照护财务供给需要加强各类主体信息交换，促进相互协调，以保证失能老人享受到优质的长期照护服务。同国外研究相比，我国对失能老人长期照护的研究，无论从理论还是实践都处于起步阶段。我国学者从国情出发，分析失能老人所面临的长期照护风险，并分析风险产生的原因，得出需要多元主体共同承担失能老人长期照护财务供给的费用，才能为失能老人提供更好的长期照护服务。对于各个供给主体之间的财务供给应该怎样分配，应该怎样建立长期护理财务供给多元主体融合机制，国内学者还没有给出相应的研究结果。

（3）中国失能老人长期护理财务供给主体的研究缺乏宏观视角。失能老人长期护理财务供给制度怎么来构建，顾名思义，单一的财务供给责任主体已经难以维系失能老人长期护理的基本需求，多元主体的思路设想逐渐为社会所接受。多元主体理论思路很宽泛，但是多元主体的责任和边界如果不清晰，一方面可能会形成"群龙治水"，形成福利"叠加"现象；另一方面也会导致各主体之间推卸责任，多元主体也就会形成无主体格局。所以需要对福利多元理论在失能老人长期护理财务均衡中加以优化。

第三章 中国失能老人长期照护财务供给多元主体融合的理论分析

本章首先提出本书的理论基础是福利多元理论和协同理论。在相关理论分析的基础上，对失能老人长期照护财务供给多元主体融合分析的维度和工具进行设计，即通过单一主体财务供给能力和失能老人长期照护财务需求量之间非均衡来分析单一主体能力有限，需要多元主体的融合满足失能老人长期照护财务需求，这就需要制度供给来促使财务供给多元主体融合机制的形成。因而本书从数量均衡和制度供给均衡两个维度来分析失能老人长期照护财务供给多元主体的融合机制。

第一节 失能老人长期照护财务供给多元主体融合的理论基础

一 福利多元理论与长期照护财务供给多元主体的合理性

福利多元经典理论的演变经历了漫长的历史过程，形成了市场供给主体论、福利国家供给主体论和福利供给多元主体论三个福利供给主体理论。

市场供给主体论。古典学派的创始人亚当·斯密（Adam Smith）认为经济发展中强调"自由"原则，国家不应该为国民提供福利，否则会干涉市场经济的"自由"，福利供给应主要来自市场，市场竞争是最好的经济制度安排，依靠价格机制可以实现市场的均衡状态。①

福利国家供给主体论。20 世纪 20 年代末期的经济危机打破了"自由市场"理论的神话，20 世纪 40 年代的《贝弗里奇报告》标志着西方福利国家发展到一个新的阶段，强调国家干预经济生活以解决"市场失灵"引发的各种社会问题，国家是社会福利的主要供给者。②

福利供给多元主体论。福利国家自产生以来就一直受到学者的批评，出现了以哈耶克（Hayek）、弗里德曼（Friedman）和熊彼特（Schumpeter）为代表的新右派，对福利国家提出了彻底的批评，形成了自由主义福利观，认为市场是满足人们需要的最佳方式，国家应该成为规则的制定者和监督者。还出现了以高夫（Gough）、欧菲（Offe）为代表的反对福利国家制度的左派，认为福利国家仅是资本主义合法化的工具，福利国家内部的资本主义矛盾是福利国家无法解决的。

（1）"福利三分法"。20 世纪 80 年代中期，罗斯（Rose）、伊瓦斯（Evers）等学者开始探讨"福利组合"，提出国家、市场和家庭三方组合来提供社会福利的观点③，伊瓦斯（Evers）提出著名的"福利三角"（Welfare Triangle）理论④，即充分调动国家、市场和非正式组织等各个福利主体的力量，形成福利的合力。认为福利是社会的产物，国家、市场和非正式组织都是福利的供给者。只有国家、市场和非正式组织三个部门互动、相互协调，才能使福利供给得到有效整合，社会福利能够实现最大化。伊瓦斯不但将福利主体进行了明确的

---

①　亚当·斯密：《国民财富的性质和原因的研究》，郭大力、王亚南译，商务印书馆，1972。

②　贝弗里奇：《贝弗里奇报告》，中国劳动和社会保障部社会保险研究所译，中国劳动和社会保障出版社，2008。

③　R. Rose. 1986. Common Goals but Different Roles：The State's Contribution. *The Welfare State East and West*. pp. 1 – 20.

④　A. Evers，H. Wintersberger. 1992. Shifts in Welfare Mix：Their Impact on Work，Social Services and Welfare Policies. *American Journal of Sociology*.

确定，而且对其功能进行了具体的解释，认为三个主体的意义有明显的不同，国家主体代表公共的组织，其价值规范为平等与选择，集中反映行动者与国家的关系；市场主体代表了正式的组织，其价值为选择与自由，主要反映行动者与经济的关系；而非正式组织代表了私人组织，其价值体现为团结与共享，集中反映了行动者与社会的关系。

（2）"福利四分法"。约翰逊（Johnson）提出了"福利四分法"观点，即提供直接或间接的国家福利、提供职工福利或营利性福利的市场福利、家庭和邻里提供的非正规福利、自助或互助组织提供的志愿组织福利，发展了福利供给多元理论。[①]

福利多元理论为失能老人长期照护财务供给多元主体融合的研究提供了以下几个方面的理论支撑。

（1）福利多元理论为长期照护财务供给主体多元化提供理论基础。福利多元理论阐释了福利供给主体已经从传统的由政府单一供给福利，到政府、市场、家庭和社会组织等福利多元主体供给，系统地发展了福利供给主体理论。福利多元主体供给充分调动了政府、市场、家庭和社会组织的力量，提升了福利供给能力和供给水平，为研究长期照护的多元主体财务供给提供了理论基础和研究思路。

（2）福利多元理论论述了福利供给多元主体的融合能够实现福利最大化，为长期照护财务供给多元主体融合机制的构建提供理论支撑。认为福利供给主体之间可以互动、协调，使福利供给得到有效整合，实现福利供给最大化。1993年，伊瓦斯和斯维特里在分析"志愿组织"、"非正式组织"、"市场"和"国家"是福利供给的主体时，提出一个需要人们不断去深思的问题，认为"有关国家与市场的责

---

① N. Johnson. 1999. *Mixed Economies of Welfare: A Comparative Perspective.* Prentice Hall Europe, pp. 31 – 37.

任、公正与差异、公共计划与个人选择的福利多元组合是难以有精确定论的，需要不同的国家根据不同的传统和问题设计"。[①] 因而提出了福利供给多元主体融合的构想，但还没有形成多元主体融合机制的成熟思想，为长期照护财务供给多元主体融合的理论研究提供了空间。

（3）福利多元主体融合理论与中国现实。目前，中国失能老人长期照护财务供给主体主要是家庭，政府主要承担社会弱势群体照护服务的供给，政府仅是起到一个事后补偿的作用，政府、家庭、市场和社会组织之间处于相互分离状态，还没有形成一个共担失能老人长期照护财务供给的融合机制，这就需要从多元主体融合的视角研究中国现实，构建中国长期照护财务供给多元主体的融合机制。

正因为如此，福利多元理论为失能老人长期照护财务供给多元主体的融合机制提供了研究空间，为失能老人长期照护的多元主体融合机制提供了理论依据。

二　协同理论与长期照护财务供给多元主体融合机制的设计

福利多元理论为失能老人长期照护财务供给多元主体融合提供了理论依据，但是多元主体融合的形成机制、实现机制如何构建，协同理论为其提供了理论支撑。

协同（Synergy）一词最早来源于古希腊，本意为"协调合作"。20世纪70年代德国理论物理学教授哈肯（H. Hake）在研究激光系统时发现了协同的作用，从自然科学的角度研究并阐述了协同在不同学科中共同存在的本质特征。首先提出"自组织"理论。发现系统发展演化中存在一个普遍原理，即在任何系统中各子系统之间均依靠有调

---

① A. Evers, I. Svetlik. 1993. Balancing Pluralism: New Welfare Mixes in Care for the Elderly. *Averbury*, pp. 79 – 103.

节的、有目的的"自组织"过程，使千差万别的子系统能够协同作用，因而产生新的稳定有序的结构。而在子系统协同之前，各子系统处于无序状态，各行其是，杂乱无章，没有形成合作关系，很难产生整体的新质。而一旦系统达到或处于临界状态，由于某种偶然的因素会导致临界涨落，其中一个或几个参数会产生临界慢化，出现临界无阻尼现象，这些变化支配了其他子系统迅速建立起合作关系，通过协同行动，产生系统宏观性质的突变。其次提出"序参量"观点。认为序参量是系统协同的最重要的参量，如果某个参量在系统演化过程中从无到有，并且指示新结构形成，反映新结构的有序程度，就是序参量。序参量在整个系统中不处于支配地位，而是大量子系统集体运动的宏观整体模式的有序程度的参量，是大量子系统相互竞争和协同的产物，支配和役使各子系统，控制系统整体演化发展的过程。因此，哈肯把协同定义为系统的各部分之间相互协作，使整个系统形成微观个体层次所不存在的新质的结构和特征。[1]

一些战略管理理论专家从管理学的角度也提出了协同理念。认为协同与产品市场范围、发展方向、竞争优势构成公司战略四要素。协同是一种发挥资源最大效能的方法，资源可以分为实体资源和隐形资源两种，实体资源是指生产设备等资产，隐形资源是指商标、顾客认知度、技术专长和企业文化等无形资源。只有隐形资源才是企业竞争优势的不竭源泉，因为它是企业特有的，只有企业运用其掌握的隐形资源时，才能产生真正的协同效应，这种效应可以分解为"互补效应"和"协同效应"。[2] 互补效应是指企业通过提高实体资产使用效率来节约成本、增加产量，不是协同的真正来源。协同效应是企业运

---

① 哈肯：《协同学：大自然构成的奥秘》，凌复华译，上海世纪出版集团，2005，第21~25页。
② 安德鲁·坎贝尔：《战略协同》，任通海等译，机械工业出版社，2000，第20~25页。

用其独特的隐形资产所产生的效应。

切斯特·巴纳德（Chester Barnard）等人在对组织管理进行研究时提出了协同机制。认为企业组织中人们的相互关系是一种协同的系统，个人只有与其他人在一种相互作用的社会关系中连接起来才能发挥作用，正式组织的协同能够使团体的力量扩大到个人的能力范围之外。而任何正式组织的协同系统都应该包含协同意愿、共同目标、信息沟通三个基本要素。[1]

协同理论为长期照护财务供给多元主体融合机制提供了理论支撑和研究的思路。

（1）协同可以产生新的稳定有序的财务供给体系。失能老人长期照护财务需求量大，无论是对个人还是家庭都是沉重经济负担，单一的家庭、单一的政府都无法独立承担失能老人长期照护财务供给的责任，需要政府、市场、家庭和社会组织共担责任，需要各主体之间的协同、融合，才能建立一个稳定有序的财务供给体系。

（2）需要通过构建协同机制达到多元主体协同的目标。通过协同，政府、市场、家庭和社会组织所掌握的资源得到不断整合和配置，提高资源利用的效率，减少资源在配置中浪费和低效利用。而要实现提高多元主体资源利用效率的目标，需要建立多元主体协同融合的机制和模式，需要通过政府政策来引导序参量向有利于多元主体融合的方向运动。

（3）建立多元主体协同机制需要具备一定的条件。主体协同是在一定前提下、一定条件下的行为，因而本书需要探讨多元主体财务供给融合机制需要具备什么条件，在"自组织"过程中，外在力量如何推动各主体实现协同。

---

① 丹尼尔·雷恩：《管理思想的演变》，李柱流等译，中国社会科学出版社，1997，第348页。

第二节　长期照护财务供给多元主体融合
机制的分析工具

一　长期照护财务供给多元主体融合机制分析的维度

融合一词在物理意义上指熔成或熔化那样融成一体，心理学意义上指不同个体或不同群体在一定的碰撞或接触后，认知、情感或态度倾向融为一体，因而都包含"凝聚、聚合"的意思，既可以用来描述某一系统内个体与整体之间的关系，又可以用来描述系统之外的某一群体逐渐合并到系统之内的过程中的个体与整体之间的关系。之所以能够产生融合，学界有"同化论"和"多元论"之分，同化论认为，融合是弱势主体不断抛弃自己原有文化和行为模式而逐步适应主流主体的文化和行为，并最终获得与主流主体的机会和权利平等的自然而然发生的过程。多元论认为，融合是各种主体文化和价值相互适应、相互作用，不以文化多样性的牺牲为代价，最终使得各参与主体享有平等权利的过程。[①] 因而在对中国失能老人长期照护财务供给主体融合机制的研究中，严格界定主体融合是"为了保证失能老人长期照护财务需求的可持续性，长期照护财务供给各个主体之间通过协作行动产生新的稳定有序的协作机制的过程"。因而长期护理财务供给多元主体融合是从财务能力融合与制度供给融合两个维度来分析，即失能老人长期照护财务供给多元主体的融合，不仅仅是各主体财务供给与失能老人长期照护财务需求之间的均衡过程，也是制度供给的设计和不断调整的过程。财务供需均衡是目标，制度供给是手段和措施。

本书还在多维度均衡分析中引入了动态均衡和局部均衡分析方

---

① 悦中山、杜海峰、李树茁、费尔德曼：《当代西方社会融合研究的概念、理论及应用》，《公共管理学报》2009 年第 2 期，第 114～128 页。

法，认为失能老人长期照护的多元主体财务供给能力是一个不断变动的动态调整过程，因为市场上长期照护的价格、失能老人的数量、护理服务内容等在不断发生变化，长期照护财务需求量不断变化，主体的供给能力也会发生变化，因而融合是瞬时状态、动态过程，而不是静止状态。

二　长期照护财务供给多元主体融合机制的分析框架和分析工具

现有的失能老人长期照护财务供给多元主体融合分析文献中，关于融合的分析一般采用单一维度，即用制度供给分析方法，通过制度设计和调整达到多元主体融合状态。单一维度的分析方法可能更多强调制度供给层面，忽视了技术层面分析，在多元主体财务供给充足这一假设前提下研究多元主体财务供给的融合。本书认为融合是财务能力和制度供给两个方面相互结合的状态。各主体的财务供给能力是研究财务供给多元主体融合的前提，只有在对各主体财务供给能力与长期照护财务需求进行比较的基础上，才能科学确定各主体在长期照护财务供给中的角色、地位，论证多元主体融合的必要性和可行性。制度供给是指为了规范人们的行为而提供的法律、伦理或间接的准则或规则。制度供给融合是研究多元主体融合的条件、内容、机制和模式，提升多元主体财务供给的效率。满足失能老人长期照护财务需求，需要政府的制度供给来引导多元主体的融合，没有制度供给就很难实现财务供给主体之间的融合。而对财务供给多元主体融合机制、模式的研究，需要分析目前多元主体之间融合程度，整合多元主体之间管理信息不畅、多头管理、部门间管理中缺乏协同等原因而造成的资源分割、福利多头叠加供给的状态。因而在失能老人长期照护财务供给多元主体融合机制的分析中采用数量分析和制度分析两种方法，见图 3－1。

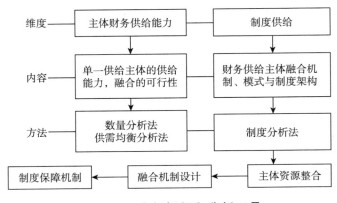

图 3-1 分析框架和分析工具

（1）长期照护财务供给能力分析

第一，长期照护财务需求数量分析。长期照护财务需求数量就是要研究失能者在一定护理服务价格下，长期照护财务需求市场的数量。财务需求数量研究主要涉及失能老人数量、失能率、各失能等级的护理成本、失能老人照护使用率等能够反映和预测长期照护财务需求规模的变量。失能老人数量随着人口总量、人口年龄结构的变化而变化，而失能率是随着年龄的变化而变化的，不同年龄段老人的失能率有差别，一般情况下失能率是与年龄呈正相关的，年龄越大的老人失能率越高，因而一个国家高龄老人的比重越高，老年人失能比例越高。失能可以按照失能程度划分为轻度失能、中度失能和重度失能三个层次，失能程度越严重，维持失能者最基本生活需要耗费的照护时间就越长，失能照护的成本就越大。

第二，各主体长期照护财务供给能力分析。分别对政府（政府财政普惠供给、政府长期护理保险制度供给）、家庭或个人、市场等主体对失能老人长期照护财务供给能力进行分析，说明在单一主体长期照护财务供给能力不足的情况下，需要多元主体融合才能满足失能老人长期照护财务需求。

本书中财务供给能力分析的工具主要采用两种方法，一种是对负担能力采用比较分析方法，通过失能老人长期照护财务需求与各供给主体的负担能力比较来分析各主体的供给能力。另一种主要采用基金供需均衡法来研究长期照护保险制度各主体的财务负担能力。多元主体融合的核心是要建立以政府为主导的财政融资机制，还要实现以市场、家庭为载体的私人融资机制和以社会组织为载体的社会融资机制的融合。而政府为主导的财政融资机制的抓手是通过建立长期照护保险制度，对失能老人长期照护的财务风险在全体投保人之间进行分担，化解绝大多数失能老人长期照护财务损失，需要研究长期照护保险制度的筹资能力。目前，国际上研究失能老人长期照护保险财务供需均衡的方法主要有曼联方法、减量表模型和多状态马尔科夫（Markov）模型等三种方法。曼联方法通过大样本抽样调查得到失能者的年平均照护时间，以此推估失能者照护所需要的费用和保险定价。减量表模型将护理服务等级运用到模型之中，并假设随着时间推移，不同照护等级的人群存在相互转移概率。多状态马尔科夫模型与曼联方法不同，该方法是在研究确定转移概率的基础上计算长期照护费用和保险准备金，这种方法在理论上比较先进，国外的研究成果也比较多。但是，多状态马尔科夫模型的运用需要一定的条件，必须要有大量的长期照护统计数据库，而目前中国还没有这方面相关数据的收集；其次，多状态马尔科夫模型计算比较复杂，要运用到矩阵相乘、迭代运算，不易实现。因而在中国运用多状态马尔科夫模型来确定长期护理保险费用较困难，缺乏研究的基础。因而本书中主要将曼联方法与国际劳工组织（ILO）、国际社会保障协会（ISSA）向全世界卫生保健领域推广的卫生筹资的建模思路（ILO 筹资模式）结合，采用基金供需均衡法构建失能老人长期照护保险财务需求和财务供给精算模型，以此推估中国长期照护保险财务均衡的长期发展趋势，预测长期照护保险制度财务供给能力，即根据当年失能老人长期照护的潜在财务需求来预测当年长期照护基金需求量，通过财务供给制度设计来确定财务供给的主体、财务筹资模式和待遇确定，以此确定要实现当年财务供需均衡的均衡费率，通过均衡费率分析供给主体财务负担能力。

（2）制度供给分析。在分析财务供给各主体的负担能力基础上，提出多元主体财务供给的融合，这种融合首先是各主体内部之间的整合，以实现资源的高效配置，其次是各主体之间通过政府制度创新和设计来达到融合状态。因而制度供给满足制度需求、实现财务供给主体之间的融合、满足失能老人长期照护财务需求，需要政府制度的创新与设计。所以制度供给包括三个层次。

第一个层次，在微观层面需要解决针对各财务供给主体的内部资源分散供给、缺乏合力的问题，提出各财务供给主体内部资源整合的制度设计。

第二个层次，在中观层面构建财务供给多元主体融合的核心。在研究分析长期照护保险制度的基础上，提出建立以政府为主导的长期照护保险制度为多元财务供给主体的核心。

第三个层次，在宏观层面对财务供给多元主体融合机制进行制度设计。搭建财务供给多元主体融合架构和融合模式，包括制度供给主体之间责任和边界的划分，制度供给主体之间的衔接，主体融合内在动力、外部条件和政策支持等，以及多元主体融合模式的选择。

第三节　长期照护财务供给多元主体融合的学理分析

一　风险不确定性需要多元主体共担长期照护财务风险

长期照护财务损失具有风险不确定性特征。风险是随机事件可能结果之间的差异，即可能发生的不同结果越多，风险就越大；风险也是可能发生损失的不确定性，即平均期望损失的变化范围越大，风险就越大。由于生活水平不断提升、医疗技术不断突破，老年人的平均寿命呈现不断延长的态势，老年人的比重特别是高龄老人的比重在不断上升，而失能概率与年龄呈正相关，一般情况下年龄越大失能的概率越大，因而人口老龄化显著影响老年人的失能率，失能老人数量不断增加，产生了老年人失能风险的不确定性。而为失能老人提供照护服务的财务损失的发生具有不确定性，有一定的发生概率，并且照护成本的多少与自身失能程度呈正相关，每个老年人照护服务支出财务风险的损失具有不确定性，每个老年人并不能确定自己未来是处于健康状态还是失能状态，即使能预测未来会处于失能状态也难以评估照护服务的成本，因此不确定性就带来风险的产生。

个人或家庭难以承担失能老人长期照护财务损失，需要多元主体共担。失能是老年人一种或一种以上功能的丧失或者损坏，失能预示着个人自理能力的下降，需要外界提供照护才能维系基础性日常生活活动，这种照护包括医疗服务、社会服务、居家服务、运送服务或其他支持性的服务。照护服务的提供可以由非正规照护人员提供，也可以由专业正规照护人员提供。而正规照护服务的目标不仅是疾病治疗或保全生命，而且要对慢性病或丧失日常生活活动能力进行功能康复和修补，使得失能者能够得到较高的生活质量、最大限度的独立生活以及个人人格尊严。显然，对于失能老人照护服务，由非专业人员提供的非正规照护的对象和范围有限，并且对失能老人功能康复等效果并不显著，而家庭人口结构小型化使家庭照护服务缺乏人力基础，因而正规照护服务成为失能老人照护服务的主力军，这就存在因照护而产生的个人或家庭巨大的财务负担。虽然长期照护需求风险一生可能仅发生一次，但风险可能持续到生命终结，失能老人需要照护的时间长，财务支出具有持续性和长期性特征，个人或家庭财务负担和心理负担重。在传统的家庭责任制下，一旦家庭中的成员发生长期照护事故，只能由个人或家庭承担长期照护服务和财务供给的责任，个人及家庭支持能力极其有限，无法满足失能老人长期照护的财务需要，失能老人得不到足够的照护，出现家庭失灵。

二 多元主体共担长期照护财务损失是家庭失灵需要

随着人口老龄化程度的加剧，失能老人的数量呈现不断上升的趋势。国家统计局数据表明，2016 年底中国 60 岁及以上人口有 2.3 亿人，占人口总量的 16.7%，65 岁及以上人口有 1.5 亿人，占人口总量的 10.8%，老龄化程度加剧。而中国老年人 65 ～ 69 岁、70 ～ 74 岁、75 ～ 79 岁、80 ～ 84 岁、85 岁及以上年龄组平均失能率分别为 4.8%、7.7%、10.4%、16.6% 和 41.9%，可以推估 2020 年、2030 年、2050 年失能老人数量将分别达到 1893 万人、2730 万人和 5224 万人。[①] 失能老人数量不断增加是中国人口老龄化背景下不可抗拒的浪潮，失能老人需要长期护理才能满足基本生活品质的需求，这就需要再次调整社会资源分配格局，以应对人口老龄化社会的客观要求。

失能照护成本不断上升，个人或家庭承受能力不足。自古以来家庭就是个人风险损失的最小互助体，在自给自足的自然经济时期，家庭规模较大、老年人寿命短等原因使得家庭能够成为家庭成员的庇护所，有互助互济的功能。但是由于家庭规模小型化、长期照护费用高昂，个人或家庭财务供给能力难以满足失能老人长期护理的需求。个人或家庭长期照护财务供给能力取决于个人或家庭可支配收入与消费支出之差，即收入剩余。一是人均收入剩余，即人均可支配收入扣除人均消费支出，表示个人支付能力。二是家庭户收入剩余，即家庭户可支配收入扣除家庭户的消费支出，表示家庭的支付能力。根据预测，2015 ～ 2050 年城镇失能老人人均照护费用是城镇居民人均收入剩余的 2.08 ～ 2.20 倍，城镇失能老人人均照护费用占城镇居民家庭户

---

① 曹信邦：《中国失能老人长期护理保险制度研究：基于财务均衡的视角》，社会科学文献出版社，2016，第 115 页。

人均收入剩余的 68.77% ~ 72.76%，这表明以城镇居民个人或家庭为单位承担失能老人长期照护财务费用，负担极其沉重。2015 ~ 2050 年，农村失能老人人均照护费用是农村居民人均收入剩余的 1.57 ~ 2.17 倍，农村失能老人人均照护费用占农村居民家庭户人均收入剩余的 51.32% ~ 71.71%，农村居民个人或家庭为单位承担失能老人长期照护财务费用，负担也极其沉重。[①] 因而无论是城镇还是农村，收入水平处于中位数以下的个人或家庭普遍存在长期照护财务供给能力不足的问题，越是收入低的个人或家庭，长期照护财务供给能力越不足，这就需要多元主体共同承担失能老人长期照护财务损失的风险。

三　多元主体融合是长期照护财务供给体系的内在要求

多元主体融合有助于长期照护财务供给的可持续性。由于失能老人数量多、长期照护的财务需求量大且持续的时间长，单一由政府、个人或家庭、市场、社会组织都无法满足失能老人长期照护财务需求，为了能够持续满足失能老人长期照护财务需求，需要建立政府、家庭、市场和社会组织多元主体参与的财务供给体系，形成多元主体共同融合的机制，共同承担风险损失，以防范单一主体因为负担能力的局限性而使得失能老人长期照护服务得不到满足。多元主体的融合，可以实现主体之间的优势互补，为失能老人长期照护财务供给可持续性提供保证。

多元主体融合有助于提升长期照护财务供给的资源配置效率。长期照护各主体的分散供给会形成多元主体在长期照护财务供给时的负面影响，表现为责任边界不清晰、供给动力不足、福利供给叠加等现象，甚至形成各主体之间疏离、推诿、矛盾、冲突的格局，导致长期

---

① 曹信邦：《中国失能老人长期护理保险制度研究：基于财务均衡的视角》，社会科学文献出版社，2016，第 141 ~ 143 页。

照护资源配置的低效率或无效。而长期照护财务供给多元主体融合的过程，实质是各主体之间领导、协商、合作、互助的过程，有助于多元主体清晰责任边界，有助于多元主体协商和合作，共同制定行动规则，以整合化的方式达到多元主体之间功能优化，提升财务供给的资源配置效率。

第四节　本章小结

本章构建了失能老人长期照护财务供给多元主体融合的概念、分析框架和分析工具，认为融合是财务能力和制度供给两个方面相互结合的状态。提出了多元主体融合机制分析可以通过财务能力融合与制度供给融合两个维度来分析。根据福利多元理论，政府、家庭、市场和社会组织是失能老人长期照护财务供给主体，为失能老人长期照护财务供给主体多元化提供了理论依据，但是中国失能老人长期照护财务供给多元主体之间存在融合性差和协调性差等问题。协同理论为多元主体融合的形成机制、实现机制提供了理论支撑，认为协同可以产生新的稳定有序的财务供给体系，协同可以实现长期照护财务供给多元主体的目标。基于上述理论的分析，构建本书关于失能老人长期照护财务供给多元主体融合机制、模式和制度架构的分析框架。

第四章　中国失能老人长期照护财务供给主体的历史演变

老年人的失能现象自古以来就存在，但随着社会的变迁，人口年龄结构以及家庭户规模的不断变化，中国失能老人长期照护财务供给主体从以个人或家庭责任为主，逐步向政府、家庭、市场、社会组织多元主体共同供给演变。研究中国失能老人长期照护财务供给主体历史演变过程，有助于科学地分析长期照护财务供给多元主体融合的条件、机制和模式，提出长期照护财务供给多元主体融合的制度架构和政策建议。

第一节　传统的以家庭为长期照护财务供给的责任主体

一　个人或家庭为责任主体，政府救助为补缺

以子女或家庭成员作为老年人失能后长期照护的责任主体，已经在中国经历了几千年的历史。在原始社会时期，由于生产力水平低下，人们不得不群居而谋生，过着共同生产、平均分配、同甘共苦、共享生产成果的生活。在原始部落及氏族中，把扶老携幼、照顾老弱病残，以及人们之间互助共济作为传统习俗，因而在原始社会，失能老人生活照护的责任是由原始部落的群体共同承担。随着生产力水平的提高，以血缘为纽带的家庭出现，失能老人照护责任主体从原始部落的群体转变为家庭，家庭成员成为失能老人长期照护的责任主体。

将家庭作为失能老人长期照护风险责任主体，是中国儒家思想"孝道"文化对中国养老观念根深蒂固的影响结果。我国春秋时期的教育家、思想家孔子答子游问孝时把"敬而能养"作为孝的诠释之一。"孝道"文化在中国古代儒家思想影响下也融入了国家的法律体系之中，对老人的尊敬和赡养不仅仅在道德上约束，也在法律上给予了规范和明确。早在周朝时期，"不孝"不仅会被处以刑罚，而且位于八刑之首，"乱民"之罪也在其下。至秦汉时，有老人告子女不孝，子女也会遭受严酷刑罚。到唐朝时，对孝道文化的尊崇已经达到极致，甚至是为父报仇、劫狱救父等涉及杀人之罪也会因"孝"而被免于死刑处罚。①

在传统的自给自足自然经济时期，人类也由于老年或疾病等而出现失能现象，而家庭之所以能够承担失能老人长期照护的责任，主要是由于以下几个方面。一是人的平均寿命短，多数人在日常生活自理能力未完全丧失前就会死亡，低年龄社会使得人口的失能率低。二是医疗科技水平低，使得失能老人因医疗科技水平有限，失能期间生命长期延续的可能性降低，需要家庭照护的时间有限。三是自给自足自然经济社会，家庭人口结构呈现金字塔形状，家庭人口结构有利于家庭成员为失能老人提供照护服务，来满足失能老人的基本需要。

新中国成立以后，以个人或家庭作为失能老人照护责任主体的传统一直延续至今，集体或国家仅起到"兜底"的责任。

新中国成立之后我国是一个经济基础较薄的国家，国家财政较为困难，绝大多数城乡居民基本生活还没有得到保障。虽然1949年颁布并起临时宪法作用的《中国人民政治协商会议共同纲领》和1954年颁布的《中华人民共和国宪法》都规定："劳动者在年老、疾病或

---

① 黄修明：《论中国古代"孝治"施政的法律实践及其影响》，《西南民族学院学报》（哲学社会科学版）2003年第1期。

者丧失劳动能力的时候，有获得物质帮助的权利，国家举办社会保险、社会救济和群众卫生事业，并且逐步扩大这些设施，以保证劳动者享受这种权利。"但是，这个时期失能老人的长期照护的责任主体完全是个人或家庭成员，家庭子女仍然是老年人长期照护的主体，并且国家通过法律形式将家庭子女的责任加以规范，《中华人民共和国宪法》第49条明确规定了子女对父母的赡养义务；2001年《婚姻法》第21条也明确规定，子女对父母有赡养扶助的义务，子女不履行赡养义务时，无劳动能力或生活困难的父母，有要求子女付给赡养费的权利。这些法律将对失能老人的照护设定为子女的法定义务，国家通过法律固化家庭子女的主体责任和义务。

在农村，为了解决家庭确实较困难的失能老人长期照护问题，作为对家庭照护制度的补充，1956年6月30日一届全国人大三次会议通过的《高级农业生产合作社示范章程》规定，农业生产合作社对于缺乏劳动力或完全丧失劳动力、生活没有依靠的老、弱、孤、寡、残疾的社员，在生产上和生活上给以适当的安排和照顾，保证他们的吃、穿和柴火的供应，保证年幼的受到教育和年老的死后安葬，使他们的生养死葬都有依靠。文件明确提出了对生活没有依靠的老、弱、孤、寡、残疾社员给予保吃、保穿、保烧、年幼的保教、年老死亡的保葬五个方面保障，简称为"五保"制度，享有这种照顾的人或者家庭习惯称为"五保户"，此次规定首次在农村建立了我国失能老人的生活救助制度，但是救助的责任主体为农业生产合作社，而不是政府，农业合作社承担着政府的责任。1958年12月，中共八届六中全会通过了《关于人民公社若干问题的决议》，提出"要办好敬老院，为那些无子女依靠的老年人（"五保户"）提供一个较好的生活场所"。农村人民公社体制建立后，贫困和丧失劳动能力的农户的生老病死都由生产队负责。十一届三中全会以后，农村实行联产承包责任制，"三级所有，队为基础"的农村集体经济解体，长期依赖于农村集体经济的"五保户"供养制度也因失去集体经济的支撑而难以为继，家庭成为陷入贫困的失能老人长期照护供给的主要主体。1994年国务院出台了《农村五保供养工作条例》，规定农村"五保"对象中"生活不能自理"的失能老人长期照料经济来源于"村提留或者乡统筹费中列支"。2003年4月，民政部颁布《关于进一步做好农村特困户救济工作的通知》，要求按照"政府救济、社会互助、子女赡养、稳定土地政策"的原则，继续实行农村特困户救助制度，对达不到"五保"条件但是生活极其困难的鳏寡孤独人员、丧失劳动能力的重残家庭及患有大病而又缺乏自救能力的困难家庭，按照一定数额的资金或实物标准定期发放救济。因而，在这个时期中国农村失能老人基本上是形成了家庭养老和"五保"养老制度并存的格局，而家庭是责任主体，农村集体组织是"家庭失灵"① 时的补充。

为了适应农村税费改革需要，2006年3月《农村五保供养工作条例》颁布实施，新条例明确规定，农村"五保"供养资金纳入政府财政预算，供养标准不低于当地村民平均生活水平。2007年7月国务院颁布《关于在全国建立农村最低生活保障制度的通知》，将农村因病残、年老体弱、丧失劳动能力以及生存条件恶劣等方面造成生活常年困难的农村居民纳入最低生活保障范围。

在城市，与计划经济体制相适应，单位保障成为这个时期一个显著的特征。单位既是就业载体，也是这个时期单位职工医疗保障、养老保障、就业保障、贫困救助的主体，单位职工生老病死的所有风险都由单位提供保障，由于单位不进行独立核算，盈余上缴国家，亏损由国家财政补贴，因而单位保障的实质是国家财政提供保障。由于单位保障体制的建立，社会救助在国家社会保障体系中作用的范围大大

---

① 所谓"家庭失灵"是指家庭人口结构、经济承受能力导致家庭非正式照护在财力、人力等方面无法承担失能老人长期照护的需要，使得家庭照护服务质量下降，失能老人生活质量降低，甚至还会造成家庭照护提供者的主观、客观的压力，家庭关系不和谐。

削弱，仅发挥单位保障的"残补"功能。政府并没有一个制度化方式来解决城市失能老人长期护理经济风险，而仅是对特定群体的特定情境——"孤老病残"人员在基本生活发生困难时提供临时性生活救济。中共十一届三中全会以后，单位责任和政府责任边界越来越清晰，单位保障的功能越来越弱化，政府成为社会救助的主要责任主体。1979 年 11 月，民政部召开全国城市社会救济福利工作会议，将社会救济对象界定为"无依无靠、无生活来源的孤老残幼和无固定职业、无固定收入、生活有困难的居民"。1999 年 9 月国务院颁布《城市居民最低生活保障条例》，指出城市最低生活保障对象主要是非农业户口的城市居民，规定"对无生活来源、无劳动能力又无法定赡养人、扶养人或者抚养人的城市居民，批准其按照当地城市居民最低生活保障标准全额享受"。

二　国家对特殊群体在丧失劳动能力时提供优待

1978 年国务院颁布实施的《国务院关于安置老弱病残干部的暂行办法》和《国务院关于工人退休、退职的暂行办法》分别规定，党政机关、群众团体、企业、事业单位的干部因工致残，经过医院证明完全丧失工作能力的，饮食起居需要人扶助的，根据实际情况发给一定数额的护理费，护理费标准一般不得超过一个普通工人的工资；全民所有制企业、事业单位和国家机关、人民团体的工人因工致残，由医院证明，并经劳动鉴定委员会确认，完全丧失劳动能力的，饮食起居需要人扶助的，按本人标准工资的百分之九十发给，还可以根据实际情况发给一定数额的护理费，护理费标准，一般不得超过一个普通工人的工资。1993 年民政部、公安部、财政部、人事部、卫生部、总政治部、总后勤部颁布的《关于军队干部退休安置中几个问题的通知》规定，"军队退休干部因战因公评为特等、一等残废或者因病瘫痪、双目失明而生活不能自理，饮食起居需要人扶助的，经医院证明和组织批准，按照国家规定的标准发给护理费"。1996 年 12 月民政部、财政部、总参谋部、总政治部、总后勤部颁布的《关于贯彻执行〔94〕财社字第 19 号文件有关问题的通知》中规定，第一、第二次国内革命战争时期和抗战前期参加革命的，以及抗战后期和解放战争时期参加革命且年满 70 周岁的离休干部，可以发给护理费，护理费标准为每人每月 160 元；因战因公评为特等、一等残废或者因病瘫痪、双目失明而生活不能自理，饮食起居需要人扶助的退休干部、退休志愿兵，护理费标准为每人每月 160 元。

另外，重度残疾人护理补贴制度逐步开展。1982 年 12 月 4 日第五届全国人民代表大会第五次会议通过并颁布实施的《中华人民共和国宪法》第 45 条规定，"中华人民共和国公民在年老、疾病或者丧失劳动能力的情况下，有从国家和社会获得物质帮助的权利。国家发展为公民享受这些权利所需要的社会保险、社会救济和医疗卫生事业"。虽然宪法规定丧失劳动能力的人特别是重度残疾人能够获得国家和社会物质帮助的权利，但是这种权利并没有得到具体地体现。2008 年 3 月 28 日中共中央、国务院颁布《中共中央、国务院关于促进残疾人事业发展的意见》提出，"着力解决好重度残疾、一户多残、老残一体等特殊困难家庭的基本生活保障问题，做好低收入残疾人家庭生活救助"，并"鼓励发展残疾人居家服务，有条件的地方建立残疾人居家服务补贴制度"。2008 年 4 月 24 日修订通过的《中华人民共和国残疾人保障法》第 48 条规定，"对生活不能自理的残疾人，地方各级人民政府应当根据情况给予护理补贴"。2011 年颁布的《中国残疾人事业"十二五"发展纲要》提出，"有条件的地方探索建立贫困残疾人生活补贴和重度残疾人护理补贴制度。扩大残疾人社会福利范围，适当提高社会福利水平"。2013 年，《国务院批转发展改革委等部门关于深化收入分配制度改革若干意见的通知》，明确提出"建立困难残疾人生活补贴和重度残疾人护理补贴制度"，"建立健全经济困难的高龄、独居、失能等老年人补贴制度"。国务院于 2015 年 9 月印发《国务院关于全面建立困难残疾人生活补贴和重度残疾人护理补贴制度的意见》，决定自 2016 年 1 月 1 日起，全面实施困难残疾人生活补贴和重度残疾人护理补贴制度。

这个时期失能老人长期照护财务供给的主体有以下几个特点。

（1）失能老人生活贫困救助是这个时期政府关注的重点，而个人或家庭还是失能老人长期照护财务供给责任主体。政府在这个时期的失能老人长期照护财务供给上并没有尽到应尽的责任，家庭还是这个时期失能老人长期照护财务的主要依靠对象，农村集体经济和城市的"单位"在很长一段时期承担着家庭失灵时制度补充的责任，即个人或家庭因对失能老人长期照护的提供而陷入生活贫困时提供生活救助。改革开放后，农村集体经济瓦解，企业走向市场，长期失能老人生活救助的主体发生了变化，政府逐渐从幕后走向前台，承担起失能老人长期照护财务风险的最后防线——生活救助。

（2）执政者理念发生了变化，逐步认识到特殊社会群体失能照护社会需求。针对一些特殊群体失能照护的经济需求，政府责任也从早期的"缺位"逐步到"归位"，建立党政机关、群众团体、企业、事业单位因工致残的干部、工人，在完全丧失劳动能力而导致生活需要照护时给予照护补贴的制度；对生活贫困且不能自理的重度残疾人给予照护补贴，一些经济发达的地方政府甚至直接给予重度残疾人照护补贴，而不过多考虑其收入水平如何。对特殊群体失能照护财务需求的政策变化，反映了政府对失能风险认识程度的提升，为未来长期照护财务风险化解制度奠定基础。

（3）长期照护风险化解制度还没有完善。由于政府把失能老人长期照护财务风险看成是个人风险，还没有认识到这个风险的社会属性，因而没有建立一个与风险属性相匹配的制度，仅是少数人享有的、有限的"残补型"制度，还没有建立起一个全体社会成员共享的

"制度型"制度，是一个重视事后经济补偿而不是事前风险预防的制度。

第二节　政府、家庭、市场、社会组织多主体共同供给时期

一　中国长期照护保险制度的试点

中国长期以来的失能老人长期照护财务供给的非制度化，给人口老龄化背景下个人或家庭带来财务负担，影响了失能老人生活品质，迫切需要制度创新。为了解决人口老龄化所引发的失能人员长期医疗照护负担日益严重问题，青岛市政府决定通过建立长期医疗照护保险制度来化解失能人员医疗照护财务风险，2012 年 7 月正式颁布《关于建立长期医疗护理保险制度的意见（试行）》，在全市范围实施长期医疗照护保险制度，探索运用社会保险机制解决失能人员医疗照护财务风险问题，在全国率先建立了长期医疗照护保险制度。2016 年 6 月，人力资源和社会保障部颁布《人力资源社会保障部办公厅关于开展长期护理保险制度试点的指导意见》（以下简称《指导意见》，见附录 1），开始在全国部分地区试点长期照护保险制度，希望通过政府强制性的社会保险方式，共担失能老人长期照护财务风险，政府开始介入失能人员长期照护工作，失能人员的保障由生活贫困救助逐步演变为对照护服务提供制度化津贴制度，政府从承担事后补缺的责任向事前预防的责任转变。制度的基本内容有以下几方面。

制度覆盖范围。《指导意见》提出，"试点阶段，长期护理保险制度原则上主要覆盖职工基本医疗保险参保人群"。试点地区根据自身实际，确定不同的参保人群。在实践中参保人群有大有小，大部分试点地区选择了"窄范围"，如承德市、安庆市、成都市等覆盖了城镇职工医疗保险参保人群，而仅有少数试点地区选择"宽范围"，如

青岛市、南通市、上海市等覆盖了城镇职工医疗保险参保人群和城乡居民医疗保险参保人群。

保障对象。《指导意见》提出长期护理保险重度保障对象的总体原则，"长期护理保险制度以长期处于失能状态的参保人群为保障对象，重点解决重度失能人员基本生活照料和与基本生活密切相关的医疗护理等所需费用。试点地区可根据基金承受能力，确定重点保障人群和具体保障内容，并随经济发展逐步调整保障范围和保障水平"。但是不同试点地区对保障对象的界定存在一定的差异。

年龄的约束条件存在差异。试点地区有两种做法，一种是赔付的目标人群是老年人，60 岁及以上参加长期护理保险的老年人才有资格获得护理保险待遇支付，主要是减轻失能风险发生概率较大的老年人财务负担，其中以上海市为典型代表；另一种是赔付的目标人群为所有参保者，即参加长期护理保险制度的参保者只要发生长期护理风险损失就可以获得待遇支付，目前试点地区基本上把所有参保者作为待遇支付的目标人群，没有年龄的限制。

筹资渠道。《指导意见》提出长期照护保险试点阶段筹资总体原则，可通过优化职工医疗保险统筹账户的结构、划转职工医疗保险统筹基金结余、调剂职工医疗保险费率等途径筹集资金，并逐步探索建立互助共济、责任共担的长期照护保险多渠道筹资机制。筹资标准根据当地经济发展水平、护理需求、护理服务成本以及保障范围和水平等因素，按照以收定支、收支平衡、略有结余的原则合理确定。建立与经济社会发展和保障水平相适应的动态筹资机制。

支付标准。《指导意见》提出长期照护保险试点阶段待遇支付标准的总体原则，长期照护保险基金按比例支付护理服务机构和护理人员为参保人提供的符合规定的照护服务所发生的费用。根据护理等级、服务提供方式等制定差别化的待遇保障政策，对符合规定的长期照护费用，基金支付水平总体上控制在70%左右。具体待遇享受条件和支付比例由试点地区确定。

目标工具。长期照护保险制度定位应该与医疗保险制度有所区别,这两个险种针对的风险事故不同,建立长期照护保险制度就是要通过制度设计来化解失能者长期照护的财务风险。目前,目标工具定位存在争议,有两种不同的选择,一种是以青岛市、长春市为典型代表的长期护理保险从属于医疗保险的运作方式,即医疗护理保险制度,主要解决失能者在疾病治疗期间的护理服务财务风险,目标功能、目标对象、筹资渠道和赔付标准从属于医疗保险;另一种是以上海市、成都市、南通市等地为典型代表的独立架构的长期护理保险险种的运作方式,长期护理保险作为一个独立险种,有着自己目标功能、目标对象、筹资渠道和赔付标准。制度目标工具不同,长期护理保险制度的目标人群、风险补偿范围和程度就有差别。

自 2016 年 6 月实施长期照护保险制度试点以来,制度运行效果已经不断显现。截至 2018 年底,全国有 30 多个地区实施长期照护保险制度试点工作,其中在国家规定的 15 个试点地区,制度采用统一的现收现付制,参保人群为 6300 多万人,其中 23.8% 为 60 岁及以上老人。2018 年全年长期照护保费收入 161 亿元,其中医疗保险基金划拨、个人缴费和财政补贴三者占比为 7:2:1。2018 年底享受长期照护待遇人数为 25.5 万人,待遇支付水平普遍在 70% 左右,基金实际支出 24.1 亿元,人均年支出 9280 元,试点 15 个地区协议签约 2400 家护理机构。长期照护保险制度的试点运行,为失能老人长期照护财务支付能力提供有力支撑,刺激了失能老人长期照护服务需求。以苏州市为例,在制度实施之前,由于失能老人长期照护购买力的限制,苏州市仅有 5 家护理机构,而建立长期照护制度试点后,到 2018 年底,苏州市有 31 家护理机构,增加护理床位 5200 多张,有力带动了长期照护服务市场的发展,刺激了市场供给量。但是,由于《指导意见》原则性强,政策缺乏顶层设计,长期护理保险试点地区制度差异较明显，缺乏统一性，为长期护理保险制度的统一埋下了隐患，具体分析见附录 2《长期护理保险试点地区的政策评价》。

二　政府、个人、市场和社会组织共同参与

市场一方面通过竞争性照护服务的供给满足不同需求者的需要，通过竞争性的服务价格使失能老人获得市场红利，降低失能老人长期照护服务的财务成本。另一方面作为市场的主体，商业保险公司利用保险市场的优势开始提供长期照护险，分担失能老人长期照护财务损失。2005 年 1 月，国泰人寿保险公司推出第一款长期照护保险产品——康宁长期照护保险，2006 年专业的健康保险公司人保健康推出了第一个具有全面保障功能的长期照护保险——"全无忧长期照护个人保险"，2008 年瑞福康健康保险公司在上海推出仅包括长期照护保障和老年照护保障的第一款纯粹意义上的长期照护保险，目前中国私人保险市场已经有 10 多种长期照护保险险种，这些市场主体——商业保险公司通过保险运作机制分担失能老人长期照护财务风险，在满足失能老人长期照护财务需求的同时来获得商业利润。

改革开放后，随着社会组织不断发展，社会组织开始关注因人口老龄化而产生的失能老人问题，并且以慈善捐赠、居家服务、开办照护机构等多种形式开始介入长期照护服务，它们或直接提供捐赠以帮助经济困难的失能老人，或直接开办公益性的照护服务机构为失能老人提供照护服务，或采取志愿者服务形式为失能老人提供照护服务和精神慰藉等，直接或间接为失能老人长期照护提供财务支持。

为了进一步激发市场的活力，鼓励社会资本进入养老服务行业，2016 年国务院办公厅颁布了《关于全面放开养老服务市场提升养老服务质量的若干意见》，放宽养老服务业准入条件，放宽外资准入条件，精简行政审批环节（详见附录 3）。2019 年国务院办公厅颁布了《关于推进养老服务发展的意见》，对消除养老服务业的"堵点""痛

点"进行全方位的工作部署，目的是破除发展障碍及健全养老服务市场机制（见附录4）。因而，目前中国的长期照护形成了个人或家庭为主、政府财政兜底、市场和社会组织共同参与的财务供给体系。长期照护责任主体开始从以家庭为供给主体向政府、家庭、市场、社会组织多元主体演变。从单一主体向多元主体演变既是人口老龄化的外部压力结果，也是多元主体风险共担理念的进步表现。

第三节　中国长期照护财务供给多元主体融合机制的缺失

中国失能老人长期照护财务供给从单一的个人或家庭责任主体向多元主体演变，取得了历史性突破。政府、家庭、市场和社会组织作为长期照护财务供给的主体，虽然各自不同程度地参与了长期照护财务供给，但主体之间的融合机制尚未形成，尚处于局部融合而总体分离的状态，并没有从根本上改变长期照护过程中因主体融合机制缺失而诱发的一些弊端。

一　多元主体目标差异较大，缺乏一致性

政府、家庭、市场、社会组织的长期照护财务供给目标差异较大，缺乏一致性。在长期照护财务供给的过程中，受到参与主体自身目标和利益的限制，各主体目标呈现侧重性和自利性。家庭的长期照护财务供给是建立在血缘关系、伦理关系基础之上的，目标是通过家庭成员长期照护财务供给满足失能老人生活品质的最大需要。市场作为长期照护财务供给的主体，之所以提供商业性长期照护保险，其目标主要是在化解长期照护财务风险的同时获得经济利益最大化，在没有利益预期时，市场的财务供给就没有动力，并且市场供给会把低收入需求者、高风险者排斥在市场之外，因而市场主体的目标与失能者

财务需求相背离。社会组织作为一种自发的民间组织，是社会多元需求与利益格局多元化的产物，社会组织来自基层社会，不以营利为目标，具有多元化的价值追求，服务大众、谋求公共利益，以适应不同群体利益需求为宗旨。社会组织参与长期照护财务供给是基于公益目标，但受制于社会组织财务筹资能力，社会组织总是希望用最小的投入获得最大的社会效益或社会影响，公益性目标与财务供给能力约束性之间的矛盾，造成了社会组织在长期照护财务供给中的行为目标能力与失能老人需求不一致，仅是失能老人需求的补充。政府对失能老人提供补救式的长期照护财务供给，目标是化解失能老人长期照护财务损失，以增强公众的国家认同感，但政府救助式财务供给的受助对象资格条件苛刻，受助对象获得的津贴水平较低，因而政府救助式财务供给目标与公众的普遍需求相差甚远。

二　多元主体参与度和资源投入的动力不足

政府、家庭、市场、社会组织的长期照护财务供给参与度和资源投入的动力不足。目前，中国失能老人长期照护财务供给已经形成了政府、家庭、市场、社会组织多元主体格局，但是现有的长期照护制度安排还属于互补机制，家庭还是失能老人长期照护财务供给主要的责任主体，市场、社会组织是失能老人长期照护财务供给的补充，只有在家庭财务供给能力有限使失能老人陷入贫困境地的时候，政府才会作为家庭失灵的补缺者出现。另外，各主体参与度具有一定的层次性，个别主体参与过度，而多数主体参与度普遍不足。在这些财务供给主体中，各方动力不足，资源投入总量不能满足失能老人的需要，家庭被迫承担与之经济能力不匹配的责任，在各主体中，家庭是长期照护财务供给参与程度高且常态化的主体，也是长期照护资源投入最主要的主体。市场作为长期照护财务供给的主体，因长期照护市场需求者购买能力有限、投资收益率低、市场主体投资回收期长等而导致长期照护市场供给的动力不足,照护服务供给者少,照护服务供给结构失衡,服务水准低,行业长期不景气,市场还没有形成适度竞争性市场,失能老人还没有从竞争性市场获得市场竞争的福利。改革开放后,农村集体经济瓦解、城镇企业单位市场化改革,政企职能分离,行政约束成为长期照护主体的农村集体组织、城镇企业组织开始以追求效益为目标,逐步退出长期照护财务供给的舞台,社会组织财务供给开始回归自愿性、非营利性,但是由于社会组织参与长期照护财务供给的支持性政策力度缺乏,社会组织间歇性地参与长期照护财务供给,其参与度低、介入程度低,长期照护的资源供给量与社会组织的规模不匹配,供给动力不足。主体参与度低、资源投入动力不足,是失能老人长期照护财务需求得不到满足、失能老人的生活品质得不到保证的根源。

三 多元主体的参与行动缺乏协调性,资源投入缺乏整合性

政府、家庭、市场、社会组织长期照护财务供给的参与行动缺乏协调性,资源投入缺乏整合性。在现行制度下,虽然家庭很难持续地保证失能老人长期照护财务的供给,但家庭仍然是失能老人长期照护财务供给的主要承担者,也是无限责任者。政府的角色仅限于在家庭失灵时,通过生活救助等形式对失能老人提供经济补偿,政府起着事后补偿责任(也称为兜底责任),显然政府是长期照护财务供给的有限责任者。市场具有逐利性,社会组织是志愿行动,它们仅能通过自身服务供给的平台,直接或间接地提供财务供给,起到缓解失能老人长期照护财务负担压力的作用,担当长期照护财务供给的补充角色。不同主体在长期照护财务供给中担当的角色、承担的责任有差异,没有形成多元主体的共同协调机制,导致失能老人长期照护财务供给的各主体参与行动具有离散性特征,各种主体财务资源难以达到统筹规划、整合利用状态。另一方面也造成了部分失能老人拥有的长期照护资源

数量少、来源渠道狭窄，而有些失能老人拥有的长期照护财务资源丰富，失能老人之间的资源配置失衡、资源利用效率低。

第四节　本章小结

中国失能老人长期照护财务供给责任主体的演变是一个循序渐进的过程，从新中国成立初期的个人或家庭为责任主体，政府救助为补缺的时期逐步过渡到政府、家庭、市场、社会组织共同参与、共同供给时期，这是社会进步的表现，也是人口老龄化社会的客观需要。但是，政府、家庭、市场、社会组织多元主体参与、多元主体供给并没有形成多元主体融合状态，由于多元主体参与的目标差异大，行动缺乏一致性，多元主体参与度和资源投入的动力不足，多元主体参与行动缺乏协调性，资源投入缺乏整合性。

第五章　中国失能老人长期照护财务需求分析

中国失能老人规模将呈现不断增长的趋势。杨付英、郝晓宁等基于 CHARLS 数据库的实证分析中，选取了 60 岁及以上老年人的样本研究分析得出随着人口老龄化进程的加深，失能人数会不断上升，患有多种慢性病、抑郁程度比较严重和自评健康差的老年人失能情况较严重，失能老人对长期照护财务需求不断增加①的结论。李智、张山山等在对 2010 年中国各省区市老年人口失能率与区域差异的研究中得出，从人口结构模式方面考虑，北京市和上海市老人失能率较高，而从物质生活条件、卫生服务状况和疾病康复角度来考察，西藏和云南的老年人口失能率则比较高，但乡村、镇、城市的总体失能率将会逐渐降低。② 张文娟、魏蒙利用了合并数据分别估算出了中国城市和农村男女两性老年人口的失能人口比重和绝对规模。③ 人口老龄化加剧以及失能人口规模的扩大导致长期照护财务需求的日益增长，失能老人日益增长的照护财务需求与缺乏有效、完善的长期照护财务供给体系形成矛盾，多样化的财务需求与政府、照护机构和个人的财务承担能力存在冲突，本书通过测算中国失能老人的长期照护财务需求成

---

① 杨付英、郝晓宁等：《我国老年人失能现状及其影响因素分析——基于 CHARLS 数据的实证分析》，《卫生经济研究》2016 年第 11 期。
② 李智、张山山等：《2010 年中国各省市区老年人口失能率与区域差异》，《卫生软科学》2015 年第 8 期。
③ 张文娟、魏蒙：《中国老年人的失能水平和时间估计——基于合并数据的分析》，《人口研究》2015 年第 5 期。

本、失能老人潜在的财务需求，为研究失能老人长期照护财务供给多元主体融合奠定基础。

第一节　长期失能人口规模预测

一　数据来源与样本统计性描述

随着中国人口老龄化进程的加剧，失能老人逐步成为受国人关注的群体，根据第六次人口普查数据结果显示，2010 年我国 65 岁及以上的老人人口数达到了 11894 万人，占总人口比重达 8.9%，从国际标准来看，中国自 2010 年就已经步入了人口老龄化社会，近年来，失能老人的长期照护问题更加备受瞩目。

本书利用 CHARLS 数据测算老人分年龄段、性别、居住地的失能率以及影响因素[①]，结合第六次人口普查数据等相关数据，分城乡居住地测算失能老人不同照护方式的财务需求。本书采用日常生活活动能力（Activities of Daily Living，ADL）量表作为衡量失能老人的标准，其中利用 ADL 量表产生的评定常用量（BADL）表有很多，学术界通常采用 Katz 指数来评价老人的日常生活活动能力和生存质量，Katz 指数是根据人体发育的规律制定的，有 6 项评定内容，将 ADL 功能状态分为"完全自理"、"部分依赖"和"完全依赖"3 个等级。

在 CHARLS 2015 年全国基线大调查中，受访者总共 20453 人，剔除年龄在 65 岁以下及 ADL 量表结果缺失的样本，选择的变量信息见表 5-1。

---

① CHARLS 数据来自中国健康与养老追踪调查（China Health and Retirement Longitudinal Survey），是由北京大学国家发展研究院主持、北京大学中国社会科学调查中心与北京大学团委共同执行的大型跨学科调查项目，收集了中国 45 岁及以上中老年人家庭和个人的高质量微观数据，数据具有权威性。

表 5 - 1　样本的描述性统计

变量	样本数	均值	标准差
个体特征			
性别（男＝1，女＝2）	6485	1.55	0.50
年龄	6485	73.57	6.90
居住类型（家庭住宅＝1，养老院或其他养老机构＝2，医院＝3，其他＝4）	6384	1.02	0.25
居住地（农村＝0，城镇＝1）	6359	0.26	0.44
婚姻状况（已婚与配偶一同居住＝1，已婚但因为工作等原因暂时没有跟配偶在一起居住＝2，分居［不再作为配偶共同生活］＝3，离异＝4，丧偶＝5，未婚＝6，同居＝7）	6485	2.05	1.74
失能变量			
吃饭（没有困难＝1，有困难可以完成＝2，有困难需要帮助＝3，无法完成＝4）	6485	1.08	0.39
上下床（没有困难＝1，有困难可以完成＝2，有困难需要帮助＝3，无法完成＝4）	6485	1.18	0.52
用厕（没有困难＝1，有困难可以完成＝2，有困难需要帮助＝3，无法完成＝4）	6485	1.35	0.71
控制大小便（没有困难＝1，有困难可以完成＝2，有困难需要帮助＝3，无法完成＝4）	6485	1.15	0.53
照护人（配偶＝1，父辈＝2，子孙＝3，其他亲属＝4，雇佣人＝5，志愿者＝6，养老院人员＝7，社区帮助＝8，其他人员＝9）	1303	1.00	0.00
健康体征			
健康状态（很好＝1，好＝2，一般＝3，不好＝4，很不好＝5）	3023	3.24	0.95
是否有慢性病（有＝1，没有＝2，不知道＝3）	3645	2.10	0.35

二　老年人失能率的测算

根据柯氏量表失能评估方法，选取"穿衣服、洗澡、用餐、上下床、用厕、控制大小便"等 6 项指标，将"没有困难"和"有困难但仍可以完成"定义为"自理",将"有困难需要帮助"和"无法完成"定义为"失能",然后将6项指标加总,其中1~2项失能定义为"轻度失能",3~4项失能定义为"中度失能",5~6项失能定义为"重度失能",得到65岁及以上老人的失能人数为892人,在此基础上分别从性别和城乡类型测算老人的失能率。

从表5-2可以看出,单从年龄段的失能率来看,随着年龄段的增加,失能率大体上是逐渐增加的,65~69岁年龄段的老人失能率为8.82%,到85岁及以上老人失能率高达27.11%。6项日常活动指标的失能率大多随年龄的增长而增加,70岁以上老人的失能率明显大幅上升,其中"洗澡"和"上厕所"的失能程度较高,85岁及以上老人这两项的失能率分别高达20.52%和15.50%,这为长期照护服务中设立"洗澡"和"上厕所"等服务项目提供了依据。根据CHARLS数据结果,利用CHARLS数据中的老年人数据,通过加权计算得出65岁及以上老人的失能率为13.67%,而利用2010年第六次人口普查数据作为权重,可以得到全国65岁及以上老年人的失能率为13.53%。[①]

表5-2　2015年性别、年龄段、居住地的失能率

单位：岁，%

项目	性别		年龄段					居住地	
	男	女	65~69	70~74	75~79	80~84	85+	农村	城镇
穿衣服	3.34	2.51	2.38	3.79	4.25	7.12	7.01	4.11	3.74
洗澡	6.48	5.54	4.81	7.21	10.24	13.39	20.52	8.56	8.85
吃饭	1.47	1.09	1.15	1.43	1.93	3.89	3.69	1.97	1.72

① 假设第六次人口普查数据中各年龄段老人人口数分别为 a_1、a_2……a_n，CHARLS数据中测算出的各年龄段老人失能率分别为 x_1、x_2……x_n，则加权失能率为 $(a_1x_1 + a_2x_2 + \cdots\cdots + a_nx_n) / (a_1 + a_2 + \cdots\cdots + a_n)$。

项目	性别		年龄段					居住地	
	男	女	65～69	70～74	75～79	80～84	85+	农村	城镇
上下床	2.16	1.87	1.70	2.48	2.81	5.83	7.21	3.17	2.67
上厕所	4.32	4.60	3.44	6.08	7.78	11.14	15.50	6.99	6.06
控制大小便	2.83	1.95	1.83	2.42	4.03	5.72	8.55	3.59	2.91
1～2项（轻度）	6.80	7.48	7.33	10.01	10.21	13.83	17.51	10.33	9.44
3～4项（中度）	1.78	1.14	0.77	1.30	3.32	3.53	6.40	2.31	1.72
5～6项（重度）	1.05	0.86	0.72	1.18	1.30	3.14	3.20	1.45	1.48

通过表 5-2 可以发现，在三种失能程度的比例中，老人的轻度失能比例较高，其中 85 岁及以上的老人轻度失能率达到了 17.51%。相较于女性，男性的轻度失能率较低，而中度和重度失能率都较高。失能老人轻度失能比例较大，即仅有 1～2 项指标存在障碍，可以适当建立康复机构，帮助轻度失能老人恢复健康，至少保证可以应付日常活动，这在一定程度上也降低了长期照护的成本。其次，农村的失能率比城镇要高，其中农村的轻度和中度失能程度都比城镇高，但是城乡重度失能程度差别不大。

与以往实证数据比较，本书中 65～69 岁年龄段的失能率偏高，这可能是 CHARLS 数据处于 65～69 年龄段的样本数相对较多，导致这个年龄段的轻度失能率偏高。

三　失能老人总量预测

常用的人口预测方法有很多，如线性回归、Leslie 转移矩阵以及 Logstic 模型，由于假设条件的限制，每种预测方法都存在不足之处，而本书采用的是 PADIS - INT 人口预测软件，PADIS - INT 人口预测软件是在联合国人口司的指导下，由中国人口与发展研究中心开发的人口宏观管理与决策信息系统，是基于网络的人口预测软件，具有功能强大、准确率高、方便快捷、更能适用于对高龄老人进行预测等优势。本书的参数设置有以下几个方面。

（1）起始年份与终止年份分别为 2010 年和 2050 年，基础数据来源于 2010 年的第六次人口普查数据。

（2）模型的生命表选择"寇尔德曼"区域模型生命表中的"西方模式"[①]。

（3）人口死亡模式不变，选择"寇尔德曼"区域模型生命表中的"西方模式"。

（4）预期寿命采用统计年鉴中 2000～2015 年的基础数据，线性趋势外推，得到 2020～2050 年平均预期寿命。

（5）假设中国城镇化率到 2050 年线性上升到 80%。

（6）总和生育率（TFR）根据联合国人口司有关中国 2050 年生育模式设置的方案，选择线性内插法得到 2020～2050 年每年的总和生育率。

基于以上假设，得到中国 2020～2050 年 65 岁及以上的老年人口预测数量，见表 5-3。

表 5-3　2020～2050 年 65 岁及以上老年人口预测数量

单位：岁，千人

年份	年龄段	城镇	农村	总人口
2020	65～69	47621	27968	75589
	70～74	32546	19114	51660
	75～79	20668	12138	32806
	80～84	13963	8200	22163
	85+	10843	6368	17211

---

① "寇尔德曼"模型生命表"西方模式"，依据的实际生命表数量最大，地理范围最广泛，具有广泛的代表性，被认为是最通用的死亡模式。

续表

年份	年龄段	城镇	农村	总人口
2025	65～69	47730	24588	72318
	70～74	46262	23832	70094
	75～79	29868	15387	45255
	80～84	17131	8826	25957
	85＋	14784	7616	22400
2030	65～69	66655	29947	96602
	70～74	46454	20871	67325
	75～79	42639	19157	61796
	80～84	25012	11238	36250
	85＋	19056	8561	27617
2035	65～69	82117	31935	114052
	70～74	65041	25294	90335
	75～79	42991	16719	59710
	80～84	35971	13988	49959
	85＋	27006	10502	37508
2040	65～69	81031	27010	108041
	70～74	80239	26746	106985
	75～79	60503	20168	80671
	80～84	36543	12180	48723
	85＋	39472	13157	52629
2045	65～69	69579	19625	89204
	70～74	79277	22360	101637
	75～79	74882	21121	96003
	80～84	51904	14640	66544
	85＋	46920	13234	60154

年份	年龄段	城镇	农村	总人口
2050	65～69	75463	17702	93165
	70～74	68211	16000	84211
	75～79	74206	17406	91612
	80～84	64617	15157	79774
	85＋	62146	14578	76724

根据表5-3的结果我们可以发现，未来老年人口数量总体保持先增后减的趋势，65～69岁年龄段老年人口数在2035年达到峰值11405万人后又逐渐回落。其中，85岁及以上老年人口数量则是不断增加，人口老龄化程度不断加剧，尤其是高龄人口数量增加幅度较大，到2050年，85岁及以上的人口数量达到了7672万，假设2020～2050年的失能率与2015年相等且不发生变化，根据失能率和未来人口数可以预测出2020～2050年的不同失能老人数量，如表5-4所示。

表5-4　2020～2050年不同失能程度老人数量

单位：岁，千人

年份	年龄段	轻度失能	中度失能	重度失能	总计
2020	65～69	5552	583	545	6680
	70～74	5195	675	612	6482
	75～79	3359	1092	428	4879
	80～84	3048	778	692	4518
	85＋	2897	1059	529	4485
2025	65～69	5299	557	521	6377
	70～74	7056	916	832	8804
	75～79	4647	1511	592	6750
	80～84	3583	915	814	5312
	85＋	3746	1369	685	5800

续表

年份	年龄段	轻度失能	中度失能	重度失能	总计
2030	65～69	7108	747	698	8553
	70～74	6747	876	795	8418
	75～79	6356	2067	809	9232
	80～84	5029	1284	1142	7455
	85＋	4621	1689	844	7154
2035	65～69	8386	881	824	10091
	70～74	9118	1184	1075	11377
	75～79	6092	1981	776	8849
	80～84	6950	1774	1578	10302
	85＋	6334	2315	1158	9807
2040	65～69	7940	834	780	9554
	70～74	10778	1400	1270	13448
	75～79	8335	2710	1061	12106
	80～84	6682	1706	1517	9905
	85＋	8963	3276	1638	13877
2045	65～69	6560	689	644	7893
	70～74	10225	1328	1205	12758
	75～79	9883	3214	1258	14355
	80～84	9335	2383	2119	13837
	85＋	10093	3689	1845	15627
2050	65～69	6847	719	673	8239
	70～74	8479	1101	1000	10580
	75～79	9407	3059	1198	13664
	80～84	11117	2838	2524	16479
	85＋	13088	4784	2392	20264

人口老龄化、高龄化导致失能老人的数量不断地增加，从表 5 - 4

可以看出，与总人口趋势不同的是，失能人口除 65～69 岁年龄段外，其他各年龄段大体呈增长的趋势，在 65～69 岁年龄段中，到 2035 年失能人口先逐步增加，达到 1009 万人之后减少，到 2050 年，该年龄段失能老人数减少至 824 万人。

从表 5－5 的结果来看，2020 年城镇失能老人为 1588 万人，其中轻度失能 1186 万人，中度失能 216 万人，重度失能 186 万人；农村失能老人为 1040 万人，其中轻度失能 762 万人，中度失能 171 万人，重度失能 107 万人。到 2050 年城镇失能老人上升至 4356 万人，其中轻度失能 3253 万人，中度失能 593 万人，重度失能 510 万人；农村失能老人达到 1139 万人，其中轻度失能 835 万人，中度失能 187 万人，重度失能 117 万人。与 2020 年相比，2050 年城镇失能老人增长了 274%，农村失能老人增长了 110%，无论城镇还是农村地区，失能老人数量总体上呈上升的趋势，其中城镇失能老人增长较多。

表 5－5　2020～2050 年城乡不同失能程度老人数量

单位：千人

年份	城镇			农村		
	轻度失能	中度失能	重度失能	轻度失能	中度失能	重度失能
2020	11861	2161	1859	7622	1705	1070
2025	14705	2679	2305	8290	1854	1164
2030	18863	3437	2957	9274	2074	1302
2035	23895	4354	3746	10169	2274	1427
2040	28111	5122	4407	10254	2293	1439
2045	30450	5548	4774	9398	2102	1319
2050	32534	5928	5101	8351	1867	1172

在目前学术研究中存在大量的关于失能老人照护方式的论述，大多数学者通过社会调研得出失能老人照护服务选择家庭照护比例较

大，机构照护比例较低的结论。但这些研究结论是在现有的失能老人照护服务购买能力条件下，失能老人照护方式选择的结果。如果失能老人长期照护需求的购买能力较强，失能老人特别是有医疗需求的失能老人，对专业性的机构服务有着强烈的需求愿望。因而在本书中认为，若老人处于失能状态，则认为其存在长期照护需要，若老人同时存在对医疗服务的需要，则认为他们存在对医养结合型服务的潜在需要，即失能老人选择机构照护的潜在需求。[①] 根据 CHARLS 数据结果，既存在长期照护需要又存在医疗服务需要的轻度失能、中度失能和重度失能老人的潜在需求比例分别是 32.5%、38.85% 和 37.63%，[②] 因此假设轻度失能老人选择家庭照护和机构照护的比例分别为 67.5% 和 32.5%，中度失能老人选择家庭照护和机构照护的比例分别是 61.15% 和 38.85%，重度失能老人选择家庭照护和机构照护的比例分别是 62.37% 和 37.63%，则 2020～2050 年不同失能程度和照护方式下城乡失能老人的需求人数构成如表 5-6、表 5-7 所示。

表 5-6　2020～2050 年不同失能程度城镇失能老人不同照护方式需求人数

单位：千人

项目年份	轻度失能		中度失能		重度失能	
	机构照护	家庭照护	机构照护	家庭照护	机构照护	家庭照护
2020	3855	8006	702	1459	604	1255
2025	4779	9926	871	1809	749	1556
2030	6130	12732	1117	2320	961	1996
2035	7766	16129	1415	2939	1218	2529

[①] 范宁玥、田帆、王阳、潘杰：《中国老年人对医疗服务与长期照料服务的需要与利用研究——基于中国健康与养老追踪调查的实证分析》，《现代预防医学》2018 年第 9 期，第 1618～1621、1666 页。

[②] 失能老人选择机构照护的潜在需求比例 = 存在对医养结合型服务的潜在需要人数/失能人数 ×100%。

续表

项目 年份	轻度失能		中度失能		重度失能	
	机构照护	家庭照护	机构照护	家庭照护	机构照护	家庭照护
2040	9136	18975	1665	3457	1432	2975
2045	9896	20554	1803	3745	1552	3222
2050	10574	21961	1927	4001	1658	3443

表 5－7　2020～2050 年不同失能程度农村失能老人不同照护方式需求人数

单位：千人

项目 年份	轻度失能		中度失能		重度失能	
	机构照护	家庭照护	机构照护	家庭照护	机构照护	家庭照护
2020	2477	5145	554	1151	348	722
2025	2694	5596	602	1251	378	785
2030	3014	6260	674	1400	423	879
2035	3305	6864	739	1535	464	963
2040	3332	6921	745	1548	468	972
2045	3054	6344	683	1419	429	890
2050	2714	5637	607	1261	381	791

　　综上所述，首先未来几年失能老人人口数会大幅度增加，因此失能老人的长期照护财务需求必然会大幅度增加；其次中国家庭人口结构化的改变导致抚养比下降，倒金字塔型的家庭结构使得年轻人的养老负担越来越重；最后计划生育政策对人口的控制，使得我国的家庭结构日趋小型化，核心家庭模式变成主流。随着女性劳动参与率的提高，现代化快节奏生活也冲击着传统的养儿防老模式，传统的家庭照护逐渐被机构和社会照护所替代，长期照护社会化成为必然趋势。

　　社会化的长期照护体系的构建需要考虑财务成本，根据老人的失能程度可以选择不同的照护方式，每种照护方式的成本存在差异，长期照护的提供方能否承担起照护成本最终取决于制度选择。从宏观上来看，长期照护的供给主要是由需求决定的，现阶段出现供不应求和资源空置浪费的情况，导致长期照护市场的恶性循环，因此本书所涉及的长期照护财务需求反映的是失能老人长期照护潜在的财务总需求。

第二节　长期照护财务总需求

失能老人的成本可以分为两个部分，一是家庭照护成本，二是机构照护成本，家庭照护成本进一步分为家庭照料的现金支出以及家庭成员照料的时间成本，即机会成本。

一　长期照护成本

在失能老人的照护财务需求中，照护费用占很大比重，所谓照护费是指生活需要特殊照顾或无法自理的人，如住院病人，或在家因疾病日常生活不便，需要他人照护而支出的费用，在照护费用中人工成本比例最大。在家庭/社区照护中，轻度失能、中度失能和重度失能的平均照护时间分别为一周 5 小时、7.5 小时和 10 小时，机构照护中轻度失能、中度失能和重度失能的照护操作耗时分别为每人每天 92 分钟、339 分钟和 376 分钟。[①] 另外按照原卫生部的规定，普通病房的床位与照护人员比例为 1∶0.4。

据统计年鉴数据结果，2015 年城镇单位就业人员平均工资为 62029 元/年，按年平均工作日 251 天和日平均工作 8 小时计算，每个小时工资为 30.9 元。2015 年前三个季度农村外出务工劳动力平均月纯收入为 3018 元/月，即每个小时收入为 12.58 元，在测算出人工照

---

① 史承明、陈玉红等：《住院病人等级护理收费现状调查与分析》，《全科护理》2011 年第 9 期，第 1025 页。

护时间的基础上，结合已有的研究结果，家庭照护的总成本是人力成本的 1.8 倍，[1] 即家庭照护成本系数为 1.8。机构照护成本中轻度失能照护、中度失能照护以及重度失能照护分别是人力成本的 1.78 倍、1.89 倍和 2.14 倍，即机构照护成本系数分别为 1.78、1.89 和 2.14。[2]则家庭、机构照护总成本计算公式[3]如下：

家庭照护总成本 = 受照料小时数/周 × 每月周数（4）× 小时工资 × 家庭照护成本系数

机构照护总成本 = 受照料小时数/日 × 每月天数（30）× 小时工资 × 机构照护成本系数 × 普通病房的床位与照护人员比例

基于以上，可以得到不同照护方式和不同失能程度的每月照护成本，见表 5 - 8。

表 5 - 8　2015 年不同照护方式和不同失能程度的每月照护成本

单位：元

失能程度	城镇		农村	
	机构照护	家庭照护	机构照护	家庭照护
轻度失能	1012	1112	396	436
中度失能	3960	1669	1551	653
重度失能	4973	2225	1947	871

二　长期照护财务总需求

考虑经济增长等因素使职工工资水平会不断上升，根据近几年的数据可以发现从 2013 年到 2016 年，中国职工工资增长水平与 GDP

---

[1] 张薇、刘锦丹等：《上海市家庭护理服务项目成本核算研究》，《护理研究》2010 年第 29 期，第 2650～2652 页。

[2] 彭雅君、李文燕等：《急诊病房分级护理服务项目成本研究》，《护理学杂志》2010 年第 2 期，第 68～70 页。

[3] 总照护时间每月按 4 周、30 天计算。

增长基本同步，因此本书假设 2020～2050 年我国的职工工资增长率
与 GDP 增长率相等。根据香港汇丰银行（HSBC）发布的"2050 年
全球经济预测报告"中预测的中国潜在 GDP 增长数据显示，2010～
2020 年城镇单位就业人员工资平均年增长率为 6.7%，2020～2030 年
为 5.5%，2030～2040 年为 4.4%，2040～2050 年为 1.7%，以此可
以测算出 2020～2050 年失能老人长期照护财务总需求和人均照护费
用，见表 5 - 9。

表 5 - 9 2020～2050 年失能老人长期照护财务总需求和人均照护费用

年份	城镇需求（亿元）	农村需求（亿元）	总需求（亿元）	人均费用（元）	城镇人均照护费用（元）	农村人均照护费用（元）
2020	3952	1019	4971	18919	24887	9803
2025	6405	1448	7853	25336	32531	12807
2030	10738	2118	12856	33914	42513	16744
2035	16872	2880	19752	43065	52732	20766
2040	24615	3602	28217	54656	65395	25756
2045	29008	3592	32600	60831	71147	28021
2050	33721	3472	37193	67682	77406	30487

失能老人的数量大、失能持续时间长导致长期照护财务需求不断
上升，从表 5 - 9 可以看出，失能老人的总需求从 2020 年的 4971 亿
元上升到 2050 年的 37193 亿元，增长了 648%，其中 2050 年长期照
护的人均费用是 2020 年的 3.58 倍，足以表明失能老人的长期照护需
求大，个人或家庭长期照护财务负担重。

在传统的小农经济中，家庭在失能老人的照护中承担极为重要的
责任，但是由于长期照护财务需求大，失能老人难以通过自身的收入
维持最基本的长期照护财务需求。从已有的研究来看，个人和家庭能
否承担失能老人的照护成本主要取决于个人或家庭的收入水平以及老

人的失能程度，收入水平低和失能程度高是导致家庭陷入财务困境的主要原因。

第三节 中国老年人健康程度与财务需求分类

一 老年人健康程度、机构照护意愿与照护服务购买力的三维分类

老年人健康程度不同、机构照护意愿不同和照护服务购买力不同，老年人长期照护财务需求就不同。本书采用老年人的自理能力、机构照护意愿和购买力水平三个维度，分析不同情境下的老年人对照护服务财务需求程度。本书将自理能力、机构照护意愿、购买力按照低中高顺序分别编号为：A1A2A3、B1B2B3、C1C2C3，ABC 代表三个维度，123 代表低中高三个程度。考虑到短期内，购买力这一综合经济能力指标发生剧变的可能性最小，所以第一层的分类以购买力指标为依据，那么按照排列组合原理，可把老年人分为 27 类（见表 5 - 10）。[①]

（1）C1A1B1，即低购买力、低自理能力、低机构照护意愿。这部分老年人在现实社会中就是那些个人和家庭收入水平较低且各种保险和社会保障缺失，重度失能，但子女、配偶或者社区照料得当，而他们自己受限于退休前职业所框定的认知水平，也不愿意前往照护机构的老年人。这类老人基本选择在家照护，自我财务供给能力较弱。

（2）C1A1B2，即低购买力、低自理能力、中机构照护意愿。这部分老年人在现实社会中就是那些个人和家庭收入水平较低且各种保险和社会保障缺失，重度失能，而且子女、配偶或者社区对其提供的

---

① 本节是在项目参与者王雯林完成的学位论文基础上修改形成的。参见王雯林《基于市场细分的养老服务供需匹配研究》，南京财经大学硕士学位论文，2018。

照护服务并不周全得当或者并非令其满意。他们有一定的机构照护意愿，但是也并非特别想参加机构照护，加之较差的购买力水平，他们往往不会选择机构照护。在实际的老年生活中，他们对社区的免费服务或者政府的免费照护服务更加渴望，但多数情境下还是依赖家庭照护。自我财务供给能力较弱。

（3）C1A1B3，即低购买力、低自理能力、高机构照护意愿。这部分老年人在现实社会中就是那些个人和家庭收入水平较低且各种保险和社会保障缺失，重度失能，而且对子女、配偶或者社区照料比较不满意的群体。他们通常依赖于家庭照护，也能获得一些免费社区的服务，但各种因素导致他们难以对当前的照护生活满意，实际上他们就是"过得不好的"那一类老年人。自我财务供给能力较弱。

（4）C1A2B1，即低购买力、中自理能力、低机构照护意愿。这部分老年人在现实社会中就是那些个人和家庭收入水平较低且各种保险和社会保障缺失，中度失能，但子女、配偶或者社区照料得当，而他们自己受限于退休前职业所框定的认知水平，也不愿意前往照护机构的老年人。这类老人大多在家照护，虽然中度失能，但是子女、配偶或者社区提供的服务基本能够满足其生活需要。自我财务供给能力较弱。

（5）C1A2B2，即低购买力、中自理能力、中机构照护意愿。这部分老年人在现实社会中就是那些个人和家庭收入水平较低且各种保险和社会保障缺失，中度失能，而且子女、配偶或者社区对其提供的照护服务并不周全得当或者并非令其满意。他们购买力较差，但是由于各种因素，他们对机构照护的接受程度还是比较高的，加之中度失能的实际情况，现阶段大多依赖家庭和社区的他们是有可能成为机构照护人群的。自我财务供给能力较弱。

（6）C1A2B3，即低购买力、中自理能力、高机构照护意愿。这部分老年人在现实社会中就是那些个人和家庭收入水平较低且各种保险和社会保障缺失，中度失能，而且对子女、配偶或者社区照料比较不满意的群体。他们通常依赖于家庭照护，也能获得一些免费社区的服务，但各种因素导致他们难以对当前的照护生活满意，实际上他们是"过得比较不好的"那一类老年人。自我财务供给能力较弱。

（7）C1A3B1，即低购买力、高自理能力、低机构照护意愿。这部分老年人在现实社会中就是那些个人和家庭收入水平较低且各种保险和社会保障缺失，轻度失能，但子女、配偶或者社区照料得当，机构照护意愿较低的老人。他们在诸如洗澡这类较为复杂的生活活动上比较难自理，但是在大多数其他生活行为上都能很好地自理，所以这类老年人是除了完全自理老人之外，去照护机构可能性最小的老年人群体。

（8）C1A3B2，即低购买力、高自理能力、中机构照护意愿。这部分老年人在现实社会中就是那些个人和家庭收入水平较低且各种保险和社会保障缺失，轻度失能，而且子女、配偶或者社区对其提供的照护服务并不周全得当或者并非令其满意。这部分老人有相当强的自理能力，考虑其自身购买力水平较低，虽然他们有中等强度的机构照护意愿，但是他们中会参加机构照护的人数未必很多。

（9）C1A3B3，即低购买力、高自理能力、高机构照护意愿。这部分老年人在现实社会中是那些个人和家庭收入水平较低且各种保险和社会保障缺失，轻度失能，而对子女、配偶或者社区照料比较不满意的群体。他们通常依赖于家庭照护，也能获得一些免费社区的服务，但各种因素导致他们难以对当前的照护生活满意。这部分老人并非看中照护机构的专业照护能力，他们有较高的机构照护意愿，可能是因为在当前的照护生活中的某些人际关系因素或自我认知因素，所以如果增加对其精神慰藉、文娱活动等相关服务的供给，他们会更有幸福感。针对这个老年人群体，政府和市场着重满足其精神需求就会使他们获得很好的照护生活体验。

（10）C2A1B1，即中购买力、低自理能力、低机构照护意愿。这部分老人有较好的个人收入或者家庭经济状况，各种保险和社会保障也比较齐全，重度失能，子女、配偶或社区对其照料比较得当，退休前职业等因素导致他们在认知上对机构照护的意愿比较低。对这部分老人，各方面资源可以着重致力于改变其对机构照护的看法，他们在经济上可负担机构照护的费用，在自理能力上需要机构的长期专业照护，他们是可以转化为机构照护的消费群体的。

（11）C2A1B2，即中购买力、低自理能力、中机构照护意愿。这部分老人有较好的个人收入或者家庭经济状况，各种保险和社会保障也比较齐全，重度失能，子女、配偶或者社区对其提供的照护服务并不周全得当或者并非令其满意。他们在经济上可负担机构照护的费用，在自理能力上需要机构的长期专业照护，加之其本身就有中等的机构照护意愿，照护机构加大宣传并给予优惠，他们就会参与机构照护。

（12）C2A1B3，即中购买力、低自理能力、高机构照护意愿。这部分老人有较好的个人收入或者家庭经济状况，各种保险和社会保障也比较齐全，重度失能，对子女、配偶或者社区照料比较不满意。他们在经济上可负担机构照护的费用、在自理能力上需要机构的长期专业照护，其自身就有较高的机构照护意愿，只要宣传到位，他们会成为机构照护的消费群体。

（13）C2A2B1，即中购买力、中自理能力、低机构照护意愿。这部分老人有较好的个人收入或者家庭经济状况，各种保险和社会保障也比较齐全，中度失能，子女、配偶或者社区照料得当，而他们自己受限于退休前职业所框定的认知水平，也不愿意前往照护机构。他们购买力状况尚佳，虽然自理能力不强，但通常能受到来自家庭或社区的充分照护，他们不易成为机构照护的消费群体。

（14）C2A2B2，即中购买力、中自理能力、中机构照护意愿。这部分老人有较好的个人收入或者家庭经济状况，各种保险和社会保障也比较齐全，中度失能，子女、配偶或者社区对其提供的照护服务并不周全得当或者并非令其满意。这部分老人有一定的购买力、有一定的被照料需求、有相当高的机构照护意愿。

（15）C2A2B3，即中购买力、中自理能力、高机构照护意愿。这部分老人有较好的个人收入或者家庭经济状况，各种保险和社会保障也比较齐全，中度失能，对子女、配偶或者社区照料比较不满意。这部分老人有一定的购买力、有一定的被照料需求、有较高的机构照护意愿。

（16）C2A3B1，即中购买力、高自理能力、低机构照护意愿。这部分老人有较好的个人收入或者家庭经济状况，各种保险和社会保障也比较齐全，轻度失能，子女、配偶或社区对其照料比较得当，退休前职业等因素导致他们在认知上对机构照护的意愿比较低。这部分老人的物质生活比较优越，但又不是非常有钱，在机构照护的长期大额支出面前，生活基本能自理，他们基本不太愿意花这个"冤枉钱"。对他们来说机构照护的边际效用比较低、成本比较高，他们通常会很稳定地选择家庭照护，也会接受一些社区提供的服务。

（17）C2A3B2，即中购买力、高自理能力、中机构照护意愿。这部分老人有较好的个人收入或者家庭经济状况，各种保险和社会保障也比较齐全，轻度失能，子女、配偶或者社区对其提供的照护服务并不周全得当或者并非令其满意。这部分老年人虽然自理能力较强，但是出于各种原因他们有中等的机构照护意愿，加之其购买力并不差，他们可能成为照护机构的优质消费群体。

（18）C2A3B3，即中购买力、高自理能力、高机构照护意愿。这部分老人有较好的个人收入或者家庭经济状况，各种保险和社会保障也比较齐全，轻度失能，对子女、配偶或者社区照料比较不满意。虽然有较强的自理能力，但是他们对当前的家庭照护或者社区服务并不满意。他们有良好的购买力，自理能力较好，也很愿意参加机构照护，这部分老年人将是照护机构的最优质消费群体。

（19）C3A1B1，即高购买力、低自理能力、低机构照护意愿。这部分老人有很好的个人收入或者家庭经济状况，各种保险和社会保障也比较齐全，重度失能，子女、配偶或社区对其照料比较得当，退休前职业等因素导致他们在认知上对机构照护的意愿比较低。他们拥有相当强的购买力，虽然重度失能，但是他们可能宁愿付钱请家政人员也不想去照护机构。

（20）C3A1B2，即高购买力、低自理能力、中机构照护意愿。这部分老人有很好的个人收入或者家庭经济状况，各种保险和社会保障也比较齐全，重度失能，子女、配偶或者社区对其提供的照护服务并不周全得当或者并非令其满意。他们购买力强、有切实的被照护的需求，机构照护意愿中等，长期照护财务供给能力较强。

（21）C3A1B3，即高购买力、低自理能力、高机构照护意愿。这部分老人有很好的个人收入或者家庭经济状况，各种保险和社会保障也比较齐全，重度失能，对子女、配偶或者社区照料比较不满意。他们购买力强、有切实的被照护的需求，机构照护意愿也较高。

（22）C3A2B1，即高购买力、中自理能力、低机构照护意愿。这部分老人有很好的个人收入或者家庭经济状况，各种保险和社会保障也比较齐全，中度失能，子女、配偶或社区对其照料比较得当，退休前职业等因素导致他们在认知上对机构照护的意愿比较低。虽然自理能力不强，但是他们购买力强，即使不愿意去照护机构，也能通过各种方式获得足够的照护服务。

（23）C3A2B2，即高购买力、中自理能力、中机构照护意愿。这部分老人有很好的个人收入或者家庭经济状况，各种保险和社会保障也比较齐全，中度失能，子女、配偶或者社区对其提供的照护服务并不周全得当或者并非令其满意。他们自理能力中等，不会给照护机构带来超出平均的照护成本，而且他们购买力强，也有中等的机构照护意愿，在照护机构的照护服务供给能力没有饱和之前，接收这部分老人也有利于机构发展。

（24）C3A2B3，即高购买力、中自理能力、高机构照护意愿。这部分老人有很好的个人收入或者家庭经济状况，各种保险和社会保障也比较齐全，中度失能，对子女、配偶或者社区照料比较不满意。他们自理能力中等，不会给照护机构带来超出平均的照护成本，而且他们购买力强，也有中等的机构照护意愿，在照护机构的照护服务供给能力没有饱和之前，接收这部分老人可以充分使用照护机构的养老服务供给能力。

（25）C3A3B1，即高购买力、高自理能力、低机构照护意愿。这部分老人有很好的个人收入或者家庭经济状况，各种保险和社会保障也比较齐全，轻度失能，子女、配偶或社区对其照料比较得当，退休前职业等因素导致了他们在认知上对机构照护的意愿比较低。在生活上他们基本能够自理，他们经济状况较好，比较富足，加之机构照护意愿较低，这部分老年人一般不愿意接受照护机构服务。

（26）C3A3B2，即高购买力、高自理能力、中机构照护意愿。这部分老人有很好的个人收入或者家庭经济状况，各种保险和社会保障也比较齐全，轻度失能，子女、配偶或者社区对其提供的照护服务并不周全得当或者并非令其满意。这个群体的老人购买力强、自理能力强，既能为照护机构创收，又是需要照料资源最小的一群人，他们自己也有中等的机构照护意愿。

（27）C3A3B3，即高购买力、高自理能力、高机构照护意愿。这部分老人有很好的个人收入或者家庭经济状况，各种保险和社会保障也比较齐全，轻度失能，对子女、配偶或者社区照料比较不满意。这部分老人有较强的购买力、自理能力很强，是照护机构成本视角上的优质消费群体，关键是他们自己有较高的机构照护意愿。

表 5 – 10　老年人自理能力、机构照护意愿、购买力水平类型表

购买力 C	自理能力 A	机构照护意愿 B	类型序号
低购买力 C1	低自理能力 A1	低机构照护意愿 B1	1
		中机构照护意愿 B2	2
		高机构照护意愿 B3	3
	中自理能力 A2	低机构照护意愿 B1	4
		中机构照护意愿 B2	5
		高机构照护意愿 B3	6
	高自理能力 A3	低机构照护意愿 B1	7
		中机构照护意愿 B2	8
		高机构照护意愿 B3	9
中购买力 C2	低自理能力 A1	低机构照护意愿 B1	10
		中机构照护意愿 B2	11
		高机构照护意愿 B3	12
	中自理能力 A2	低机构照护意愿 B1	13
		中机构照护意愿 B2	14
		高机构照护意愿 B3	15
	高自理能力 A3	低机构照护意愿 B1	16
		中机构照护意愿 B2	17
		高机构照护意愿 B3	18
高购买力 C3	低自理能力 A1	低机构照护意愿 B1	19
		中机构照护意愿 B2	20
		高机构照护意愿 B3	21
	中自理能力 A2	低机构照护意愿 B1	22
		中机构照护意愿 B2	23
		高机构照护意愿 B3	24
	高自理能力 A3	低机构照护意愿 B1	25
		中机构照护意愿 B2	26
		高机构照护意愿 B3	27

二　老年人健康程度、机构照护意愿与购买力三维分类的现实意义

通过对老年人健康程度、机构照护意愿和购买力三维分类，在全部的 27 类老人中，不同情境下的老年人财务需求不同，财务供给主体、财务供给程度就有差别。

（1）低购买力老人（见图 5-1）。对于低购买力的老人，特别是低购买力的失能老人，购买力不足阻碍了他们获取付费的照护服务，那么针对这个大类中的老人，收入低、长期照护服务财务需求难以通过个人或家庭、市场得到满足，需要政府、市场、家庭、社会组织共担，以提高老年人生活的品质。

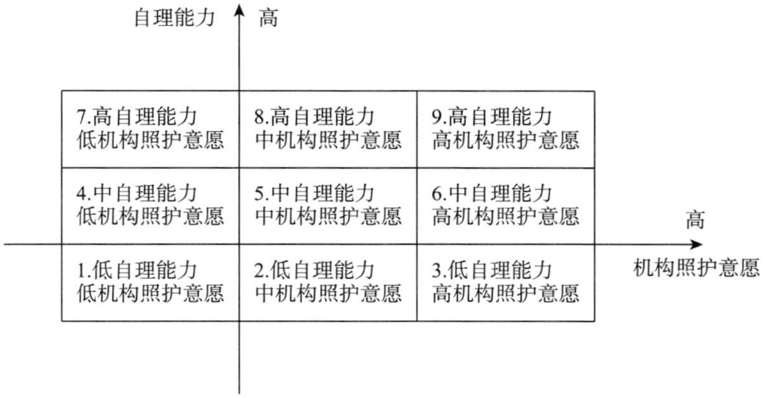

自理能力↑高			
7.高自理能力低机构照护意愿	8.高自理能力中机构照护意愿	9.高自理能力高机构照护意愿	
4.中自理能力低机构照护意愿	5.中自理能力中机构照护意愿	6.中自理能力高机构照护意愿	高
1.低自理能力低机构照护意愿	2.低自理能力中机构照护意愿	3.低自理能力高机构照护意愿	机构照护意愿

图 5-1　低购买力老人自理能力和机构照护意愿二维划分

注：图内的数字为分类序号，与前文的 27 种老人分类序号一一对应，下同。

图 5-1 中"1、2、3、4、5、6、7、8、9"类型的老人，共同的特征是低收入、抗风险的经济能力很弱，外在经济风险不但会造成个人或家庭经济破产出现债务危机，还会导致生活无着落。其中"1、2、3、4、5、6"类型的老人基本特征是不但低收入，还处于失能状态，个人自理能力不足、财务开支大，长期照护财务需求更多需要通过政府/社会救助、社会组织共担。"7、8、9"类型的老人基本特征

是低收入，但生活能够自理。由于低收入，这个类型的群体、个人或家庭没有经济能力购买私人长期照护保险、长期照护社会保险来化解长期照护财务风险。

（2）中等购买力老人（见图5-2）。图5-2中"10、11、12、13、14、15、16、17、18"类型的老人，共同特征是具有一定的购买力，但是抗风险的经济能力一般，在外在经济风险的冲击下有可能导致个人或家庭经济破产出现债务危机。这部分老人长期照护财务需求可以通过购买私人长期照护保险、长期照护社会保险、个人或家庭共担，政府通过公共服务供给降低这部分老人长期的照护负担。

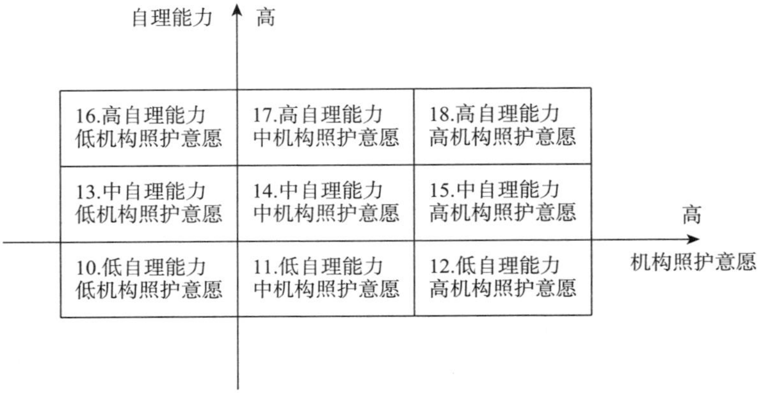

图5-2 中等购买力老人自理能力和机构照护意愿二维划分

其中"10、11、12、13、14、15"类型的老人具有一定购买力，但是处于失能状态，这部分老人失能程度较高，有一定长期照护财务负担，需要通过私人和公共长期照护保险共担照护风险。而"16、17、18"类型的老人，具有一定购买力，且生活处于能够自理状态，没有长期照护财务负担，个人或家庭照护老人的财务供给能力较强，可以通过个人或家庭、市场购买照护服务。

（3）高购买力老人（见图5-3）。对于图5-3中"19、20、21、22、23、24、25、26、27"类型的老人，共同特征是收入较高，具有较高的购买力，抗风险的经济能力较强，在外在经济风险冲击下不会导致个人或家庭经济破产，出现债务危机风险较低。购买机构照护服务的能力强，对长期照护费用不太敏感，更加注重照护服务的质量和种类。对这部分群体的老年人，特别是其中的失能老人，长期照护主要依靠个人或家庭、市场的财务供给。

其中"19、20、21"类型的老人，高收入、失能程度较高，可以由个人或家庭承担风险损失，也可以购买私人或公共长期照护保险来化解风险。"22、23、24、25、26、27"类型的老人，完全可以由个人或家庭承担老年人长期照护服务负担。

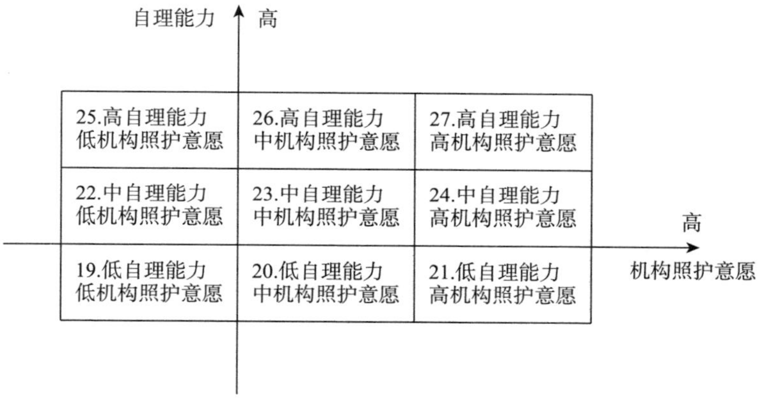

图 5-3　高购买力老人自理能力和机构照护意愿二维划分

通过对老年人的健康程度、机构照护服务意愿和购买力三维分析，可以得出政府、市场、个人或家庭、社会组织在老年人群体长期照护财务供给中的侧重点应该有差别，对于低收入群体长期照护服务、财务供给的责任主体主要是政府和社会组织，而中等收入群体中失能老人的长期照护服务财务供给的责任主体主要是个人或家庭、市场、政府和社会组织，而高收入群体的长期照护服务、财务供给的责任主体主要是个人或家庭、市场。

第四节　本章小结

本章通过对中国老年人各年龄段失能率、失能老人数量、失能老人长期照护财务需求成本、失能老人潜在的财务总需求，得出 2020～2050 年中国失能老人长期照护财务需求总量大，平均照护成本高，个人或家庭财务负担重，并且呈现不断增长的趋势。为中国失能老人长期照护财务供给多元主体融合命题的提出奠定科学的基础。而老年人健康程度不同、机构照护意愿不同和照护服务购买力不同，使老年人长期照护财务需求就存在差别。失能老人长期照护财务需求大、需求差别化，客观上要求由多元主体共担风险。

第六章　中国失能老人长期照护单一主体财务供给能力分析

在传统的自给自足的小农经济时代，个人或家庭是长期照护的财务供给的主要责任主体。随着社会进步，人口老龄化程度加剧，失能成为社会风险，政府的责任逐步体现，即在个人或家庭无法化解长期照护风险时，政府扮演补缺或救助角色，一些国家也为了应对人口老龄化加剧建立了长期照护社会保险或私人保险，共担失能老人长期照护财务损失。因此本书主要对个人或家庭、私人照护保险以及政府三方责任主体的财务供给能力进行分析，并通过对老年人健康程度、机构照护服务意愿和购买力的研究，分析老年人长期照护财务需求和财务供给主体。

第一节　个人和家庭长期照护财务供给能力分析

自古以来，家庭是个人风险损失的最小互助体，在自给自足的自然经济时期，家庭规模较大、老年人平均寿命短等原因使得家庭能够成为家庭成员发生风险时的"庇护所"，起着互助互济、风险共担的作用。但是现代社会，家庭小型化、核心化，加之风险种类多、损失大且持久等原因，家庭能否承担风险共担，需要对个人或家庭财务供给能力进行分析。

个人或家庭长期照护财务供给能力取决于个人或家庭可支配收入与消费支出之差，即收入剩余。为了分析问题本书引入两个概念，一是人均收入剩余，即人均可支配收入扣除人均消费支出，表示个人支付能力；二是家庭户收入剩余，即家庭户可支配收入扣除家庭户的消费支出，表示家庭的支付能力。

根据清华大学中国与世界经济研究中心（CCWE）对中国经济2035年与2050年的中国经济大图景的宏观预测结果表明，如果中国经济能在2017～2025年保持年均6%的增速，2026～2035年保持年均4%的增速，2036～2050年保持3%的增速，那么到21世纪中叶，人均收入水平将基本达到世界银行"高收入国家"中位数的水平，即当前芬兰、英国、日本、法国的相对水平，那么中国就需要在2017～2050年的未来33年保持年均4.1%以上的经济增速。本书假设城乡居民人均可支配收入、人均消费支出增长率均为4.1%，由此可以得到2020～2050年城乡居民人均可支配收入和人均消费支出，进而得出个人收入剩余和家庭收入剩余[①]，见表6-1、表6-2。

表6-1 2020～2050年城镇居民长期照护费用个人与家庭负担能力

单位：元

年份	人均可支配收入	人均消费支出	人均收入剩余	人均照护费用	人均照护费用占人均剩余比	人均照护费用占家庭收入剩余比
2020	41059	27577	13482	24887	1.846	0.637
2025	50195	33713	16482	32531	1.974	0.681
2030	61364	41214	20150	42513	2.110	0.728
2035	75019	50385	24634	52732	2.141	0.738
2040	91711	61596	30115	65395	2.172	0.749
2045	112118	75303	36815	71147	1.933	0.666
2050	137066	92058	45008	77406	1.720	0.593

---

① 家庭收入剩余按2010年城镇居民家庭平均每户家庭人口数为2.9人计算。农村家庭收入剩余按2010年农村居民家庭平均每户家庭常住人口数为4.0人计算。

表 6 - 2　2020 ~ 2050 年农村居民长期照护费用个人与家庭负担能力

年份	人均可支配收入（元）	人均消费支出（元）	人均收入剩余（元）	人均照护费用（元）	人均照护费用占人均剩余比	人均照护费用占家庭收入剩余比
2020	15153	12358	2795	9803	3.507	0.877
2025	18525	15108	3417	12807	3.748	0.937
2030	22647	18469	4178	16744	4.008	1.002
2035	27686	22579	5107	20766	4.066	1.017
2040	33847	27603	6244	25756	4.125	1.031
2045	41379	33745	7634	28021	3.671	0.918
2050	50586	41254	9332	30487	3.267	0.817

　　根据表 6 - 1、表 6 - 2 的测算结果可以看出，2020 ~ 2050 年城镇居民人均照护费用占人均剩余比范围在 1.720 ~ 2.172，即城镇居民人均照护费用是人均剩余比的 1.720 ~ 2.172 倍，如果家庭收入剩余按 2010 年城镇居民家庭平均每户家庭人口数为 2.9 人计算，其人均照护费用占家庭收入剩余比也达到了 59.3% ~ 74.9%。假如一个家庭有一位失能老人，其家庭收入剩余的大部分要用于失能老人的长期照护花销，显然是不合理的。同样在农村地区的情况更加不容乐观，农村地区失能老人人均照护费用占人均剩余金额将近 4 倍，其中 2040 年的人均照护费用占人均剩余比高达 4.125。农村家庭收入剩余按 2010 年农村居民平均每户常住人口数为 4.0 人计算，失能老人的人均照护费用占家庭收入剩余也接近 100%，即在农村地区，如果一个家庭不幸有一位失能老人，则全部家庭收入剩余都要用来负担其照护费用。由此可以得出，仅依靠个人或家庭是无法负担如此沉重的长期照护财务压力的。从图 6 - 1、图 6 - 2 可以看出，无论是从城乡失能老人长期照护费用占城乡居民收入剩余比进行比较，还是城乡失能老人长期照护费用占城乡家庭人均收入剩余比进行比较，农村居民长期照护财务

负担要比城镇居民高。

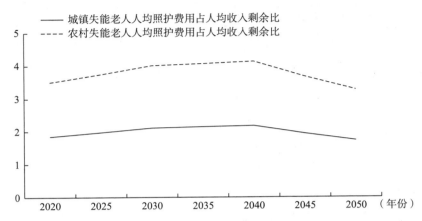

图 6 - 1 城乡失能老人长期照护费用占城乡居民人均收入剩余比

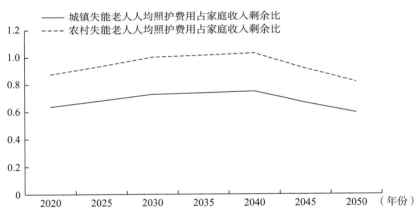

图 6 - 2 城乡失能老人长期照护费用占城乡家庭收入剩余比

第二节 长期照护私人保险财务供给能力分析

私人长期照护保险是私人保险利用市场力量实现长期照护财务损失的风险共担,但是私人长期照护保险参保者负担重一直是制约长期照护保险发展的瓶颈。利用长期照护财务的收支平衡静态精算模型来测算缴费率，即假设被保险人一旦处于不能自理状态并一直处于这种状态直到去世，参保者一生所缴纳的保费之和等于其所支出的照护费用现值之和。假设某人在 x 岁参加长期照护保险，被保险人在 m 岁陷入不能自理状态，对于没有免责期的长期照护保险，即假设 m 岁时发生不能自理并一直持续到去世，那么该静态精算平衡模型为：

$$\alpha \sum_{t=1}^{n} w_t (1 + i_t) \prod_{t=1}^{n} (1 + r_t) = \sum_{t=1}^{76-m} {}_t p_m B \prod_{t=1}^{76-m} (1 + f_t) v^t \qquad (6-1)$$

其中：α 表示缴费率；

w_t 表示参保后第 t 年工资；

i 表示工资增长率；

r 表示长期照护基金收益率，设为 2.5%；

${}_t p_m = \dfrac{l_{m+t}}{l_m}$ 表示 m 岁参加长期照护保险的个体活到 $m+t$ 岁的生存概率，l_m 表示存活到确切整数年龄 m 岁的人口数，生存概率通过中国人寿保险业的经验生命表（2000～2003 年）相关数据计算得到；

B 表示长期照护费用给付额；

f 表示照护费用年增长率；

$v = \dfrac{1}{1+i}$，表示贴现率。

通过对 2011 年和 2013 年 CHARLS 纵向数据的研究，表明初始状态处于失能的 65 岁人口，在基准情形下未来 20 年的男性和女性的预期生存时间分别约为 10.66 年和 16.95 年。[1] 由于失能风险发生人群集中在中老年人群体，以 65 岁退休计算，本书主要考察 2020 年处于 45～64 岁年龄段人群的长期照护私人保险缴费率。假设该人群到 65 岁均处于失能状态，即保险公司进行赔付时期为被保险人 65 岁，根

---

① 胡晓宁、陈秉正、祝伟：《基于家庭微观数据的长期护理保险定价》，《保险研究》2016 年第 4 期，第 57～67 页。

据国家统计年鉴数据显示，2015 年中国人平均预期寿命为 76.34 岁，则假设保险期到被保险人 76 岁为止。① 假设 2010～2020 年城镇单位就业人员工资平均年增长率为 6.7%，2020～2030 年为 5.5%，2030～2040 年为 4.4%，2040～2050 年为 1.7%，根据表 5-9 结果显示，2020 年城镇人均照护费用为 24887 元，农村人均照护费用为 9803 元，工资增长率与照护费用增长率保持一致。基于以上假设可以测算出（从 2020 年开始缴费）长期照护私人保险城乡居民缴费率和月缴费金额，见表 6-3。

表 6-3　长期照护私人保险城乡居民缴费率及缴费金额

年龄（岁）	城镇		农村	
	缴费率（%）	缴费金额（元）	缴费率（%）	缴费金额（元）
45	7.97	570	5.42	226
46	8.40	633	5.71	252
47	8.88	706	6.04	280
48	9.41	790	6.40	314
49	10.02	887	6.82	352
50	10.71	1000	7.29	398
51	11.50	1133	7.83	451
52	12.42	1292	8.27	502
53	13.51	1482	9.20	589
54	14.80	1713	10.08	681
55	16.37	1999	11.15	795
56	18.31	2334	12.48	929
57	20.75	2762	14.14	1099

---

① 目前的私人长期照护保险年龄期限一般为 70 岁为止，最高至 80 岁。

续表

年龄 （岁）	城镇		农村	
	缴费率（%）	缴费金额（元）	缴费率（%）	缴费金额（元）
58	23.90	3322	16.29	1322
59	28.13	4081	19.18	1624
60	34.09	5163	23.24	2055
61	43.07	6810	29.37	2711
62	58.11	9592	39.63	3819
63	88.30	15218	58.88	5925
64	179.15	32232	122.20	12837

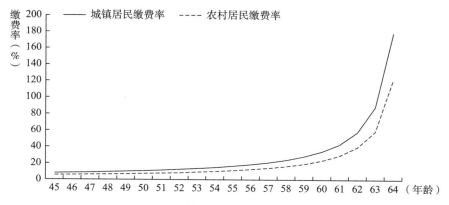

图 6 - 3 长期照护私人保险年龄与缴费率关系

由表 6 - 3、图 6 - 3 可以看出，长期照护私人保险缴费率随着年龄的增加而上升。对于 45 岁就参加长期照护私人保险的个体而言，城镇居民每月缴费率为 7.97%，农村居民的缴费率为 5.42%，城镇居民每月平均工资为 7149 元，则缴费金额为 570 元，农村就业人口月平均收入为 4174 元，则缴费金额为 226 元。如果是处于 64 岁的个体，要想在 65 岁发生失能时获得赔付，城镇居民和农村居民每月的缴费率分别高达 179.15% 和 122.20%，缴费金额分别为 32232 元和 12837 元，这显然超出普通居民的缴费能力，并且城镇居民缴费率要高于农村居民缴费率。另外人们短视心理的作用会导致私人照护保险参保率较低，覆盖率低。

第三节　政府长期照护财务供给能力分析

政府财政对长期照护财务供给的负担能力，通常情况下采用长期照护财务需求与政府财政收入占比来进行衡量，另外因为存在计算口径的差异以及税收政策效应的影响，简单从数字上将财政收入增速和GDP增速相比并不准确。因此本书采用"非应税 GDP"[①] 的概念衡量2020～2050 年我国政府的财政负担能力，结果表明未来财政支出规模与应税 GDP 总量几乎呈同步增长的态势。财政支出年均增长率 2011～2020 年为 6.23%，2021～2030 年为 5.37%，2031～2040 年为 4.44%，2041～2050 年为 3.37%。[②] 假设失能老人长期照护财务需求都由政府普惠性财政资金负担，预测政府的财政负担能力，见表6-4。

表 6-4　2020～2050 年政府财政供给负担能力

单位：亿元，%

年份	财政支出	长期照护总需求	总需求占财政收入比
2020	243456	4972	2.04
2025	316232	7853	2.48
2030	410762	12856	3.13
2035	510416	19752	3.87
2040	634248	28217	4.45
2045	748568	32600	4.35
2050	883495	37193	4.21

---

① 在 GDP 的核算中，有一部分虚高成分不能形成财政收入，也就不能形成财政支出的来源。将 GDP 中的这部分虚高成分称为"非应税 GDP"，而将其剩余部分称为"应税 GDP"。

② 王军平：《2050 年：中国财政支出规模的预测》，《兰州学刊》2005 年第 5 期，第 116～117 页。

根据表 6 - 4 的测算结果，长期照护财务总需求占财政收入的比重总体呈现增加趋势，由 2020 年的 2.04% 上升到 2050 年的 4.21%，其中 2040 年达到峰值为 4.45%，根据统计年鉴数据，可以得到 2017 年国家财政社会保障和就业支出占国家财政支出比例为 12.12%，但是整个社会保障支出中不但包括了养老保险、医疗保险、失业保险、工伤保险等社会保险支出，还包含贫困救助、灾害救助、教育救助、医疗救助、住房救助等社会救助支出，以及老年人、儿童、军人社会福利等一系列支出，如果仅一项长期照护保险财务支出就达到如此高的比例，显然是超出了政府财政的支付能力，并且支出结构也不是很合理。

第四节　长期照护社会保险财务供给能力

政府也可以通过强制性手段建立失能老人长期照护社会保险制度，把失能老人长期照护的财务风险由个人或家庭负担变为由所有的参保人共担的保险机制，还需要研究长期照护社会保险的参保者负担能力，即费率变动的趋势。

目前国外学者通常采用曼联方法、减量表模型和多状态马尔科夫（Markov）模型等三种方法来确定长期照护保险定价。曼联方法是通过大样本抽样调查得到失能者的年平均照护时间，以此推估失能者长期照护所需要的费用，作为长期照护保险定价的依据。这种方法计算简单，但也是比较常用的方法。与曼联方法相比，减量表模型将照护服务等级运用到模型之中，并假设随着时间推移不同照护等级的人群存在相互转移概率，但是减量表模型没有明确列出各状态之间人数变化量组成，比如从照护状态转移到健康状态的人群中，在起始年龄时处于健康状态的人群比例以及处于照护状态的人群比例。多状态马尔科夫模型是在研究确定转移概率的基础上计算长期照护保险费和保险准备金。但是，多状态马尔科夫模型的运用需要大量的长期照护统计数据，且计算比较复杂。要运用矩阵相乘、迭代运算，不易实现。因而在中国运用减量表模型、多状态马尔科夫模型来研究长期照护保险制度的缴费率时，缺乏大量的基础性研究数据，缺乏一个长期的跟踪调查的样本数据来源。正因为如此，本书将曼联方法与国际劳工组织（ILO）筹资模型结合，[①] 采用基金平衡法来研究中国长期照护社会保险制度的费率厘定。

（1）2020～2050 年社会就业人口预测

为了预测社会就业人口，首先我们要了解劳动参与率的含义，即经济活动人口（包括就业者和失业者）占劳动年龄人口的比率，也是用来衡量人们参与经济活动状况的指标。受教育水平越高，15～24 岁青年人口的劳动参与率下降幅度越大，平均受教育年限每增长 1%，15～24 岁人口的劳动参与率则下降 2%。根据《国家中长期教育改革和发展规划纲要（2010—2020 年)》中的数据结果，[②] 主要劳动年龄人口平均受教育年限从 2010 年的 9.5 年上升到 2020 年的 11.8 年。另外，由第六次人口普查数据测算结果可知，2010 年 15～24 岁年龄段劳动参与率为 57.38%，通过研究我国劳动年龄发展现状以及经济发展状况，假设我国 15～24 岁劳动人口的平均受教育年限的增长速度在 2010～2020 年按照劳动年龄人口的增长速度与劳动参与率的关系变动，即 2020 年劳动参与率将会降低到 29.60%，且 2020～2050 年劳动参与率基本保持不变，假设的 25～44 岁、45～59 岁以及 60～64

---

① ILO 筹资模型是国际劳工组织（International Labour Office，ILO）与国际社会保障协会（International Social Security Association，ISSA）为了解决卫生健康系统普遍存在的缺乏筹资数量模型的问题，2000 年向全世界推广卫生健康的筹资建模思路及数量技术，其核心就是遵循基金总体平衡，某一特定时期内社会健康保险计划的支出现值等于该时期内保险计划的收入现值，因而该模型被称为 ILO 筹资模型。

② 2010 年 5 月 5 日，国务院总理温家宝主持召开国务院常务会议，审议并通过《国家中长期教育改革和发展规划纲要（2010—2020 年)》。

岁年龄段的劳动参与率将保持 2010 年的水平不变。①

近年来，我国劳动力市场形成供不应求的新常态，根据相关资料证明，2010 年一季度，全国劳动力市场首次出现供大于求，岗位空缺与求职人数的比率达到 1.01，这标志我国劳动力市场发生了历史性变化。此后劳动力市场供不应求的态势日益明显，2017 年全国劳动力市场岗位空缺与求职人数的比率为 1.16，比 2016 年同期上升0.06，其中 2017 年第四季度岗位空缺与求职人数的比率达 1.22，比2016 年同期上升 0.09。劳动力短缺已经成为常态。本书不考虑失业率问题，基于当前劳动力市场处于供不应求的状态，假设社会就业人口等于劳动力供给量，由此可以测算出 2020～2050 年社会就业人口数量，见表 6－5。

表 6－5　2020～2050 年社会就业人口

单位：岁，万人

年份	总劳动年龄人口数				劳动供给人口数（社会就业人口）			
	15～24	25～44	45～59	60～64	15～24	25～44	45～59	60～64
2020	14552	42374	34294	7543	4307	38217	26725	3735
2025	14591	40104	33331	10046	4319	36170	25975	4975
2030	15173	37065	30964	42800	4491	33429	24130	21195
2035	15133	31883	31907	11192	4479	28756	24865	5542
2040	14492	29589	32142	9221	4290	26686	25048	4566
2045	13506	29597	29533	9607	3998	26694	23015	4758
2050	12652	29544	24022	12131	3745	26646	18721	6007

---

①　根据第六次人口普查数据，2010 年 25～44 岁、45～59 岁和 60～64 岁的经济活动人口数分别为 4125.81 万人、2583 万人和 583.2 万人，劳动年龄人口数分别为 3721.22 万人、2012.94 万人和 288.79 万人，则 2010 年 25～44 岁、45～59 岁和 60～64 岁的劳动参与率分别为 90.19%、77.93% 和 49.52%。

假设 2020～2050 年各年龄段的城乡劳动力就业人口数量比与
2010 年各年龄段的城乡经济活动人口数量比相等，由此可以测算出
2020～2050 年城乡就业人口总量，见表 6-6。

表 6-6　2020～2050 年中国城乡就业人口结构

单位：岁，万人

年份	城镇					农村				
	15～24	25～44	45～59	60～64	合计	15～24	25～44	45～59	60～64	合计
2020	2295	20686	12806	1613	37400	2013	17531	13919	2122	35585
2025	2301	19578	12446	2148	36473	2018	16592	13529	2827	34966
2030	2393	18095	11562	9152	41202	2099	15335	12568	12043	42045
2035	2386	15565	11914	2393	32258	2093	13191	12950	3149	31383
2040	2285	14445	12002	1972	30704	2004	12241	13046	2594	29885
2045	2130	14449	11028	2054	29661	1868	12245	11987	2703	28803
2050	1995	14423	8970	2594	27982	1750	12223	9750	3413	27136

2015 年城镇单位就业人员平均工资为 62029 元/年，按年工作 12
月计算，则每个月工资为 5169 元，2015 年前三个季度农村外出务工
劳动力平均月纯收入为 3018 元/月，同样假设中国职工工资增长水平
与 GDP 增长基本同步，即 2020～2050 年我国的职工工资增长率与
GDP 增长率相等。根据香港汇丰银行（HSBC）发布的"2050 年全球
经济预测报告"中预测的中国潜在 GDP 增长数据，假设 2010～2020
年城镇单位就业人员工资平均年增长率为 6.7%，2020～2030 年为
5.5%，2030～2040 年为 4.4%，2040～2050 年为 1.7%，由此可以测
算出 2020～2050 年中国社会就业人员平均工资，再乘以就业人口就
可以得到 2020～2050 年的就业人口工资总额。

（2）失能老人长期照护保险费率

从表 6-7 的结果可以看出，中国社会就业人口缴费基数额总体

保持增长的趋势，相较于 2020 年，2050 年的缴费基数额达到 974321 亿元，上升了 134.27%，其中 2030～2035 年出现负增长状态，这主要与社会就业人口数量有关，城镇与农村就业人员总收入随着经济发展而逐渐增加，就业人口数均在 2030～2035 年呈现下降趋势，因此导致 2030～2035 年缴费基数额增幅为 -4.59%。由此可以测算 2020～2050 年中国长期照护保险总收入。

$$LI(t) = \sum_{i=1}^{n} N_i(t) \times W_i(t) \times (1 + f(t)) \times R_i(t) + GI(t) + OI(t)$$

$$(6-2)$$

其中：$LI(t)$ 为长期照护保险总收入；

$N_i(t)$ 为 t 年第 i 类人群的缴费人数；

$W_i(t)$ 为 t 年第 i 类人群的平均工资水平；

$f(t)$ 为 t 年的就业人员工资增长率；

$R_i(t)$ 为 t 年第 i 类人群的保险率；

$\sum_{i=1}^{n} N_i(t) \times W_i(t) \times (1 + f(t)) \times R_i(t))$ 为 t 年长期照护保险缴费总收入；

$GI(t)$ 为 t 年政府的财政补贴；

$OI(t)$ 为 t 年保险机构投资运营收益。

表 6-7　2020～2050 年中国社会就业人口缴费基数额

年份	城镇就业人员年平均收入（元/人）	城镇就业人口（万人）	城镇就业人员总收入（亿元）	农村就业人员年平均收入（元/人）	农村就业人口（万人）	农村就业人员总收入（亿元）	缴费基数额（亿元）	增长率 %
2020	71486	37400	267359	41739	35585	148529	415888	
2025	93432	36473	340774	54551	34965	190738	531512	27.80
2030	122110	41202	503120	71295	42044	299754	802874	51.05
2035	151445	32259	488548	88425	31383	277504	766052	-4.59

续表

年份	城镇就业人员年平均收入（元/人）	城镇就业人口（万人）	城镇就业人员总收入（亿元）	农村就业人员年平均收入（元/人）	农村就业人口（万人）	农村就业人员总收入（亿元）	缴费基数额（亿元）	增长率%
2040	187828	30704	576708	109667	29886	327752	904460	18.07
2045	204345	29661	606108	119311	28803	343651	949759	5.01
2050	222316	27982	622086	129804	27136	352235	974321	2.59

假设中国失能老人长期照护保险的财务处理机制采用现收现付制，且不考虑政府的财政补贴以及保险机构的投资运营收益；假设长期照护保险财务总收入与总需求相等。因此可以计算出 2020～2050 年中国长期照护保险总缴费率，见表 6-8。

表 6-8 2020～2050 年中国长期照护保险总缴费率

单位：%

年份	总缴费率	使用者自付 10%			缴费增长率
		总费率	雇主费率	个人费率	
2020	1.20	1.08	0.54	0.54	
2025	1.48	1.33	0.66	0.66	23.59
2030	1.60	1.44	0.72	0.72	8.38
2035	2.58	2.32	1.16	1.16	61.03
2040	3.12	2.81	1.40	1.40	21.00
2045	3.43	3.09	1.54	1.54	10.02
2050	3.82	3.44	1.72	1.72	11.21

根据测算结果显示，我国的长期照护保险总缴费率处于不断上升的趋势（见图 6-4），从 2010 年的 1.2% 增加到 2050 年的 3.82%。假设参保者个人自付比例为 10%，剩下的费用由雇主和雇员平均分配。2020～2030 年总缴费率不超过 2%。但是 2030～2035 年，总缴费率将超过 2%。根据计算，城镇就业人员的雇主及雇员每人月平均

缴费从 2020 年的 38.46 元上升到 2050 年每月缴费 381.89 元，农村就业人员的雇主与雇员每人月平均缴费从 2020 年 29.19 元上升到 2050 年每月缴费 289.86 元。根据德国等发达国家的经验，2% 缴费率是长期照护社会保险投保人愿意承担的心理值，在缴费率超过 2% 时，会超出投保人的心理值，不利于调动全社会投保的积极性。同时，由于中国社会保险总缴费率已经较高，全部缴费率之和超过 40%，雇主和雇员负担已经较重，如果继续提高总缴费率，会受到社会质疑。因而可以判断，2030～2035 年是一个分水岭，在 2030 年之前雇主和雇员具有能够承担缴费心理负担能力，但是 2030～2035 年以后，缴费率超出雇主和雇员心理负担值，特别是 2050 年负担更重，需要长期照护保险制度以外财力补贴以减轻雇主和雇员的压力。

　　长期照护保险制度可以解决大多数失能老人长期照护财务需求，具有资金来源稳定、制度覆盖面广，赔付水平高的特点，另一方面，政府长期照护保险制度的责任主体的强制性、行动力和社会认同感，使得政府担任具有核心主体的角色，长期照护保险制度具有核心主体的载体功能。

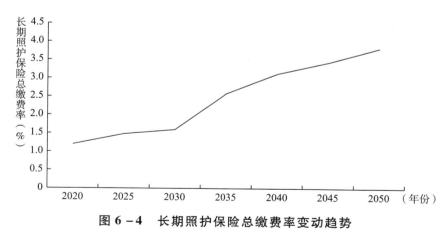

图 6－4　长期照护保险总缴费率变动趋势

第五节　本章小结

本章通过定量分析方法对单一主体长期照护财务供给能力进行分析，得出单一主体财务供给能力不足的结论。无论是采取政府财政普惠性供给、政府建立的长期照护社会保险制度，还是以长期照护私人保险等措施，这些单一主体财务供给能力都难以满足失能老人长期照护潜在的财务需求，需要多元主体共同融合，共担长期照护财务损失的风险，为失能老人长期照护财务供给多元主体融合提供了依据。

第七章　失能老人长期照护财务供给多元主体融合的国际比较

当今世界老龄化已经成为一个严重的社会问题，发达国家为了缓解老龄化社会失能老人长期照护财务负担较重的问题，相继建立了针对失能老人长期照护的财务供给制度，运用制度化方式化解失能老人长期照护的个人或家庭财务风险。

第一节　德国长期照护的多元主体财务供给体系

一　德国长期照护多元主体财务供给的历史背景

（1）德国人口结构老龄化。德国是世界上人口老龄化最严重的国家之一。德国人口增长率从1970年的1%，到1985年的负增长。两德统一后，东德人口移入，使得整个德国人口能够维持较低的正的增长率，但是21世纪人口总量下降，年轻人数量、比重呈现下降的趋势并没有得到显著的改观。相反，65岁及以上的人口比重呈现持续上升的趋势，从1970年的13.81%上升到1995年的15.56%，2001年达到17.06%。① 根据2010年联邦统计局的数据反映，2010年德国人平均寿命为79.80岁，其中男性为77.70岁，女性为82.74岁。60岁及以上老年人口为2170万，占总人口的26.6%，其中65岁及以上老年人口为1600万，占总人口的19.6%。2014年底德国总人口为

---

① 郑文辉：《推动长期照护保险可行性之研究》，台湾"行政院经济建设委员会"，2004，第17页。

8120 万，其中 60 岁及以上人口为 2220 万，占总人口的 27.3%。预计到 2030 年德国 60 岁及以上的人口占总人口的比例将达 36.2%，2050 年将达到 40.9%。预计到 2030 年，65 岁及以上的老年人数量将由目前的 1600 万人增加到 2400 万人；到 2060 年，65 岁及以上人口占总人口的比例将高达 34%。

德国家庭户结构规模也发生了变化。1 人的家庭比重由 1871 年的 6.2% 增加到 1991 年的 33.6%，2 人以上的家庭比重由 1871 年的 93.8% 下降到 1991 年的 66.4%。2 人以上家庭中，无子女配偶家庭户占 2 人以上家庭户的比重由 1950 年 22.5% 增加到 1991 年的 35.1%，三代同堂家庭户的比重由 1961 年的 7.8% 下降到 1991 年的 1.8%。家庭规模小型化发展趋势，使得不幸发生失能的老人长期照护财务风险越来越重，个人或家庭财务负担越来越大。

（2）经济增长率下降与失业率不断攀升并存。20 世纪 90 年代开始，德国经济增长率呈现下降趋势，除了 1990 年经济增长率维持在 5.7%，其他年份虽然维持一个正数在增长，但增长率较低，即使是在两德统一的刺激下经济曾经出现过短暂的繁荣，但稍纵即逝。与之并存的是失业率不断攀升，20 世纪 70 年代之前德国还是一个低失业率、高就业率的国家，而到了 20 世纪 90 年代后，高失业率就一直困扰德国。2000 年以前，德国失业率低于欧盟平均水平，之后失业率高于欧盟平均水平。经济增长率下降、失业率攀升使得原有依靠家庭或个人维系失能老人护理财务需要的环境越来越恶化，收入水平下降、收入不稳定，失能老人长期护理的财务需要可持续性受到挑战，需要一个制度化方式来解决长期失能老人护理财务风险。

（3）政府财政债务负担重。首先是德国在长期护理财务风险进行制度化解决之前，主要是由社会救助制度与其他一些社会安全制度依据各自的规定提供护理费用，其中联邦政府社会救助法是护理费用主要负担者，占总费用的 70% 左右，其次是各地方政府依据权限补贴占

13%，再次是健康保险负担约11%。但是，政府债务从20世纪70年代的低比例发展成为20世纪90年代开始的高负债，1970年政府债务总额占国内生产总值的18.2%，1990年增加到43.2%，1995年为56%。这些债务中，1970年地方政府债务占总债务的50%以上，1990年起联邦政府债务所占比例超过地方政府，并且增长速度快。从1970年到1990年，社会救助支付长期护理辅助费用由11亿元增加到110亿元，增长10倍。政府债务负担沉重，长期护理辅助费用快速增加，使得社会救助制度解决长期护理财务需要的合理性、合法性受到质疑。

二　德国长期照护多元主体财务供给体系的形成

德国长期照护制度是一个由政府、家庭、市场和社会组织共同构建、相互弥补的供给体系。政府主要是搭建长期照护社会保险制度、社会救助制度，市场主要通过照护服务竞争性提供，来降低长期照护服务的价格，社会组织主要是通过非营利性活动来满足长期照护需求者的需要。

（1）构建德国长期照护社会保险制度。从1973年7月德国一位政府司长（Regierungs direktor）Galperin撰文呼吁改善社会救助制度有关机构收容老年照护需要者给付服务，提议实施社会照护保障（Soziale Heimsicherung），到1994年5月26日德国国会立法通过照护社会保险制度，德国长期照护保险制度经历了20余年漫长的争论、酝酿的过程。德国人口老龄化、经济不景气、财政支付的压力对德国长期照护保险制度出台起着催化剂作用。

财务供给的主体。在德国，长期照护保险属于社会保险，由政府强制实施，由具有独立法人资格的长期照护保险基金会运营。为了能够与疾病保险相互配合，长期照护保险的组织与运营在已有的疾病保险基金会架构下设立长期照护保险基金会，长期照护保险基金会与疾病保险基金会在财务上是相互独立的。长期照护保险基金会在法定范围内具有自治的权利，即自行决定特定事项，但接受国家的监督。

财源筹措的对象。德国《社会照护保险法》按照"照护保险因循医疗保险"原则，即所有医疗保险参加者必须参加长期照护保险，其中法定照护保险对全部人口承保。法定医疗保险中的所有强制参保者、所有自愿参保者以及家庭联保成员都有义务参加长期社会照护保险，还应按照规定比例缴纳保险费。对于私人医疗保险中非强制性参保的对象也必须投保，参加私人长期照护保险。对于既没有参加长期社会照护保险，也没有参加私人长期照护保险的人，国家财政承担这些人口可能产生的照护费用，以缓解这些人口的财务负担。

财源筹措的模式。德国长期照护保险采用社会保险制度，以互助自助的财务机制安排、以风险分摊的方式筹集足够的资金，来为他们提供适当保障，以化解个人或家庭财务风险。财源筹措的模式采用现收现付制度，其基本的特征就是代际互助，由政府保证当代工作人口支付失能人口长期照护费用，主要是年轻的一代人维持老一代人的长期照护费用的需要，不需要事先提存未来不确定所需费用。

财源筹措的费率。德国长期照护保险扬弃了医疗保险由保险人自定费率的做法，而由国会统一决定，实行"量入为出"原则。德国长期照护保险费用由雇主、雇员两方均担费用，其中雇主、雇员各负担缴费的 50%。保险费率从 1995 年 1 月至 1996 年 6 月为薪金的 1%，雇主负担 0.5%，雇员负担 0.5%；1996 年 7 月调整为 1.7%，雇主负担 0.85%，雇员负担 0.85%。自营职业者需由个人全额负担，当被保险人的家庭成员没有收入或者收入低于一定水平时，他们无须缴费，以家户名义共同参保，享有同等待遇。长期照护保险费随疾病保险基金一起收取，再从疾病保险基金会转移给长期照护保险基金会。

待遇支付的资格条件。德国长期照护保险所有投保人都有资格获得长期照护保险待遇，但在正式支付保险金之前，有资格认证期。2000 年 1 月 1 日起，投保人如果需要进行照护保险待遇支付申请，必须先缴纳 5～10 年的保险费。照护评估是获得照护保险金的前提。照护评估条件包括：第一，投保人因身体、心理和精神上的疾病或者障碍，需要提供大量的日常所需的长期照护，以延长投保人的生命时间；第二，长期照护的时间不少于 6 个月；第三，根据失能程度确定相应照护等级。

（2）德国长期照护的社会救助制度。1961 年德国颁布的《联邦社会救助法》规定，对于"特别需要"长期照护服务但是依靠个人或家庭而不能满足其成本支出需要的人，可以通过社会救助体系支付，申请长期照护服务救助的人必须经过严格的收入审查程序，覆盖面小、资金筹资机制非社会化使得政府财政负担重。德国从 1993 年开始社会救助制度结构改革，将过去全国统一的社会救助制度拆分为几个不同的社会救助制度，包括儿童社会救助、老年人及工作失能人员社会救助、求职人员社会救助等。有现金救助需求的老年人及残疾人被单独的老年人及失能人员社会救助制度所覆盖，老年人及失能人员社会救助的标准与工作年龄阶段的求职人员的社会救助标准大体相当。工作年龄阶段求职人员的社会救助申请者必须接受较为严苛的审查措施和大量的强制性就业培训，而老年人获得社会救助不会受到一些惩罚性措施的限制，相对于求职人员较为容易。老年人贫困的致因多元，在德国老年人失能后的专业照护服务的市场价格极为昂贵，一个失能老人很可能因为需要支付高额的照护费用而陷入贫困，因此老年人失能及残障所造成的高额照护需求，是德国老年人贫困的一个重要因素。

在 1995 年德国长期护理社会保险制度建立之前，德国失能老人长期照护的保障功能主要是由社会救助制度中的专项分类救助制度"照护救助"制度承担。当时由于照护救助需求大，政府财政压力较大，德国的医疗保险制度也分担照护服务的财务风险，这个时期的社会救助的"照护救助"制度与医疗保险制度仅是失能老人长期照护财务风险的"福利补缺"，只有在个人或家庭收入难以承担向市场购买的长期照护服务财务负担时，个人或家庭才有权利申请照护救助。1995年后，德国建立针对失能人员的长期照护社会保险制度，开始通过事前防范制度化解失能人员长期照护的财务损失，寄希望于通过长期照护保险制度缓解政府"照护救助"的财政压力。但是，由于长期照护保险支付存在上限，且长期照护服务费用高，个人或家庭资产、护理保险给付叠加起来可能还不足以负担所有的照护费用，因此30%以上的被照护者仍然需要寻求"家计调查式"的照护社会救助。"照护救助"制度是社会救助的一部分，责任主体主要是地方政府，因此德国照护救助的资金完全由政府财政负担，其中市、县政府承担75%，州政府承担25%。

德国长期照护社会保险制度和照护救助制度是德国政府强制实施的社会政策，两者共同构成了德国政府针对失能老人的长期照护服务保障体系，保障了不同收入水平的社会成员基本生存权利。

（3）引入市场化的竞争机制和社会组织参与机制。市场化的竞争机制和社会组织的参与机制主要表现在长期照护服务市场竞争和商业性健康保险疾病基金公司竞争上。

在德国长期照护保险制度推行之前，长期照护服务的供给者主要由一些非营利性的慈善机构主导，由于供给者少、非专业化，长期照护服务供给缺乏竞争性，且服务质量总体不高。为了提升长期照护服务质量，德国政府在长期照护服务法案中引入了长期照护服务竞争性机制，规定联邦政府、州政府、付款人不得限制服务供给商的数量，使得营利性照护服务机构在家庭照护服务和机构照护服务中的比例和数量逐步增长，长期照护服务中竞争性机制逐步形成，通过竞争不断提升照护服务的质量，降低照护服务的成本和价格。长期照护保险基金作为照护服务的付款方，利用自身的优势主动与竞争性服务供给商进行谈判，尽量降低照护服务的价格以实现照护保险制度费率最小化，向投保人提供服务商的价格表便于需求者比较，鼓励需求者选择具有竞争力的照护服务机构，实现用最小成本获得最优质的服务目标。[①]

德国社会服务的提供方不是政府机构，而是非政府的、非营利性的组织。这些组织可以是慈善组织，也可以是志愿者组织，以及提供服务的非营利性组织。德国有 6 个主要的福利慈善组织联合会，即德国明爱联合总会、德国福音教社会服务联合总会、工人福利总联盟、德国平等福利联合会、德国红十字总会、德国犹太人中央福利办事处。这些福利慈善机构提供的社会服务非常广泛，从儿童与青少年的照料、教育、就业促进，到老年人、残疾人、重病患者的照护，还包括医院、诊所、临终关怀等健康服务，由于人口老龄化，这些服务成为老年人社会服务的重点。非营利性组织参与长期照护服务，实质上是对失能老人个人或家庭的财务支持。一些社会组织也通过组织志愿者为失能老人提供志愿服务，德国的志愿组织是提供长期照护的重要社会力量，全国大约有 500 万名志愿者从事长期照护服务。通过社会组织特别是非营利性组织服务的供给，有助于长期照护服务成本降低，缓解被照护者个人或家庭的经济负担。而政府的责任主要是兜底作用和作为照护服务质量的监管机构，通过立法加强照护服务各参与方对照护服务的监督，鼓励包括养老院老人、公共健康保险基金等各利益相关人及外部第三方机构来监督照护服务质量。见表 7 - 1。

表 7 - 1　德国养老服务的主要供给方及服务供给量的分布

项目	总计	非营利组织	私营部门	政府
床位数（张）	723249	448000	225558	49691

[①] 郝君富、李心愉：《德国长期护理保险：制度设计、经济影响与启示》，《人口学刊》2014年第 2 期，第 104 ~ 112 页。

项目	总计	非营利组织	私营部门	政府
占比（%）	100	62	31	7

资料来源：德国联邦政府 2011 年长期照护保险发展和当前服务能力情况报告（Bericht der Bundesregierung Uber die Entwicklung der Pflegeversicherung und den Stand der Pflegerischen Versorgung in der Bundesrepublik Deutschland），第 77～78 页。

在德国，长期照护保险制度在设计上采取了长期照护社会保险和长期照护商业保险相结合的模式，即德国公民个人收入低于强制门槛的必须加入长期照护社会保险体系，而高收入者有权利选择加入社会保险体系或购买强制性商业照护保险。一些高收入者可以通过参加商业性长期照护保险，提升长期照护品质和照护成本赔付比例。因而德国商业性长期照护保险也成为失能老人长期照护财务供给的主体之一。

（4）家庭在失能老人长期照护服务中的财务责任不可或缺。德国在失能老人长期照护服务供给中，自始至终强调个人或家庭的财务责任，由于机构照护服务成本高，德国加大了居家和社区照护服务的投入，90％以上的失能老人是在家庭或社区中获得照护服务的，降低了照护服务成本，家庭和社区的财务供给功能不可替代。即使是在照护救助制度中，也强调家庭的责任。在家庭收入无法满足失能老人长期照护服务时，政府才会提供照护救助补偿。即使是在长期照护保险制度中，一方面强调个人承担一个较高比例的支付额，受益人一般需要承担大约25％的护理成本，以抑制个人的过度照护需求；另一方面，德国长期照护保险不承担受益人在护理机构发生的食宿费用，而是由个人负担。

第二节　日本长期照护的多元主体财务供给体系

一　日本长期照护多元主体财务供给的历史背景

（1）日本老龄化问题严重。1970 年日本开始步入老龄化社会，

65 岁及以上老龄人达到 739 万人，占人口总量的 7.1%，1998 年达到 16.4%。平均寿命在延长，失能人口也在持续增加。据统计，1995 年 65 岁及以上老人中 19.45% 的人日常生活需要协助与照顾，并且随着年龄增长，日常生活障碍的比率越大，70 岁及以上人口中 22.19% 的人生活需要他人协助。

（2）家庭居住形态和家庭观念的变化。战后日本在家庭居住形态和家庭观念方面都发生了巨大变化。育龄妇女生育期出生子女数量减少，小规模单身家庭和核心家庭数量的增加使得家庭结构组成的规模缩小，变化最显著的一个指标就是快速增加的老人家庭户，1972 年家中有 65 岁及以上老人的家庭户 6578000 户，而 1997 年增加到 14051000 户。① 由于战后的宪法废除了传统家庭制度，促使家族意识和规范瓦解，另外，民众普遍认为传统三代同堂家庭容易破坏家庭成员相互之间的关系，也容易使照顾老人的家属产生对老年人憎恶的心理，这就导致老人家庭户中三代同堂的家庭户在逐年减少，单身老人和老夫妇家庭户在逐年增加。

（3）经济长期低迷。二战以后很长一段时间，日本经济处于高速增长阶段，为日本社会保障制度扩展和完善提供了财源，另外，经济增长增加了劳动力需求，就业率上升，劳动者工资收入水平提升。但是 1973 年石油危机后，日本高速发展的经济出现了明显减速和停滞现象。1966~1973 年 GDP 增长率高达 9.4%，1974~1980 年下降为 4.1%，1981~1990 年仅为 3.6%，1991~1995 年为 0.6%。经济衰退导致日本劳动力需求减少，劳动者工资收入水平下降，失业人口增加，个人自我保障能力和家庭保障能力下降，失能老人护理财务费用成为个人或家庭沉重的经济负担，迫切需要社会共同解决人们面临的

---

① 殷立春：《日本护理保险制度制定的原因分析及启示》，《东北亚论坛》2004 年第 5 期。

共同风险。①

（4）女性就业率提升。战后日本家庭另一变化就是女性就业率上升，尤其以40岁及以上已生育子女的女性就业者居多，占就业女性的70%。女性就业者增加使得就业场所与家庭居住地分离，劳动强度高、工作时间长，女性无法成为传统家庭照顾失能老人的主要人力，传统的依靠儿媳、女儿照顾失能老人的基础受到侵蚀。

（5）社会互助的理念。日本是一个强调社会连带责任的国家，这种运用社会互助解决公民生活中风险的精神、理念成为日本建立多元主体长期照护财务供给体系的基础。

二　日本长期照护多元主体财务供给体系的形成

在上述历史背景下，日本政府开始构建以政府、市场、家庭和社会组织多元主体共同参与的照护服务财务供给体系。

（1）照护服务的社会救助制度。日本的照护救助制度早于照护保险制度而产生，目前与长期照护保险制度结合实施。1946年日本颁布并实施《生活保护法》，对社会弱势群体提供社会救助，其中就包含了对生活不能自理者提供照护服务的内容。但是随着长期失能需要照护服务的贫困老人、残疾人越来越多，照护救助制度的财政压力越来越大，难以满足社会需要，为了减轻失能老人长期照护服务对政府财政的压力，满足社会的基本需求，2000年日本实行照护保险制度。

日本照护救助制度的对象有两类，一类是由于生活贫困无法维持最低限度生活需求而接受生活救助的失能者，包括65岁及以上老人和40～64岁的照护保险制度的加入者，这些人是参加了照护保险的低收入者，因为生活贫困而成为被救助的对象。另一类人是40岁以

---

① 江瑞平、李军：《日本的社会保险制度：运营、功能与问题》，《现代日本经济》1997年第2期。

上不满 65 岁没有加入医疗保险的人，如果患有法律规定的特定疾病也可以成为照护救助的对象。① 日本对于第一类参加照护保险的被救助对象，在接受居家照护服务时所产生的服务费用，由照护保险基金承担 90%，照护救助承担 10%。如果是在护理机构接受照护服务，所产生的费用的 10% 由照护救助制度和个人共同承担，但是会根据个人收入等级权衡个人负担比例。第二类被救助对象的照护服务费用由照护救助承担，但是在护理机构接受服务时，个人需根据自己的支付能力承担一部分费用。

（2）构建日本的照护保险制度。1994 年日本"社会保障制度审议会"初次提出日本照护保险构想，同年 12 月"高龄者照护自立支援系统研究会"提议政府以社会保险制度化方式建立长期护理财务风险化解机制。1995 年 7 月厚生大臣的咨询机构"老人保健福利制度审议会"在建立新照护制度报告时提议检讨以社会保险方式为主的公共照护保险。1997 年通过照护保险相关法律的配套，并在 2000 年 4 月开始实施长期照护保险。②

财务运作主体。日本照护保险制度的运作主体不是国家，而是日本与居民最贴近的基层组织单位——市町村即保险人。市町村作为制度财务运作的主体，负责管理照护保险费，决定保险费征收的额度和负责征收保险费，审核照护服务等级和服务项目。而中央政府主要负责设计制度的整体框架、护理程度的审定、保险给付及民间组织和设施等标准的制定，保证市町村的财政正常运作等。都道府县主要负责制度运作的指导，建立财政安全基金以解决各市町村保费收入和支出不平衡，保证制度正常运营，提供照护服务的设施和服务人员等。

---

① 日本长期照护保险制度规定，40 岁到 65 岁的人口如果加入医疗保险，会自动成为照护保险的第 2 号被保险人。

② 日本原文为"介护保险法"，"介护"一词在翻译上有照护、看护和护理的意思，本书为了与国内习惯法一致，仍然沿用"照护保险"概念。

财源筹措的对象。日本照护保险的主体是市町村，而财源筹措的对象是将居住在该市町村的 40 岁以上的全体国民作为强制保险对象，这些国民分为两种情况，一种是 65 岁及以上的国民为第 1 号被保险人，40~64 岁是医疗保险参保者第 2 号被保险人。第 1 号被保险人，因卧床不起或患有阿尔茨海默病及其他日常生活等方面需要护理的人，经确认属于第 1 号被保险人服务对象。对于第 2 号被保险人，2001 年规定如果是由老化特定疾病所引起的肌肉萎缩性侧索硬化症、后纵韧带骨化症等 15 种特定的疾病，可以利用照护服务。2006 年内容大幅度调整为 16 种老化特定疾病。①

财源筹措的渠道。日本照护保险的财源来自被保险人所缴纳的保险费和各级政府财政，各占 50%。被保险人中的第 1 号被保险人保险费由市町村决定，年金收入在 18 万日元以上者直接从其年金中扣除保险费，其他人（包括年金收入不止 18 万日元者）由市町村直接个别征收。保险费用的水平因被保险人居住的市町村的经济水平、市町村第 1 号被保险人人数、享受照护服务的人数、照护保险提供的居家服务与设施服务的状况及利用人数等不同而有差别。第 2 号被保险人必须终身缴费，即使不使用保险给付也要缴费，其照护保险费与其所参加的医疗保险关联，按照医疗保险缴费基数和缴费方式，直接从其收入中扣除，其中雇主负担 50%，照护保险费上缴给各医疗保险机构，实行全国统筹，低收入者可以减免。来自各级政府财政负担的 50% 中，中央政府财政负担 25%，其中 5% 作为调节基金，用于高龄老人比例高和低收入老龄人多的市町村，都道府县财政负担 12.5%，市町村负担 12.5%。保险费部分，第 1 号被保险人承担总资金的 17%，第 2 号被保险人承担总资金的 33%。

---

① 李世代：《日本、韩国长期照护保险内容与相关法令之研究》，台湾"行政院经济建设委员会"，2009，第 25 页。

财源筹措的模式。日本照护保险财源筹措的模式强调了社会连带责任理念，采取现收现付制。对于第 1 号被保险人筹资采取"以支定收"方式确定缴费额。第 2 号被保险人保险费率是根据全国平均照护保险费用支出计算的一个统一的保险费率，由雇主和雇员各负担50%，实行全国统筹。

照护保险费用给付。照护保险费用给付前提条件是失能等级认定。日本照护保险费用给付基准由日本厚生省统一确定，按照照护等级的轻重而确定不同的法定费用给付限额标准。所有的照护保险都有一个服务的额度，超出部分由被护理人 100% 承担费用。利用机构服务的被保险人，必须由自己承担伙食费、住宿费用以及日常生活费用。为了避免被保险人出现过度使用资源的现象，体现利用者和非利用者之间费用分担的公平性，照护保险明确费用负担制度，即被护理人员无论利用何种照护服务等级，都需要由个人承担费用的 10%。

（3）市场、非营利性组织是日本失能老人长期照护财务责任不可或缺的参与者，见图 7－1。日本失能老人长期照护财务供给市场参与的渠道主要是通过竞争性照护服务的供给和商业性长期照护保险。日本养老产业的发展源于日本人口老龄化，为了应对家庭、政府养老服务供给压力，政府通过一系列的养老政策促进养老产业的社会化、市场化和产业化。在 20 世纪 70 年代，由于日本正式进入老龄化社会，养老服务产业市场化程度较低、产业规模小，政府出台政策扶持养老产业。到了 20 世纪 80 年代，日本养老产业逐步形成规模，也形成了一整套行业标准，成熟的养老产业市场开始成型。2000 年，日本实施强制性长期照护保险制度，参保的失能老人长期照护的费用基本上由照护保险制度支付，刺激了失能老人长期照护服务需求，加快了养老服务产业的发展，养老服务产业进入扩张阶段，失能老人通过竞争性市场享有竞争性价格福利。另外，日本商业保险公司也开始介入长期照护保险，通过其商业行为分担失能老人财务损失。

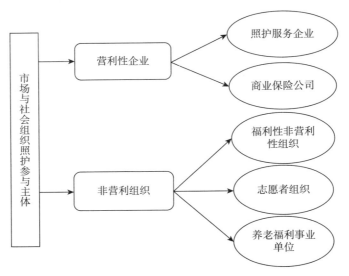

**图 7 – 1　日本市场与社会组织照护服务参与体系市场与
社会组织照护参与主体**

日本有许多针对老年人、残疾人等社会弱势群体开展社会服务的
社会组织。这些社会组织中的非营利性组织在老年人健康服务等方面
发挥了重要作用，弥补了人口老龄化导致的政府财政、家庭成员和社
区居民互助巨大的财务负担。日本非营利性组织的参与形式呈现多样
化特征，不但提供给老年人相应的照护服务，还为健康老年人、失业
人员、残障人士等社会弱势群体提供再就业服务，帮助老年失业者重
获经济来源。日本非营利性组织在长期照护服务方面的发展经历了三
个阶段。第一个阶段是在成为法人之前，多数组织是以市民互助团体
的身份开展对失能老人上门服务等互助互爱的自愿性活动，但是随着
日本人口老龄化程度的加剧，独居老人和卧床老人的数量增加，志愿
者开始扩大志愿活动规模和活动提供方式，申请成为长期照护保险指
定志愿者。第二个阶段是照护服务的扩展阶段，随着非营利性组织的
不断成熟，非营利性组织开始雇佣管理人来制订具有非营利性组织特
色的照护计划，以提供长期照护保险制度外的照护服务项目。第三阶

段是非营利性组织复合式发展阶段，由于政府官僚组织的惰性可能不能及时回应社会需求，而公共服务的供给滞后、非营利性组织具有天生的公益性，能够迅速发现新的社会需求并做出回应。日本非营利性组织成员在为失能老人提供大量家务援助服务中，发现独居老人、失能老人还有餐饮、购物、外出援助等生活需求，非营利性组织利用其独特的优势开始建立宅老所、日间照护服务中心及团队之家等福利设施，一方面为老年人提供了便利的服务，另一方面因为有了服务设施也吸引了更多志愿者提供照护服务，随着非营利性组织的不断强大，开始走复合型、综合性发展道路，不但提供照护服务计划制定、访问照护服务、日间照护服务，还积极与医疗机构特别是养护老人之家、老人保健设施等专门性机构联手合作，形成地区性合作网络，开展地区性照护服务活动。①

第三节　美国长期照护的多元主体财务供给体系

一　美国长期照护多元主体财务供给的历史背景

美国是一个强调市场作用的国家，认为每个人的经济风险首先由私人通过自己的努力来解决，如果私人努力了还是无法化解风险，则政府会作为最后的兜底人来发挥作用。美国失能老人长期照护制度的设计也体现了美国市场意识。

（1）人口老龄化。20 世纪 50 年代，美国的人口老龄化就已经开始加剧了，长期照护风险已成为一种社会风险。② 随后的 20 多年，美国老龄化程度进一步加剧，美国 65 岁及以上老年人口占总人口的比

---

① 俞祖成：《日本福利 NPO 在养老福利供给中的参与研究——以护理 NPO 为代表》，西南政法大学硕士学位论文，2009，第 15 ~ 35 页。

② 施巍巍：《发达国家老年人长期照护制度研究》，知识产权出版社，2012，第 91 页。

例从 1950 年的 8.1% 上升到 1980 年的 12%，并且根据当时的预测，一战后出生的人口在 1980 年左右有 21% 将达到 65 岁及以上，85 岁及以上老年人口数量在 1960～1980 年也会急剧增长，进一步加快美国老龄化进程。据统计，在美国大约 2/3 的 65 岁及以上老年人口需要某种形式的长期照护服务，其中约 20% 的人需要照护的时间为 2～5 年，还有 20% 的人需要照护的时间超过 5 年。[①] 长期照护是人口老龄化所带来的最主要社会问题，长期照护会产生巨额的费用，从而导致家庭财务危机，造成巨大的社会风险，同时也给现行的社会保障体系带来巨大挑战。

（2）长期照护财务费用快速增长。随着人口老龄化程度加剧，人们对于长期照护服务需求急剧增加，长期照护的供给却相对缺乏且增长缓慢，因而造成长期照护费用不断攀升。数据显示，美国老年人长期照护费用支出占个人健康总支出的比例从 1960 年的 4% 上升到 1993 年的 11%。[②] 美国是世界上市场化程度最高的国家，政府在提供社会福利方面所承担的责任较其他国家要小，属于残补型的福利国家。在美国，大部分照护费用需由民众自己承担。快速增长的照护费用超出美国普通民众收入的承受范围，加之通货膨胀，未来长期照护费用将越来越昂贵。

（3）长期照护制度缺失。与英国、荷兰等西欧发达国家建立全民免费医疗照护的医疗福利制度不同，美国一直都没有实施覆盖全体国民的医疗保障制度。在实施商业性长期照护保险制度之前，老年医疗辅助计划、低收入家庭医疗补助计划及私人健康保险计划共同构成了美国社会医疗保障制度。[③] 1965 年 7 月实施的老年医疗辅助计划是美

---

① 程杰：《美、德、日长期护理保险的发展及对中国的启示》，《对外经贸》2012 年第 11 期。
② L. M. B. Alecxih. 1997. *Long - Term Care：Knowing the Risk，Paying the Price*. Health Insurance Association of America，p. 22.
③ 荆涛：《长期护理保险研究》，对外经济贸易大学博士学位论文，2005。

国社会保障制度的重要组成部分。虽然 65 岁及以上的老年人及残障人士都有资格参加老年医疗辅助计划，但是其只承担老年人在医院或护理之家的短期专业照护费用。老年医疗辅助计划的补偿费用少、时间短。据统计，老年医疗辅助计划仅覆盖了 44% 的老年人医疗费用。[①] 低收入家庭医疗补助计划是为保障低收入者而建立的福利性医疗保障制度，费用由联邦政府和各州政府共同负担，大约各承担50%。该补助计划一直是长期照护服务的主要资金来源。但是低收入家庭补助计划需要对受助者进行严格的家计调查，只有低收入家庭且需要对失能者提供照护服务的家庭或者个人才能获得这种免费的医疗救助服务。因此，普通中产阶级是被排除在低收入家庭补助计划之外的。美国社会医疗保障制度并不能真正满足美国人的长期照护需求，这就为私人长期照护保险的发展提供了空间。

（4）权制及意识形态是发展商业性长期护理保险的决定性因素。美国一个是典型的三权分立的联邦制国家，美国的政府分为联邦、州和地方三级。与之相对应的，美国的财政体制也划分为联邦、州及地方三级。在美国，各级政府均有各自明确的财政收入与支出范围，权力和责任相互区别、各有侧重，又相互补充和交叉。[②] 同时，竞争原则也是美国联邦体制的重要特征，即选民可"用脚投票"。如果个人或企业对某个州的政策不满意，可以选择迁移到其他州。这种竞争原则在促进州政府提高效率的同时也会降低州政府制订重新分配计划的意愿。但是，慷慨补助计划的州会有低收入者大量迁入，而不愿承担高税收的高收入者会迁出，因而补助和税收开始下降，从而促使州政府只实施最低限度的福利计划。此外，美国传统的价值观、宗教意识形态很大程度上决定了美国人对商业性长期照护保险制度的偏好。个

① 施巍巍：《发达国家老年人长期照护制度研究》，知识产权出版社，2012，第92页。
② 施巍巍：《发达国家老年人长期照护制度研究》，知识产权出版社，2012，第95页。

人主义是美国价值的核心，人们普遍反对权威及政府过分干预市场。在美国，宗教改革的基督精神以教派主义和清教主义的形式倡导以个人自愿参与为基础的政府观念。① 美国财政体制的分权制及强调个人主义的意识形态共同决定了公共性、社会性长期照护保险制度的政策主张得不到美国民众的大力支持，相反，商业性的长期照护保险制度更能反映美国个人承担自己生活的传统。

二 美国长期照护多元主体财务供给体系的形成

（1）美国家庭长期照护财务供给。美国家庭也是失能老人长期照护的财务来源之一。由于政府长期照护制度能够提供的保障程度较低，而购买私人长期照护保险的人群仅占少数，因此美国老年人失能后往往需要家庭来筹集长期照护的资金。在美国，个人收入（主要是退休金）、贷款和房产成为失能老人应对长期照护风险开支的主要来源。

（2）美国公共长期护理保障计划。受自由主义福利意识形态的影响，美国的长期照护保险制度具有明显的"个人主义色彩"，强调了市场在解决长期照护问题中的主导作用。在美国形成了以商业性长期照护保险为主，以老年医疗辅助计划、低收入家庭补助计划等社会医疗保险为辅的长期照护保障体系。商业性长期照护保险由商业性保险公司提供，投保人可以根据自身需求及经济状况进行自由选择。商业性长期照护保险能够满足不同阶层的消费者的需求，并能迅速地对消费者的偏好变化做出反应，具有很强的灵活性。

除了商业性长期护理保险外，美国的老年人医疗辅助计划、低收入家庭补助计划等社会医疗制度也承担了部分长期照护保险的责任，从而构成了公共长期照护保险计划。美国公共长期照护计划主要是解

---

① 许纪霖：《两个美国与政治自由主义的困境》，《读书》2005 年第 6 期。

决老年人、低收入者及残障人士等特定人群的长期照护问题。

美国的公共长期照护计划主要包括老年人医疗辅助计划、低收入家庭医疗补助计划及其他社会保障计划，如退役军人福利。

老年人医疗辅助计划。老年人医疗辅助计划是根据美国联邦政府1965年7月颁布的《社会保障法修正案》而建立的社会医疗保险制度。

老年医疗辅助计划运营主体。老年医疗辅助计划由美国联邦政府主管，但由私立的保险公司经营。

老年医疗辅助计划参保对象。所有年满65岁的老年人及残障人士都有资格参保该计划。参保者的经济状况不影响其可接受的服务项目。

老年医疗辅助计划资金来源。老年人医疗辅助计划包括 Part A（医院保险）和 Part B（补充医疗保险）两部分。Part A 的资金来自就业者和雇主缴纳的社保税，就业者和雇主各承担50%，目前各缴工资的1.45%。参加 Part A 的参保人可自愿选择是否加入 Part B。补充医疗保险的费用由联邦政府和参加者共同承担，参加者缴纳26%的保险金，其余的74%全部由政府财政补贴。

老年医疗辅助计划给付范围。老年医疗辅助计划的医院保险部分主要对老年人的重疾护理、出院后的专业护理机构的照护服务、家庭照护服务和临终关怀服务提供保障，但它并不对非重疾的机构照护或家庭照护提供保障。

（3）低收入家庭医疗补助计划。低收入家庭医疗补助计划是一种福利性医疗制度，属于美国社会救助计划的一部分。

低收入家庭医疗补助计划运营主体。大部分州的低收入家庭医疗补助计划，是由政府财政对长期照护服务的运营商直接补贴的方式，实现对接受护理院和家庭康复护理的低收入者进行长期护理费用补偿的。

低收入家庭医疗补助计划资金来源。低收入家庭医疗补助计划的费用由联邦政府及州政府财政共同承担，其中55%的资金来自联邦政府财政，45%的资金来自州政府财政。[1] 美国的长期照护资金主要由Medicaid计划提供，在2012年的医疗补助计划支出中，用于长期照护支出的比例为34.1%。[2]

低收入家庭医疗补助计划给付条件。由于低收入家庭医疗补助计划是针对贫困人群的一项医疗保障计划，因此若想获得该计划的补助就必须符合关于资产和收入的限制条件。一般情况，只有申请者的收入少于照护成本或仅够维持日常所需并且申请者拥有的资产不大于规定门槛的"可计资产"时，才能够获得低收入家庭医疗补助计划的救助。

（4）美国商业性长期照护保险。美国的商业性长期照护保险制度产生于20世纪70年代，是一种全新的健康保险。

商业性长期照护保险运营主体。商业性长期照护保险运营主体是保险公司。

商业性长期照护保险参保对象。作为一种商业性保险，老年人和年轻人都可以通过购买长期照护保险合同方式自愿参保。与相对单一参保方式的公共长期照护计划不同，投保人可以通过个人方式或团体形式参加商业性长期照护保险。但保险人通常都会从年龄、身体状况及病史等多方面对投保人进行风险选择，所以健康状况差的人一般无法获得投保。由于商业性长期照护保险产品是由商业性保险公司提供，因此这些保险产品具有很大的灵活性，能够满足不同消费者的护理需求。

商业性长期照护保险给付方式。私营保险公司设计的长期照护保

---

① 荆涛：《长期护理保险研究》，对外经济贸易大学博士学位论文，2005。

② C O' Shaughnessy. 2014. National Spending for Long – term Services and Supports（LTSS），2012. *National Health Policy Forum.*

险涵盖了全天候的专业护理、非全日的中级护理以及日常照护。同时，不同的长期照护保险产品的给付方式也不同，有的按实际发生额给付，有的是按固定额度给付。长期照护保险一般都有固定的给付期，可以是一年、数年或终身。此外，一般长期照护保险产品还规定了等待期，即只有消费者接受保单涵盖的照护服务的时间大于或等于等待期时，投保人才能获得补偿。投保人可以自主选择等待期，等待期一般有 20 天、30 天、60 天和 90 天等。

商业性长期照护保险资金来源。美国的商业性长期照护保险资金主要来源于个人投保缴费。商业性长期照护保险费用收取的多少取决于保险人的保险责任、给付期、等待期，投保人的年龄、身体健康状况等因素。保险负担的责任越广、给付期越长、等待期越短、投保人所需缴纳的保险费用就越多。

（5）美国社会组织对失能老人长期照护财务供给作用不可忽视。19 世纪末 20 世纪初，美国经济发展迅猛，财富高度集中所带来的社会变革为社会组织的发展提供了机遇，以慈善组织和社会福利机构为代表的社会组织数量、规模越来越大，政府通过向社会组织购买服务也推动了社会组织向更加专业化的方向发展，在社会治理中社会组织承担着重要的角色。在美国，为失能老人提供长期照护服务的机构中，有 66% 为私人营利性机构，26% 为私人非营利性机构，8% 为公立机构，非营利性照护机构为失能老人长期照护服务供给提供了支撑，降低了失能老人个人或家庭的财务支出。

从资金来源看，由于美国老年人除去不动产以外的净财产比较少，因而美国长期照护总支出中政府提供的医疗救助（Medicaid）的财务支出占美国长期照护总支出的比例较高，2012 年为 61%。政府在长期照护财务供给中承担的责任最大，其次是个人或家庭提供的长期照护财务支出，占美国长期照护总支出的 22.4%。而美国 65 岁及以上的老年人中约有 10% 的人购买了私人长期照护保险，私人长期照护保险财务支出占美国长期照护财务总支出的 11.9%。[①]

第四节　发达国家长期照护多元主体财务供给经验对中国的启示

德国、日本和美国这些发达国家面对人口老龄化所引发的长期照护财务负担加重的风险，建立了政府、市场、家庭和社会组织多元主体财务供给体系，这些可以为中国失能老人长期照护多元主体财务供给体系建设和主体融合提供一些可以借鉴的经验。

（1）多元主体共担失能老人长期照护财务负担是一个必然趋势。各国建立多元主体共担失能老人长期照护财务风险体系，有其相似的社会背景，一是老龄化导致的失能老年数量增加，给家庭、社会带来巨大的经济负担，这也是各国建立多元主体共担失能老人长期照护财务风险的根本原因。二是老年人的长期照护问题给医疗社会保险、社会救助等其他制度的正常运行造成严重的财务负担，从而政府有动力去推动多元主体长期照护财务供给体系的建立，这也是其直接原因。早期，各国基本上采用社会救助机制对失能贫困老人提供经济上补贴以缓解老年人贫困，到了 20 世纪 70 年代一些国家相继建立长期照护社会保险机制来防范失能老人财务风险，德国、日本和美国先后根据本国国情建立了长期照护保险制度，虽然德国、日本实行长期照护社会保险制度，美国建立的是商业长期照护保险制度，但通过风险共担的基本思路较为一致。而中国人口老龄化、家庭结构小型化的现状，使失能老人长期照护的财务风险迫切需要通过多元主体共担机制来解决，政府、市场、家庭、社会组织共同融合是有效化解长期照护经济

[①] C O' Shaughnessy. 2014. National Spending for Long – term Services and Supports（LTSS）. *National Health Policy Forum.*

风险的一个理性选择。

（2）各国长期照护财务供给多元主体的角色不同。虽然发达国家都高度重视失能老人长期照护制度建设，但是不同国家针对失能老人长期照护财务风险的认识程度、风险理念存在差别，导致长期照护财务供给多元主体的角色有区别。以德国、日本为代表的政府主导型国家，建立了以政府为主导，长期照护社会保险为核心，市场、家庭和社会组织共担的长期照护财务供给体系。而以美国为代表的市场主导型国家，建立了以市场为主导、私人长期照护保险为核心、家庭和社会组织为补充、政府医疗救助（Medicaid）计划兜底的长期照护财务供给体系。这些发达国家，既没有把长期照护财务供给的责任完全归于政府，也没有完全归于市场和家庭，在多元主体融合共担失能财务风险过程中，各主体各尽其能，扮演不同角色。

（3）发达国家通过多元主体融合机制以实现失能老人长期照护财务供给的可持续发展。德国、日本和美国在应对因人口老龄化所引起的需要长期照护的失能老人不断增加的社会风险过程中，注重把长期照护保险作为风险化解的主要经济手段，或通过社会保险或私人保险对长期照护保险的责任主体、覆盖对象、筹资方式、保障对象、资格评定、给付标准、政府监管进行明确的界定，以保证长期照护保险制度财务可持续性，同时也考虑到失能老人长期照护财务供给存在负担过重的现实，鼓励市场、家庭和社会组织共担风险，政府社会救助兜底。多元主体共担风险、长期照护财务供给可持续也是制度生命力所在。中国应借鉴德国、日本和美国的经验，科学规划长期照护财务供给制度，建立稳定、可靠、可持续发展的财务供给机制，既要防止因老龄化给失能老人及其家庭带来沉重的经济负担，也要防止财务供给机制不科学可能对失能老人生活品质产生的影响，给家庭和政府财政带来的沉重财务负担。

第五节　本章小结

　　本章通过对德国、日本和美国等发达国家失能老人长期照护财务供给体系建立的历史背景和体系组成进行分析，得出政府、家庭、市场、社会组织多元主体财务供给的融合是人口老龄化社会的客观需要，各国的政府、家庭、市场、社会组织在面对失能老人长期照护财务需求中的责任定位明确，主体间责任边界清晰，多元主体融合是失能老人长期照护财务供给可持续的保证。

第八章 中国失能老人长期照护财务供给多元主体融合模式与融合机制

第一节 中国失能老人长期照护财务供给多元主体的角色定位

在失能老人长期照护财务供给中，政府、家庭、市场、社会组织各自发挥了积极作用，但是这些主体财务供给能力与失能老人长期照护的财务需求之间存在一定缺口，依靠这些主体单打独斗，难以达到理想的效果。政府内在的理性与结构缺陷、市场追求效益最大化的行为目标、家庭和社会组织资源短缺和供给能力有限等，主体"失灵"现象是普遍存在的事实，政府、市场、家庭、社会组织在多元主体财务供给中，需要分析主体角色定位（见表8-1），只有这样才能充分发挥各自的优势，规避劣势、扬长避短，才能使主体融合达到最优的效果。如果多元主体在失能老人长期照护财务供给中的角色错位，多元主体融合的层次和融合的水平就会较低，出现推诿和投机行为，不利于失能老人长期照护财务供给，甚至是恶化了失能老人长期照护财务供给的环境。

失能老人长期照护财务供给的政府、家庭、市场、社会组织主体要实现深度融合，需要探寻一套合理的规制安排，科学定位政府、家庭、市场和社会组织在长期照护财务供给中的角色，使市场、社会组织和家庭既不能被政府完全操控而忽视自我，独立行使对失能老人长期照护财务供给的处置作用，也不能过分强调家庭、市场和社会组织的主体作用，而忽略了政府作为公共权力主体在失能老人长期照护财务供给中的不可替代性。要维持失能老人长期照护财务供给的可持续，多元主体融合不能简单地理解为合作，也不能简单地理解为协调，而是一种基于合作与协调更深层次的伸展，是一种比合作与协调更高层次的多元主体集体行动。既然是主体的集体行动，就要定位各主体的角色，融合主体的角色定位是逻辑起点，可以使各主体能够遵循事物发展规律，依据自身具备的能力高低、资源的富裕程度，在失能老人长期照护财务供给中体现自身的价值。

一 政府的角色

政府是在失能老人长期照护财务供给中居于主导地位的核心主体。失能老人长期照护的公共服务属性决定了长期照护服务的重要性，也决定了政府在长期照护财务供给中应尽的责任和应有的地位。首先，政府是失能老人长期照护财务供给的战略规划者，为了应对失能老人长期照护财务需求不断增长的风险，政府必须制定长期照护财务供给的发展战略，包括战略思想、远景目标、实施步骤等，为长期照护财务供给多元主体融合创造宏观政策环境，为主体融合指明目标和方向。其次，政府是制度供给者，政府要制定融合主体准入规制和融合运行轨迹，对政府自身的财务供给责任加以规范和约束，合理划分政府自身与家庭、市场、社会组织之间财务供给的责任边界。再次，政府是失能老人长期照护财务的供给者，政府不但对部分低收入长期失能老人提供直接的财政救助，还要通过制度安排对老年人失能的财务风险提供防范。最后，政府是失能老人长期照护财务供给多元主体融合的引导者和监督者，政府可以运用财政补贴、税收杠杆等手段鼓励并支持家庭、市场和社会组织融入失能老人长期照护财务供给之中，整合、优化多元主体资源，发挥多元主体的作用。政府可以监督各主体与长期照护财务需求者，是否自觉履行各方应尽的责任和义务，平等享有各方的权利，还要监督长期照护财务供给制度实施，协调多元主体融合中的矛盾与冲突。政府在失能老人长期照护财务供给中处于主导地位，是长期照护财务供给的核心主体，但"主导"并不是意味"统包"，"核心主体"也并不意味"独大"。

二　家庭的角色

家庭是在失能老人长期照护财务供给中居于基础地位的责任主体。作为社会细胞，自古以来，家庭就承担着为家庭成员提供物质生活、安全和照料的功能，以血缘维系着家庭成员之间的互助互济，失能老人长期照护首要的提供者是家庭成员。在子女抚养、老人供养等方面，家庭起到不可或缺的作用。在传统社会，家庭的功能能够得到较好发挥，与家庭人口结构合理、老年人比重较低有关，同时在传统社会，人口寿命较短，老年人失能后的余命也较短，家庭为失能老人提供长期照护的服务时间短、财务负担轻。现代社会，由于人口寿命延长、家庭人口结构小型化，家庭长期照护的能力越来越弱，家庭的角色从传统社会的完全责任者，演变为现代社会中居于基础地位的责任者。老年人失能后，家庭率先提供失能老人长期照护服务和财务支持，甚至通过购买长期照护社会保险或商业保险化解失能老人长期照护的财务风险，在家庭无力提供支持时，政府、社会组织才会更多地体现其作用。"基础地位"并不意味着是"唯一"责任者，而是第一责任者，是失能老人长期照护的第一场所。

三　市场的角色

市场是在失能老人长期照护财务供给中居于互利双赢地位的主体。市场主体的目标是追求效益最大化，市场在竞争中通过不断降低成本、提高产品的质量，赢得更多的客户，实现市场主体的目标。失能老人长期照护的财务供给已经从传统的家庭完全承担、政府兜底的供给模式，逐步引入市场力量，市场成为长期照护财务供给不可或缺的力量，市场一方面通过竞争长期照护服务资源配置，降低长期照护服务的价格，间接为失能老人长期照护服务提供经济支持，另一方面市场直接提供商业性长期照护保险，是失能老人长期照护财务供给者。市场的提供也直接为市场主体赢得了客户、赢得了市场、赢得了效益。市场在长期照护财务供给中"互利双赢"的角色定位，既要发挥市场的优势，又要规避市场失灵，因为追求市场效益最大化是市场的最基本的特征。既让市场在长期照护服务中获得正效益，又要使失能老人在长期照护服务中成本最低、效果最优。但是，不可否认的是市场也有其局限性，市场追求效益的同时，也可能因垄断、信息不对称等而损害消费者的利益。

四　社会组织的角色

社会组织是在失能老人长期照护财务供给中居于补充地位的主体。社会组织的自治性、非营利性、自愿性的特征，决定了社会组织是失能老人长期照护财务供给不可或缺的主体，是多元主体的有益补充。社会组织是利益的监护人，虽然政府是长期照护财务供给的主导者，但是面对社会众多的公共需求，政府往往会忽略失能老人这一特定群体的需求，而社会组织可以长期关注失能老人长期照护的诉求，缓解失能老人长期照护财务需求的压力。社会组织是失能老人长期照护财务供给的补充者，政府政策有时会很难照顾到各个群体，导致一部分群体可能会被排斥在受益者之外，而社会组织可以利用自身的自治性优势和信息优势，对部分群体提供财务上的补偿。社会组织在失能老人长期照护财务供给的参与，一方面是对部分失能老人长期照护财务上的支持，另一方面也提升了社会组织的公众形象和社会知名度，为社会组织的自身发展提供了广阔空间。但是，在失能老人长期照护财务供给中，社会组织由于自身的财力局限性，社会组织难以进入政策决策核心层，难以有效地反映自身的诉求，社会组织的效用极其有限，社会组织自身的脆弱性使得社会组织难以通过自身的力量完成公共利益的最大化。

表 8 - 1　长期照护财务供给多元主体的角色

主体	政府	家庭	市场	社会组织
参与角色	供给者、制度安排者、监督者	供给者、生产者、消费者、监督者	供给者、生产者	专业服务者、监督者
参与动机	政府责任、维护公共利益	维护家庭利益	追求利润	追求公共利益
参与目标	维护公平正义	自我效用最大化	追求利润最大化	社会利益最大化
运行机制	官僚科层制	家庭亲情互助机制	市场机制	志愿机制
优势	权威、强制力	第一责任人，了解失能老人的偏好	资金、技术、智力和管理	专业、高效、灵活
缺陷	政府失灵	抗风险能力弱	市场失灵	志愿失灵

第二节　中国失能老人长期照护财务供给多元主体融合的基础条件

融合是多元主体相互之间一种状态，要形成长期照护财务供给多元主体融合机制，需要以下基础条件。

一　政治共识

多元主体在长期照护财务供给中能够形成政治共识。多元主体融合的基础首先是多元主体对失能老人长期护理财务供给的认知、情感和态度倾向融为一体。虽然每个主体自身的生存环境和发展需求不同，但是人口老龄化所引发的失能老人长期护理财务风险的社会性已经逐步被社会认同，政府、家庭、市场、社会组织等主体对长期失能老人认知上的理解、情感上的共情和态度倾向上的协调，责任感、使命感在不断增强，认识到多元主体融合能够保障失能老人最基本生活品质，满足失能老人多层次、多样化的长期照护需求。

二　利益共赢

多主体在长期照护财务供给中能够实现利益共赢。政府、家庭、市场、社会组织在长期照护财务供给过程中，实现多元主体共赢的局面，各主体才会有财务供给的强大动力，各主体才能实现维持持久的供给源泉。作为财务供给主体之一的政府与其他主体的融合，有助于减轻政府自身的财务负担，提升失能老人长期照护财务供给的水平，增强公民的社会认同感。家庭与其他主体的融合，家庭财务负担减轻，失能老人生活品质得到保证。市场与其他主体的融合，为市场参与者提供了获利的空间，弥补了其他主体财务供给的不足。社会组织与其他主体的融合，既是对其他财务供给主体的补充，缓解失能老人财务压力，同时也扩大了社会组织的社会影响，为社会组织提供了更加广阔的活动空间，Bennett 和 Savani 认为社会组织与其他主体融合能够将能力建设与服务过程相融合，从而进一步强化自身优势。[①]

三　责任清晰

多元主体在长期照护财务供给中的责任清晰。政府、家庭、市场、社会组织在长期照护财务供给中的责任范围、责任边界清晰，有助于多元主体在参与过程中尽责、尽力，有助于实现多元主体参与的有序性。既需要各主体之间在长期照护财务供给中的责任清晰，又需要各

[①]　R. Bennett, S. Savani. 2011. Surviving Mission Drift: How Charities Can Turn Dependence on Government Contract Funding to Their Own Advantage. *Nonprofit Management and Leadership*.

主体内部与主体之间的责任范围、责任边界要清晰，特别是中央政府与地方政府之间、地方政府与地方政府之间的责任范围、责任边界要清晰，防止主体内部责任范围、责任边界不清晰带来财务供给的无序。

四　功能互补

多元主体在长期照护财务供给中功能互补。在失能老人长期照护财务供给中，各主体存在各自的优势与各自的不足，各主体可以实现一定程度上的长期照护财务供给的功能互补。政府对于长期照护财务供给的提供主要是通过制定公共政策、财政兜底保障和对其他主体的监管来实现的。因为市场可以通过有偿服务的方式对有购买能力且长期照护需求层次高的失能老人提供服务，以满足这部分失能老人的特殊需求，市场通过市场运作方式为这部分失能老人提供财务供给。而政府的优势在于政府能够借助所掌握的公共权力使失能老人平等、公正地享有长期照护服务，政府凭借自身的特殊身份利用政府财政补贴、财政支持等手段为失能老人长期照护提供财务支持。营利性社会组织的优势在于通过竞争机制实现资源配置的优化、市场价格的合理化，满足失能老人长期照护财务支出的最小化，这是对失能老人长期照护的另一种方式的财务供给。非营利性组织的优势在于利用自身的服务，用低于市场的价格甚至免费为一部分特殊群体失能老人提供服务，弥补在政府和市场的功能发生双重失灵时，一部分失能老人长期照护财务需求无法满足的缺陷。

第三节　中国失能老人长期照护财务供给多元主体融合模式的选择

一　失能老人长期照护财务供给多元主体融合模式的类型

目前，随着中国人口老龄化程度加剧，家庭人口结构小型化，失能老人数量多，失能照护成本高，失能老人长期照护财务供给中单一的政府垄断型、家庭互助型、市场自律型、社会组织自治型供给模式已经难以满足失能老人长期照护的财务需求，因而政府、家庭、市场、社会组织多元主体融合共担风险成为一种趋势。失能老人长期照护财务供给中政府、家庭、市场、社会组织主体之间的融合模式可以概括为三种类型，一是分层替代型融合模式，二是任务主导型融合模式，三是多元主体协同型模式，见表8－2。

表8－2　长期照护财务供给多元主体融合模式的类型

模式类型	模式的运行方式	主体间关系
分层替代型融合模式	按照供给者亲疏和照护可获得性来确定照护财务的供给者，首先是配偶，然后是子女，之后是较远的家庭成员，最后才是家庭之外的成员和组织	分工合作；家庭是第一场所；政府有限责任；市场直接或间接成为长期照护财务供给者
任务主导型融合模式	不同的供给主体有各自的长处，不同主体有不同的任务，满足失能老人长期照护财务需求的多样性；根据不同的任务要求与财务供给主体的专长匹配，从而实现长期照护财务供给的高效利用	政府主导，主体任务明晰；主体间边界清晰
多元主体协同型模式	政府主导长期照护财务供给，协调其他供给者共同参与；形成政府、家庭、市场、社会组织多元主体共同供给的协同机制	政府主导，其他主体主动或被动依附；主体间相互认同、相互协调

（1）分层替代型融合模式。认为失能老人长期照护财务供给主体之间融合机制是通过分层替代实现的，即失能老人一旦有照护财务需求，是根据关系的亲疏和照护的可获得性来确定照护财务需求的供给者，首先是配偶，然后是子女，之后是较远的家庭成员，最后才是家庭之外的成员和组织。分层替代型模式中各主体分工合作，家庭是失

能老人长期照护财务供给的第一场所、第一责任者。市场或通过长期
照护商业保险直接为失能老人提供长期照护财务，或通过市场竞争以
降低长期照护服务价格，间接地成为失能老人长期照护的财务供给
者。而政府只有在失能老人陷入贫困而无法维系自身的生活需求和长
期照护需求时，政府才尽到有限的责任。

分层替代型融合模式很大程度上是以家庭为主，市场和社会组织
为补充，政府财政兜底的一种运作方式。在分层替代型模式下，失能
老人长期照护财务供给如果缺失一个主导供给者，失能老人长期照护
财务需求信息难以共享，需要各方主体自觉履行长期照护财务供给责
任就存在困难，出现各方供给者责任界限不明确、责任推诿等现象，
主体缺乏彼此之间的信任，财务供给缺乏可靠性和持续性，失能老人
长期照护基本需求难以满足。

（2）任务主导型融合模式。任务主导型融合模式是建立在不同供
给主体有各自长处的基础之上，不同财务供给主体可以满足不同失能
老人长期照护财务需求的多样性。因而认为可以根据不同的任务要求
与财务供给主体的专长进行匹配，从而实现长期照护财务供给的高效
利用。任务主导型融合模式下，政府是主导也是中心，其他各主体与
政府之间是一种被动的依附关系，各主体被动接受政府主导的财务供
给任务，政府主导使得各主体财务供给任务具体化和责任化。

任务主导型融合模式是建立在各主体专长基础上的任务匹配，主
体的任务明确、责任明确，但是各主体被动接受任务，处于被动状
态，各主体彼此之间信息难以共享，主体间缺乏财务供给的主动性和
协同性，不能形成主体间相互融合的状态。

（3）多元主体协同型模式。多元主体协同型模式是政府主导长期
照护财务供给，协调家庭、市场、社会组织等其他供给者共同参与，
形成政府、家庭、市场、社会组织多元主体共同供给的协同机制。多
元主体协同型模式中，主体间相互认同、相互协调，其中政府是协同

者，起到主导性作用，而其他主体主动或被动依附，见图8-1。

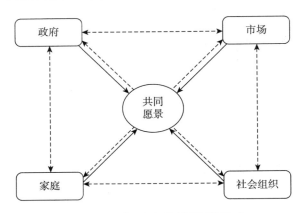

图8-1　多元主体协同型模式

多元主体协同型模式更加关注主体之间的协同，来满足失能老人长期照护财务需求这个共同愿景，但是政府如何主导才能使多元主体协同供给，各主体如何才能主动协同、深度协同、全方位协同，需要建立一种主体间相互融合的供给机制。

二　中国失能老人长期照护财务供给多元主体融合模式的选择

中国失能老人长期照护财务供给多元主体融合的基础性条件不充分。（1）缺乏主体间的政治共识。政府、家庭、市场和社会组织对失能老人长期照护财务供给重要性的认知、情感和态度缺乏共识，政府已经充分认识到未来失能老人长期照护财务风险，但是家庭、市场和社会组织认知程度存在差异。家庭没有对未来风险有一个合理的预期，没有采取措施防范未来失能风险，存在对未来风险的侥幸心理。长期照护财务供给的市场还不发达，长期照护商业保险还没有认识到长期照护保险市场的广阔前景，加上参保者的逆向选择行为，使得商业保险普及率低、覆盖面较窄，长期照护商业保险还不能成为长期照护财务的主要来源；而中国长期照护服务市场存在供需数量失衡、结构失衡，以及在城乡之间、地域之间失衡的现象，长期照护服务市场发育程度低，竞争性长期照护市场还没有形成，失能老人还未享有竞争性市场的福利，市场还不能通过竞争性市场价格间接为失能老人长期照护提供财务支持。中国社会组织还不是很发达，社会组织自身建设能力弱，公众对社会组织认同程度低，社会组织资金来源不足，社会组织参与失能老人长期照护财务供给认知也不足。（2）主体责任不清晰。失能老人长期照护财务供给的责任主体是谁？政府、家庭、市场、社会组织等主体在长期照护财务供给中的角色是什么？不同的认识形成了不同的制度，是以家庭为主角还是以政府为主角？政府、家庭、市场、社会组织的责任边界还没有厘清，导致目前社会针对失能老人长期照护财务供给有着不同的做法，有的地方政府建立了以政府为主导的制度化的方式来化解该风险，有的地方还是依靠个人或家庭力量来维持失能老人财务需求。（3）主体财务供给动力不足。目前家庭是失能老人长期照护财务供给被动的责任主体，欠缺一个相应的制度来规范政府应有的责任，政府也有时是在失能老人处于生活贫困时才会给予救助，而市场和社会组织的自觉行动也有待市场和社会组织进一步发育成熟，家庭、市场、社会组织财务供给的动力不足。（4）"强政府－弱社会"的社会现实。在中国，一方面由于政府的强大，家庭、市场、社会组织对政府的信任度、依赖度较高，认为政府组织实施长期照护财务供给具有得天独厚的优势，能够利用政府的信用、影响力、权力等来影响社会资源的配置，甚至是动用政府公共资源提供公共品。另一方面，家庭、市场、社会组织的财务供给能力、组织实施能力有限，家庭、市场、社会组织还难以独立影响其他主体的行为，无法成为中国失能老人长期照护财务供给的引导者。因此，中国失能老人长期照护财务供给多元主体融合模式，应该充分发挥政府主导作用，采用"政府主导、长期照护保险为载体"多元主体融合模式，其基本精神就是"以权力、资源和责任作为多元主体深度融合机制的纽带，建立以政府为主导的长期照护保险为载体的融资机制，以家庭、市场为载体的私人融资机制和以社会组织为载体的社会融资机制的融合"，以保障多元主体深度融合机制的实现，见图 8 – 2。

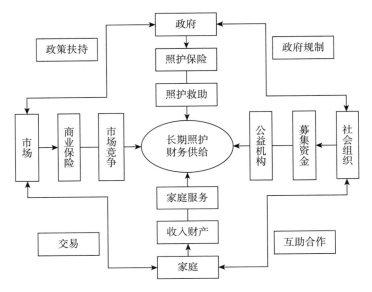

图 8 – 2　政府主导型财务供给多元主体融合框架

（1）以政府为主导的长期照护保险为载体的融资机制。政府主导的长期照护财务供给多元主体融合机制，需要政府提供的载体来实施，而这个载体应该具有承担惠及大部分社会成员的责任和化解失能老人长期照护财务风险功能。一方面政府建立强制实施的长期照护保险制度，政府作为主导失能老人长期照护财务供给的载体，通过事前防范，对有工资收入的群体进行强制参保，保障这部分人群在老年失能以后能够获得财务赔付。另一方面，政府建立失能老人长期照护救助制度，以政府公共资金通过事后救助来满足少数没有参加长期照护保险制度，且家庭收入水平较低难以满足长期照护财务需求的个人或家庭。政府直接主导和实施的长期照护保险融资机制和照护救助融资机制，既化解了有长期照护保险制度购买能力群体和低收入家庭群体的照护财务风险，满足了这个社会绝大部分成员最基本的长期照护财务需求，也给予家庭、市场、社会组织长期照护财务供给引领的作用，减轻了家庭财务负担，提升了家庭长期照护的风险意识，增强了个人或家庭长期照护市场购买力，刺激了长期照护市场需求，培育了长期照护服务市场，形成了竞争性长期照护服务市场，降低了照护服务价格，提升了照护服务质量。政府通过税收、财政补贴等政策扶持手段引领市场提供长期照护商业保险和市场照护服务，以此降低长期照护商业保险和市场服务价格，刺激市场供给和失能者需求。通过政府规制，对社会组织通过监管方式规范其发展，通过购买社会组织服务来促进社会组织的发展，扩大社会组织的数量，提升社会组织服务质量。通过税收减免等手段鼓励家庭提供长期照护财务供给，增加家庭长期照护储蓄资金，防范未来风险。通过政府主导，家庭、市场、社会组织等多元主体协同供给，实现多元主体融合。

（2）以家庭、市场为载体的私人融资机制。家庭是建立在血缘关系基础之上的最基本单位，在传统意义上，失能老人是依靠家庭成员提供照护资源的，因而家庭被视为失能老人长期照护天然的、最稳固、最安全、最基本的财务供给主体，也是失能老人长期照护财务供给的责任者。但是随着家庭规模小型化，失能老人长期照护时间长、成本高，家庭财务供给面临着巨大的挑战，特别是由于社会保险制度不断优化，长期照护保险制度对家庭、市场长期照护财务供给的责任形成了挤压效应，家庭的风险意识越来越淡薄，对政府长期照护财务供给的依赖越来越大，购买商业性长期照护保险意愿越来越不强烈。因而，要调动家庭、市场长期照护财务供给的积极性，使家庭、市场能够成为失能老人长期照护财务供给的主体，需要政府提供适度的长期照护保险制度的赔付水平，给予家庭、市场财务供给的空间。只有这样家庭才会利用家庭中闲置劳动力为家庭失能老人提供照护服务，增加储蓄以应对未来失能风险，进而家庭才会购买商业性长期照护保险，推动长期照护商业保险的发展，也为长期照护服务市场提供强大的需求。私人融资机制的良性发展为政府、家庭、市场共同融合供给提供了基础。

（3）以社会组织为载体的社会融资机制。社会组织通过"外部资源"与"内部资源"相结合的融资机制为失能老人长期照护提供财务支持。社会组织具有非生产性和非权威性的性质，因而获取外部资源是社会组织生存和发展的必要条件，长期照护的外部资源主要包括"行政性资源"、"专业性资源"、"市场性资源"和"公益性资源"。①"行政性资源"的主体是政府，政府是一些社会组织为失能老人长期照护服务的主要财务供给者，政府通过购买第三方——非营利性社会组织的长期照护服务，既为失能老人长期照护提供财务支持，又支持了非营利性社会组织的发展，提高政府财政资金使用效率。"专业性资源"的主体是直接或间接与失能老人长期照护服务相关的专业化社会行动者，例如政府举办的公益性的康复医疗机构、民间举办的公益性护理服务机构等，这些社会组织为失能老人长期照护提供了专业知识、技术和智力支持，也间接为失能老人长期照护提供了财务支持。"市场性资源"的主体是各类市场化营利性机构，这些机构或是出于社会责任感，或是出于"影响力投资"，通过慈善捐赠、慈善活动、慈善孵化等手段，成为失能老人长期照护财务供给直接或间接的资源。"公益性资源"的主体是社会大众，社会大众出于对失能老人的接纳性、支持性的态度，社会大众的公益情怀、志愿精神、互助意识和共享价值理念可以转化为失能老人长期照护支持的社会资源。而社会组织的"内部资源"是组织发展的动力源泉，内部资源包括"禀赋资源""能动资源""生产性资源""价值性资源"。② 这些

---

① 易艳阳：《助残社会组织内源发展动因与策略研究》，《江淮论坛》2019 年第 2 期，第 138 ~ 139 页。

② 易艳阳：《助残社会组织内源发展动因与策略研究》，《江淮论坛》2019 年第 2 期，第 139 页。

内部资源分别以组织专业化优势、组织的人力资本、组织的经济功能和市场价值、以人为本的价值理念为失能老人长期照护财务供给提供动力。

社会组织外部资源和内部资源通过相应渠道形成融合机制。"行政性资源"和"禀赋性资源"通过购买社会组织提供的长期照护服务而相互融合,"专业性资源"和"能动性资源"通过社会组织长期照护的技术理念而相互融合,"市场性资源"和"生产性资源"通过长期照护服务市场的供需关系而实现融合,"公益性资源"和"价值性资源"通过社会组织长期照护服务过程中相互认同而实现融合。社会组织外部资源和内部资源融合,不断提升社会组织为失能老人长期照护的社会融资能力和照护服务质量。

三　以政府为主导长期照护保险为载体的融合模式运行机理

构建"政府主导,长期照护保险为载体"的中国失能老人长期照护财务供给多元主体融合模式的运行机理,其核心是通过长期照护保险制度化解失能老人长期照护风险,激发个人参加长期照护保险制度和购买长期照护服务的欲望,刺激长期照护服务市场的发展,优化社会组织发育的环境,形成互为促进、互为发展的良性循环效应。(1) 以长期照护保险制度为载体,通过政府强制、个人和雇主共同筹资,把失能老人长期照护的财务风险由个人或家庭负担,转化为由所有参保人共担。其实质是把人一生中可能产生的失能照护风险损失由个人和社会进行分担。通过长期照护保险制度解决了大部分社会成员长期照护风险问题。而对于没有能力或有其他原因不能参加长期照护保险制度的人,其产生的财务风险或由个人/家庭负担,或由政府社会救助制度负担。(2) 政府建立了长期照护保险制度,个人或家庭就可以从传统的长期照护财务供给的责任者角色退出,仅是为长期照护保险制度提供缴费义务,为长期照护保险制度承担个人应负担的部分财务损失，个人或家庭财务负担被释放，个人或家庭有参加长期照护保险的愿望和动机，个人或家庭有购买长期照护服务的欲望。（3）政府建立了长期照护保险制度，增强了失能老人长期照护的服务需求，激发了失能老人长期照护服务内在需求，长期照护服务市场供给增加，并且随着供给量的增加，长期照护服务供给的主体为了能够获得更多市场份额，也会不断调整和优化长期照护服务的结构，以满足失能老人的需求。长期照护市场越来越发达，竞争越来越激烈，市场竞争所带来的价格福利和品质福利就会越来越多。长期照护服务市场的发育成熟，失能老人对长期照护服务的需求提升，给商业性长期照护保险发展提供了基础性条件，推动商业性长期照护保险发展。（4）长期照护服务市场发育成熟，一方面政府可以通过购买社会组织所提供的长期照护服务，为社会组织的发展提供空间，另一方面社会组织越来越发达也会回馈社会，通过社会捐赠等形式为失能老人长期照护提供财务支持。

第四节　中国失能老人长期照护财务供给多元主体融合的四维机制

长期照护财务供给多元主体融合不是一个自发的过程，也不是依靠行政强制执行的过程，而是由核心主体确定、责任分担、相互渗透和法律保障构成的四维机制共同作用形成的长期照护财务供给多主体融合状态。

一　核心主体确定机制

在多元主体财务供给中首先要确立核心主体。在目前"强国家－弱社会"格局中，长期照护多元主体掌握资源的重要程度和稀缺程度存在差别以及各主体资源提供的能力不同，建立在资源依赖关系基础上的各主体呈现责任、能力、权力的不对称，需要确立核心主体。核心主体具有引领作用和示范作用，是责任、权力、资源三者统一的集合体，即由法律规定的失能老人长期照护财务供给不可推卸的责任者，具有其他主体无法替代的地位，具有调节社会资源满足失能老人长期照护需求的政治权力，也是失能老人长期照护资源供给的主要承担者。显然，核心主体的地位是其责任、权力和资源相匹配的结果，家庭、市场、社会组织完全不具备核心主体条件，政府却具备与长期照护财务供给的责任、权力、资源相匹配的核心主体条件。政府具有渗入社会、调节社会关系、提取资源以及以特定方式配置或运用资源的权力，政府可以凭借政治权力通过财政普惠、财政补贴，或建立长期照护社会保险制度，最大限度、最大范围地承担失能老人长期照护的财务风险。政府可以凭借政治权力规范其他主体的责任，通过法律制度固化各主体的权利和义务，规范各主体行为。政府建立长期照护保险制度，把失能老人长期照护财务风险在所有的参保者之间分担，是德国、法国、日本、韩国这些人口老龄化较为严重国家的成功经验，长期照护保险制度成为长期照护财务供给的主要来源，也是较为可靠、持续的融资渠道。对于没有参加长期照护保险制度的失能老人，政府可以通过财政性照护救助给予陷入困境的失能老人资金补贴。政府的责任就是搭建长期照护保险制度框架，提供长期照护财政救助，监督长期照护财务供给制度的实施，评价制度实施的效果。

二　责任分担机制

责任分担机制是长期照护财务供给多元主体融合的基础。主体的责任分担是"角色、能力"的综合体现，即对政府、家庭、市场、社会组织各自的角色与资源供给能力进行界定，确定各主体在长期照护财务供给中的责任边界，各尽其责。政府在长期照护财务供给中的责任是由政府主导的核心地位决定的，政府通过长期照护保险制度搭建社会化筹资渠道，化解大多数有工资收入人群的失能风险，政府通过长期照护救助搭建财政筹资帮助化解少数陷入贫困的失能者，政府引领、示范社会各主体共同关注失能老人。市场的角色和责任就是通过商业长期照护保险搭建市场化筹资渠道，通过私人护理服务市场的竞争以降低护理服务价格，为失能老人提供市场福利，不断提升失能老人财务补偿的水平。社会组织的角色就是发挥自身优势，为失能老人提供公益性的照护服务、技术支持，或通过社会组织的筹资渠道为失能老人购买照护服务。

三　相互渗透机制

主体的相互渗透机制是各主体借助情感、技术、资源、政策等手段与其他主体渗透融合。各主体之间的相互渗透可以形成我中有你、你中有我格局，使主体之间产生利益、行动的一致性。政府通过政策、资源手段向家庭、市场和社会组织渗透，以引导家庭、市场和社会组织为失能老人提供长期照护财务供给。个人或家庭通过向市场购买私人照护保险、照护服务，购买政府举办的长期照护保险，接受社会组织的资金或服务，个人或家庭可以渗透到政府、市场和社会组织之中。市场可以通过提供照护技术、照护服务、私人照护保险渗透到政府、个人或家庭和社会组织之中。社会组织通过政府购买社会组织提供的公共服务，为个人或家庭提供经济援助和照护服务，为市场提供技术支持等而渗透到政府、家庭和市场之中。老年人在生命周期的不同阶段，由于失能程度不同，会长期照护的方式或选择居家或选择机构照护，照护的主体或是家庭或是机构，由此产生了在不同生命周期、不同的失能程度下，失能老人长期照护的财务供给或是单一的个人或家庭，或是单一的市场，或是单一的政府，或是家庭、市场、政府、社会组织共同融合，承担失能老人财务风险。因而，长期照护财务供给主体的相互渗透机制，需要根据老年人不同失能程度和照护需求的情境，既要"服务资源的精细化"，也要"财务需求满足的精准化"，见图 8 - 3。

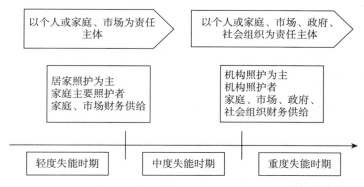

图 8 - 3　老年人生命周期的长期照护需求与财务供给

四　法律保障机制

法律保障机制是长期照护财务供给各主体的权利和义务的规范。长期照护财务供给是收入再分配的过程，是各主体的利益关系调整，需要国家通过法律对各主体的权利和义务加以规范，以保障失能老人长期照护财务供给可持续性。因而法律就要规范政府作为核心主体的责任和义务，规范政府、家庭、市场和社会组织在长期照护财务供给中责任边界和责任分担方式，协调各主体在相互渗透过程中利益、行动一致性。

中国长期照护财务供给从多元主体分离到深度融合，是一个不断渐进的过程，需要政府、个人或家庭、市场和社会组织等主体通过核心主体确定机制、责任分担机制、相互渗透机制和法律保障机制等，实现财务供给多元主体的融合。

第五节　本章小结

本章认为，政府在中国失能老人长期照护财务供给中的角色是居于核心地位的主体，家庭是居于基础性地位的主体，市场是互利双赢的主体，社会组织是居于补充性地位的主体。而多元主体能够在失能老人长期照护财务供给中实现融合状态，基础条件是各主体能够形成政治共识，融合过程中能够形成互利双赢预期，各责任主体的责任边界清晰，各责任主体功能互补。失能老人长期照护财务供给中政府、家庭、市场、社会组织主体之间的融合模式可以概括为三种类型，一是分层替代型融合模式，二是任务主导型融合模式，三是多元主体协同型模式，我们认为中国多元主体融合的基础条件不充分，因此，中国失能老人长期照护财务供给多元主体融合模式应该充分发挥政府主导作用，采用"政府主导，长期照护保险为载体"的多元主体融合模式，以保障多元主体深度融合机制的实现。核心主体确定、责任分担、相互渗透和法律保障构成的四维机制共同作用，有助于促进长期照护财务供给多元主体融合。

第九章　中国失能老人长期照护财务供给多元主体融合的制度架构

中国失能老人长期照护财务供给多元主体融合模式应充分发挥政府主导作用，建立"政府主导，长期照护保险为载体"的多元主体融合模式，"以权力、资源和责任作为多元主体深度融合机制的纽带，建立以政府为主导的长期照护保险为载体的融资机制，以家庭、市场为载体的私人融资机制和以社会组织为载体的社会融资机制的融合"。为了构建"政府主导，长期照护保险为载体"多元主体融合模式，需要设计多元主体融合的制度架构以及制度架构的配套政策。

第一节　政府的制度安排

一　强制性的长期照护保险制度是政府主导的核心载体

长期失能风险是社会普遍存在的风险，具有社会风险的属性，并且风险的发生有一定的规律可循。由于失能的老年人数量大，老年人失能的照护风险发生具有一定的概率，风险发生后的经济损失可以预测，失能风险的发生不会出现灾害性，因而根据可保风险四要素原理，长期失能的风险通常可以通过保险手段来处置。

长期照护保险是通过强制参保机制，通过风险集中和风险分散机制来化解失能老人长期照护财务风险，参保人因失能而发生的长期照护费用成本由社会保险费用支付。强制性长期照护保险是具有社会政策特征的保险制度，因而从财务安排角度，一方面保险具有互助互

167

济、风险分摊的功能，筹集足够多的资金，提供适当的保障，以化解长期照护财务风险。另一方面强制性长期照护保险基于社会性、制度的目标强调满足失能老人长期照护基本需要，因而制度使个人或家庭与国家、政府具有连带责任，由各方共担机制使得被保险人财务负担小于私人长期照护保险制度下被保险人负担。公共长期照护保险具有强制性，强制性长期照护保险制度使得任何人不能根据自身的风险预期加以选择是否参保，所有参保人风险发生的概率相对稳定，有利于政府根据过去的老年人风险状况测算出整体所需的照护费用，并确定全体投保人缴费率。强制性长期照护保险制度有助于消除私人保险逆向选择的倾向，制度财务具有可持续性。[①] 因而长期照护保险制度应具有以下几个方面内容。

（1）长期照护保险的财务模式。长期照护保险的财务模式有现收现付制和事先积累制两种方式。现收现付制是代际间的互助，即由有收入的在职劳动人口承担已经失能的老人长期照护财务费用，而现在在职劳动人口未来老年失能时也由下一代在职劳动人口承担长期照护财务费用。国家以信誉作为代际互助的担保，并在制度出现风险时给予财政支持。现收现付制无须事先积累资金，一旦制度实施就可以对已经失能的老人提供长期照护财务支持，具有政治优势，并且没有基金管理的成本和投资运营、保值增值的风险。但是，这种财务运作受到两个方面的双重压力，一是人口老龄化导致失能人口增加所形成的照护保险支付增加的压力，二是人口老龄化使得在职劳动人口比重相对减少，而长期照护保险财务收入主要依靠在职劳动者工资收入缴费获取，在职劳动者数量不断减少，长期照护保险收入存在不断萎缩的危机。积累制是通过事先提存准备金方式来应对未来老年时发生的长

---

① 曹信邦：《中国失能老人公共长期护理保险制度的构建》，《中国行政管理》2015 年第 7 期，第 67~68 页。

期照护成本费用之财务风险，是一种自我责任与事先储蓄，获得长期照护给付资格的条件是事先缴费。储蓄制需事先提存，理论上会使得制度无法立即实施，目前需要长期照护服务的失能老人财务风险无法得到化解，要么就是由个人或家庭负担财务风险，要么就是由政府以税收方式融通解决，这样会造成在职人口既要为自己未来失能财务风险承担责任，又要为现在已经失能的老人承担财务责任，造成双重负担。[①] 另外，事先提存的储蓄制是建立在事先能够准确计算长期照护缴费率基础之上的，但是技术进步、人均寿命延长导致老年人失能风险具有不确定性，以及长期照护人力成本变化，使得事先提存的储蓄制财务均衡受到威胁。因而中国长期照护保险制度宜选择现收现付制财务模式作为中国失能老人长期照护制度的财务模式，但是，为了防范未来中国失能老人长期照护保险制度财务支付的风险，建议在财务负担较轻的年份，通过多种手段建立一个风险储备基金，在未来财务负担较重时来缓解社会和政府财政的负担。

（2）长期照护保险制度的参保对象。长期照护保险制度的财务需求是一个潜在的需求，长期照护的潜在需求不会因为财务规划而改变，但是长期照护保险制度保障的失能老人有可能因为制度的设计、财源筹资的对象等相关制度性供给而发生变化。长期照护保险制度参保对象的确定既是规范制度筹措资金的对象，也是规范长期照护保险制度覆盖的人口群体。理论上讲，凡是未来具有失能风险的人口群体都应该参加长期照护保险制度，但是各国长期照护保险制度的目标人群有差别，参保对象就有差别。根据社会保险制度的特征，长期照护保险制度可以是全民纳保，也可以基于年龄、失能风险程度的高低以及财务负担能力等，将长期照护保险制度的参保对象进行不同

---

① J. Holdenrieder. 2006. Equity and Efficiency in Funding Long - term Care form an EU Perspective. *Journal of Public Health*, pp. 14，139 - 147.

的区分。

中国台湾学者郑文辉研究发现，限制参保年龄对长期照护保险整体预估的总费用影响不大，但是分担风险的人数大幅降低，会增加保险费率，加大长期照护保险的开办难度，所以建议实行"全民参保""全民保障"。[①]

如何界定中国长期照护保险制度的参保对象？长期照护保险制度的参保对象是制度的定义，不是绝对的定义。参保对象的界定应该遵循"社会连带互助""风险共担""大数法则"等原则，因为失能已经成为一项社会风险，并非个人或家庭所能独自承担。通过社会成员间的互助，将个人发生概率降低，但一旦失能发生就需要个人或家庭承担巨大的财务损失，虽然转化为参保人必须共担，但是需要参保人有能力承担财务损失，从财务角度看也就是要基于财务可持续性和财务风险社会共担的原则。因此，中国长期照护保险制度在设计时，可以界定为参保对象16～64岁从事经济活动且有工资收入的劳动者都应该强制参加长期照护保险制度，包括农村就业人口，这些人在有工资收入时应该为已经失能的老人提供财务支持，而现在在职人口未来面临的失能风险由下一代在职人口提供经济补偿。同时，制度设计可以将所有16～64岁从事经济活动且有工资收入的人口纳入长期照护保险制度，使他们能够成为长期照护保险缴费的最基本主体，也是长期照护保险制度最稳定的资金来源。

（3）长期照护保险制度的待遇给付。长期照护保险制度的待遇给付包含给付资格的认定、给付上限和支付标准等制度设计。

年龄条件。理论上讲，因为疾病或老年所造成的生理、心理和认知功能障碍而导致生活无法自理者，都是长期照护保险制度给付的对

---

① 郑文辉：《长照保险法制财务机制及财源筹措之评估》，台湾"行政院经济建设委员会"委托课题，2009年12月，第120～125页。

象。从需求上来看，任何年龄都有长期照护财务需求的可能。老年人年龄越大，失能的概率越高，因而本书主张借鉴国际上的一些经验，将中国失能老人长期照护保险制度的给付对象年龄界定为 65 岁及以上。当然如果限制年龄，对于不到 65 周岁但有失能风险的人口就会被排斥在制度之外，而且容易造成制度的碎片化，这既需要为这部分群体建立其他制度并给予经济赔付，又需耗费大量的行政成本，而限制给付年龄对长期照护保险制度整体预估的总费用影响并不大，毕竟年轻人失能的概率非常小，所占人数比例极其小。因而中国长期照护保险制度的实施可以实行两步走战略，制度初期以 65 岁及以上人口为目标，制度不断完善并被社会所认同后可以将 65 岁以下人口也纳入长期照护保险制度之中。

参保条件。参保条件是与制度模式相适应的，不同制度模式的参保条件不一样。为了体现长期照护保险制度的权利和义务相结合原则，使社会成员尽到该尽的义务，也为了保持制度的稳定收入来源，享有长期照护保险制度待遇享受的资格条件，就必须有参保记录，即有工资性收入时必须按照工资收入的一定比例缴纳长期照护保险费用。考虑到制度实施初期有些参保人员已经接近给付年龄，因而可以根据不同年龄设计参保缴费年限，可以根据参保人现有的年龄确定长期照护保险制度的最低参保年限，但一定要强调制度实施时还在工作且有工资收入并已经接近给付年龄的人口也要参保，以体现权利与义务结合的原则。为了使已经失能的老人长期照护财务损失能够得到补偿，在制度实施的初期，应承认历史的债务，承认老人承担过上一代失能老人照护财务费用责任的事实，对已经失能老人建立具有参保资格条件的机制，一方面能使制度立即得到实施，以体现制度的社会效应，鼓励更多人参保，另一方面也能体现社会公平和社会责任。

失能条件。老人失能是长期照护保险制度给付资格条件之一。目前针对失能的界定有不同的标准，是以 ADL 日常生活能力功能障碍作为长期照护保险制度给付条件，还是以 IADL 工具性家务活动功能障碍作为长期照护保险制度给付条件，甚至是把认知障碍作为长期照护保险制度给付条件。本书认为应该采取两步走战略，先易后难，在制度建立的初期，为便于操作应减少制度的障碍，把失能界定为吃饭、穿衣、洗澡、上厕所、室内走动、上下床等 6 项最基本的日常生活活动能力受限作为制度初期的给付条件，制度不断成熟后再筹划将工具性日常生活活动和认知障碍风险损失财务赔付逐步纳入制度范围。

失能等级的鉴定。尽管长期护理服务费用有地域差异，但对于需要长期护理服务的状态、失能等级与认定程序等应该制定全国统一的标准。失能老人长期护理保险制度的待遇支付标准是根据失能老人的失能等级来确定的，不同失能等级所支付的待遇标准不同，因而要合理支付就要严格鉴定/评估失能等级。符合失能范围的被保险人可以向长期护理保险机构提出护理需求给付申请。申请者是否符合长期护理保险制度给付条件以及失能等级的认定，应由长期护理保险机构委托第三方——专业的失能鉴定评估机构依据统一的失能认定标准进行认定，并由长期护理保险机构审查确认。

待遇给付的上限与部分负担。长期护理保险制度所形成的第三方付费机制，导致被保险人失能时的长期护理服务的价格并非一定是市场价格，如果没有任何管控机制，就可能产生护理服务的实际使用量超过反映的实际需求使用量，产生所谓的"道德风险"，使得长期护理保险制度财务支出提高。另外，考虑到个人或家庭对承担失能老人长期护理的责任，长期护理保险制度不仅要提供基本给付，而且其他费用和高额部分也由被保险人自己负担。给付上限就是指护理服务等级设定上限、给付金额设定上限，部分负担是指被保险人与保险机构共同承担一定比例费用，一般在被保险人使用护理服务时由个人或家庭承担一定比例费用，给付上限与部分负担主要是基于个人或家庭责任，同时也希望通过给付上限与部分负担在财务上起到抑制过度需求的作用。

支付标准。合理的长期护理保险制度待遇支付标准的制定，既有利于护理服务提供者提供有品质的服务，又可以为护理服务提供者提供内在的经济动力。长期护理保险支付标准取决于因失能程度而衍生的护理服务程度、护理服务项目与护理服务时间，以及城乡之间、地区之间劳动力成本差异等因素。

二　政府照护救助制度是失能老人长期照护财务风险的最后防线

当然，政府提供的长期照护保险也有其缺陷，即这种制度的设计仅是有收入的群体有能力参保，能够享有公共长期照护保险财务供给，但是没有工资或没有收入的群体就被排斥在制度之外，需要其他制度加以保障。针对没有收入来源的失能老人，就需要政府提供的社会救助来化解失能照护的风险。政府的照护救助是失能老人化解长期照护成本的最后防线。长期照护救助制度架构基本内容包括以下几个方面。

（1）救助对象。长期照护救助对象可以界定为因失能老人必须由专业护理机构提供照护而增加支出，导致个人或家庭收入难以维持陷入贫困状态的个人或家庭基本生活和护理服务支出的需要。长期照护救助对象界定既考虑了个人或家庭的收入状况，也考虑了失能老人长期照护必需的支出状况，把失能老人必需的专业性的长期照护服务作为个人或家庭的最基本的需求。

（2）照护救助的资金来源。长期照护救助是政府社会救助制度的一部分，是政府的责任，因而资金来源于政府财政。

（3）照护救助的标准。照护救助的标准要客观地反映失能者照护需要。照护救助标准可以根据失能者失能程度决定，被救助对象失能程度越高，需要照护支出的标准越高，救助标准越高。

（4）照护救助的资格认定。照护救助需要对救助对象的资格进行认定，资格认定的流程设计为救助申请——收入支出的调查核实——照护救助资格的确定，也就是首先由救助申请者申请，其次对照护救助申请者的收入支出状况进行家计调查核实，确认失能老人受资助的资格，符合规定资格条件的则给予照护救助。

第二节　家庭的支持系统

个人或家庭储蓄保障是化解失能老人长期照护财务需求风险的第一责任者。在失能老人长期照护财务供给多元主体融合中，家庭与其他主体融合从无到有，从松散到紧密。从传统意义上来讲，家庭是依靠家庭成员提供照护资源，因而家庭被视为失能老人长期照护天然的、最稳固、最安全、最基本的财务供给主体。

一　家庭的人力支持

家庭的人力支持是指失能老人的配偶、子女直接为失能老人提供长期照护服务。家庭的照护支持利用了家庭闲置的人力或家庭成员空闲的时间，或是家庭下一代对老年一代的照护支持，或是同代人中健康人对非健康人的照护支持。家庭的人力支持是家庭内部成员的互助，是非市场性的交易行为，是家庭人力资源在家庭内部的配置，并没有增加家庭的人力成本支出。失能老人照护需求存在差异化，不同失能程度、不同失能原因使得失能老人照护服务的要求有差别，而家庭的人力仅能对轻度、无须医疗照护的失能老人提供非专业性照护服务，对于中度、重度且需要医疗照护的失能老人，家庭提供的人力缺乏专业的技能和技术。

二　家庭购买照护服务

在失能老人或因家庭没有闲置人力，或因家庭人力照护服务无法满足失能老人的需求时，就需要家庭通过购买外部的人力提供照护服务。失能老人可以通过居家照护、机构照护等方式获得家庭外部的人力支持，但是获得家庭外部人力的照护服务可能会增加家庭的财务开支。

家庭购买照护服务是失能老人通过市场交易行为获得的服务，市场购买行为有助于满足失能老人服务需求的特殊性，提升失能老人照护服务的满足程度。家庭购买照护服务资金主要来自家庭工资性收入，来自家庭的储蓄，来自家庭的财产性收入，是家庭成员之间的互助。

国家通过法律规范家庭的责任，明确失能老人长期照护的第一责任者是家庭及其成员，在有能力的前提下，家庭应承担失能老人长期照护的人力支持或财务支持责任。只有在家庭失灵时，政府才会给予失能老人长期照护的经济干预。

三　家庭支持系统的脆弱性

传统意义上家庭被视为失能老人长期照护的责任者，即主要由家庭提供照护服务，由个人或家庭负担产生因失能老人长期照护需求而衍生的财务支出。个人或家庭为主的筹资模式主要包括代际照护、私人储蓄和房屋资产抵押等。因而依靠个人或家庭储蓄来承担失能老人长期照护成本，需要个人或家庭有稳定的收入来源，且收入要有剩余。针对一些失能老人，如果既没有参加公共长期照护保险，也没有参加私人长期照护保险，就需要由个人或家庭储蓄来承担失能照护成本。个人或家庭照护、私人储蓄主要是通过家庭连带或投资工具将资源在个人生命周期进行转移①，但是资源却无法在风险程度高低者之间、需要程度高低者之间合理转移，因而这种筹资模式缺乏风险共摊的机制，使得在家庭人力缺乏和家庭财务不足时，大量失能老人因没有私人储蓄而丧失基本的照护服务。

第三节　市场的供给系统

一　私人长期照护保险

私人长期照护保险是转移失能老人长期照护财务需求风险的补充。长期照护私人保险就是由商业性保险公司作为主体，对长期失能老人所发生的照护费用成本损失提供经济补偿的一种运营机制。私人保险优于私人储蓄和家庭代际互助，其基本的理由是"风险共摊"，即由所有长期照护保险参保者共摊少数人因发生失能风险而产生的经济损失。长期照护私人保险的自愿购买比个人储蓄更有效率，因为保险可以把资源从照护需求低的人重新分配给照护需求高的人，同时私人照护保险也可以体现选择权、自主权和个人的尊严。

但私人长期照护保险并没有成为照护保险主流，其原因是受到供给面和需求面等多种因素影响。长期照护私人保险供给不足主要是由于行政成本、信息不对称、逆向选择、道德风险和聚集风险，另一方面长期照护需要的发生率与给付成本估算困难，也给私人长期照护保险供给带来风险。对于需求面，由于对风险程度缺乏认知，偏好目前消费而忽视未来消费，偏好家庭照护、私人长期照护保单给付水平和给付范围有限、家庭购买私人照护保险经济能力等多方面影响，个人

---

① 家庭连带是指家庭内部成员通过血缘关系共同承担家庭其他成员因老年失能而发生的长期照护费用成本。家庭连带与社会连带在范围上有差别，家庭连带是在家庭内部成员之间分担风险损失，而社会连带是在全社会范围分担风险损失，因而两者风险共摊的能力不同。

购买私人长期照护保险意愿偏低。从公平性看，私人长期照护保险需要满足的公平性缺乏，高额保费导致购买能力不足的人无力购买保险，违反了同等需要获得同等照护的公平原则，也是私人照护保险受到质疑的地方。

私人长期照护保险的特征表明，私人长期照护保险只能作为失能老人长期照护成本风险补偿的一种补充手段。政府可以通过税收优惠等经济手段鼓励商业保险公司开办长期照护保险，降低商业性照护保险的价格。为了弥补公共长期照护保险制度照护成本补偿程度的不足，政府可以通过税收优惠等手段鼓励有经济能力的个人根据自身的状况购买私人长期照护保险，以此来提高失能老人长期照护成本的补偿水平。

二　竞争性照护服务市场

竞争性照护服务市场是失能老人长期照护间接的财务供给渠道。构建一个竞争性长期照护服务市场，对于失能老人而言是保障其照护服务质量的关键。长期照护服务市场的竞争，既可以降低照护服务价格，又可以为失能老人照护需求提供供给渠道，因而竞争性照护服务市场有助于失能老人间接地享有市场福利。

政府一方面可以通过社区建设规划、土地优惠、照护服务人才培训、财政补贴等措施，鼓励资本进入照护服务行业，形成竞争性照护服务市场，为失能老人长期照护服务提供优质的服务。另一方面，政府要建立照护服务行业标准，规范、监管市场照护服务行为，保障失能老人以最小的财务成本获得最优质的照护服务。

第四节　社会组织的补充系统

社会组织具有自治性、自愿性、非营利性的特征，社会组织的属性和特征决定了社会组织是失能老人长期照护财务供给不可或缺的主体，社会组织与其他主体的融合是失能老人长期照护财务供给的有益补充。

一　非营利性机构的财务供给

非营利性机构的财务供给主要通过两种途径，一是非营利性机构利用自身的设施、专业技术、智力和组织系统，为失能老人直接提供价廉、质优的照护服务，由于非营利性机构的目标是追求公共利益最大化，而不是以营利为目的，因而非营利性机构为失能老人提供长期照护服务主要是为失能老人提供优质的服务，满足失能老人照护服务的基本需求，以此减轻社会的负担，降低家庭财务重负。二是非营利性机构直接向政府提供长期照护服务，由政府通过向非营利性机构购买的方式提供给照护救助对象等特殊群体，政府直接购买非营利性机构照护服务既能对非营利性机构的发展起到促进作用，又有利于非营利性机构深度了解失能老人现实需求，同时也为营利性机构照护服务的质量和价格起到了标杆性和示范性作用。

政府需要加大对非营利性机构扶持力度，让非营利性机构有广阔的发展空间，对非营利性机构提供土地规划、税收优惠、人才培训、财政贴息等优惠政策，通过购买非营利性机构提供的照护服务，支持非营利性机构的发展，提高政府财政资金使用效率，也间接为失能老人长期照护提供了财务支持。

二　慈善组织的财务供给

慈善组织了解基层民众的诉求和偏好，利用自身社会影响力和慈善机构的专长和管理高效的优势，通过向社会募捐资金为一部分游离于政府照护制度之外的失能老人直接提供长期照护的财务支持。

慈善组织对失能老人长期照护财务供给的对象主要是照护救助群

体和处于边缘的群体。慈善组织利用其对基层民众生存状况较为了解的优势，通过募捐的资金对这部分群体提供照护财务支持。

慈善组织的财务供给是政府、市场、家庭的有益补充，政府可以通过政策性工具对慈善组织给予扶持，激励慈善组织的发展。

第五节　本章小结

本章认为，中国失能老人长期照护财务供给多元主体融合的制度架构由政府的制度安排、家庭的支持系统、市场的供给系统和社会组织的补充系统共同构成。其中政府的制度安排包括强制性长期照护保险制度、长期照护救助制度；家庭的支持系统包括个人储蓄支持和个人财产支持；市场的供给系统由市场自愿性的长期照护商业保险和市场竞争构成；社会组织的补充系统由社会组织非营利性机构和慈善募捐构成。

第十章　促进长期照护财务供给多元主体融合的政策建议

为了促进中国失能老人长期照护财务供给多元主体的融合，充分发挥多元主体融合的核心主体机制、责任分担机制、相互渗透机制和法律保障四维机制的作用，需要政府从以下几个方面提供政策支持。

第一节　加大多元主体资源整合的力度

多元主体资源整合的目的是提升长期照护财务供给的效率。多元主体资源整合包括各主体内部的资源整合、主体之间资源整合。

（1）各主体内部的资源整合。由于制度架构、信息不对称，各主体内部的长期照护资源在使用过程中存在低效问题，有必要加大各主体内部资源的整合利用。

政府部门内部资源的整合。目前只针对失能老人长期照护财务风险，政府部门出台的老年照护政策名目繁多，部门分割、政策分散、资源碎片化问题突出。民政部门采取了失能老人补贴、失能老人长期照护救助，在建立长期照护保险制度的地区，医疗保障部门采取了长期照护津贴，残疾人联合会采取残疾人补贴等不同形式，分部门、分类对失能人员给予经济上补偿。在现行的政府管理架构下，形成的多头管理、多头补贴格局，使得失能老人长期照护的资金使用效率低，资源浪费现象严重，需求与供给之间缺少有效匹配，有必要对各主体内部长期照护的资源进行整合，建立部门之间相互协调、信息互通的政府统一财务供给体系，以长期照护保险制度为核心，对于参加长期照护保险的人，首先由长期照护保险给予经济损失的补偿，对于没有长期照护保险补贴的人，根据其收入状况由照护救助制度给予补偿。

家庭内部资源的整合。家庭是失能老人长期照护的第一责任者，家庭内部照护资源的整合是失能老人长期照护财务供给的基础性工作，家庭内部资源整合包括了家庭闲置人力资源的整合和家庭成员财务的直接供给整合。需要家庭对人力资源和财务资源合理配置，以最小成本使失能老人长期照护获得最优质的服务。家庭人力资源的配置包括人力供给量、供给时间分布、供给空间分布等，家庭成员财务供给整合包括对购买服务类型、购买服务数量和服务时间、空间分布的整合配置。

市场内部资源的整合。长期照护财务供给的市场资源包括竞争性照护服务市场直接供给和长期照护商业保险供给。目前对竞争性服务市场和长期照护商业保险资源的整合，主要解决资源在城乡之间、区域之间合理配置，资本的特征是要逐利，竞争性照护服务机构和长期照护商业保险主要集中在城市或经济发达地区，因而为了农村居民和欠发达地区人口享有市场竞争所带来的福利，对在农村和经济欠发达地区设立照护服务的机构和提供长期照护商业保险，政府可以通过建设配套的基础设施、财政补贴、税收优惠等手段给予激励，通过制定标准的市场行为执行规范，保障消费者的权利。

社会组织内部资源的整合。社会组织在长期照护服务中有巨大的发展空间，但是城乡之间、区域之间有的社会组织发育程度还不够，社会组织对失能老人长期照护财务供给的能力还有所欠缺，因而社会组织规模、能力、结构是政府应该加以扶持的重点，提升社会组织外部环境的适应能力和组织创新能力。另外，社会组织之间还存在对失能老人长期照护财务多头供给、重复供给，需要信息化手段对财务供给状况加以梳理，使社会组织之间信息互通。

（2）主体之间的资源整合。多元主体之间对失能老人长期照护财务重复供给、多头供给甚至是供给不足、供给缺失，导致资源利用效率低，需要对多元主体间的财务供给整合。主体之间的财务供给整合，建立在政府、家庭、市场和社会组织之间的责任划分、政策衔接和信息共享基础之上，主体之间的财务供给能够高效利用，否则各主体之间的供给缺失、供给不足、重复供给等现象会导致供给低效率。主体之间的资源整合，使主体之间的资源从无序状态转向有序状态。

第二节　明确多元主体的责任定位

在长期照护财务供给体系中，政府、家庭、市场、社会组织多元化结构，形成结构内在矛盾与财务供给不足，供需失衡，需要明确多元主体的责任，使得多元主体走向融合供给状态。

家庭的基础性责任。在失能老人长期照护财务供给多元主体融合中，家庭与其他主体融合从无到有，从松散到紧密。传统意义上，家庭是依靠家庭成员提供照护资源，因而家庭被视为失能老人长期照护的最天然、最稳固、最安全、最基本的财务供给主体，但是随着家庭规模小型化，失能老人长期照护时间长、成本高，家庭财务供给面临着巨大的挑战。现代家庭与其他主体融合，财务供给主要是通过购买政府的长期照护社会保险、市场的长期照护商业保险，补充由社会保险、商业保险支付后的财务缺口，家庭的基础性作用需要政府通过照护补贴、税收优惠等长效的扶持性政策措施，提升家庭照护财务供给的能力。

政府的兜底性责任。在失能老人长期照护财务供给中，政府的责任，一是要大力扶持长期照护产业发展，为竞争性长期照护产业发展进行规划，并为产业发展建立规制。二是要建立失能老人宏观数据库和个体数据库，为市场化照护服务以及政府兜底性服务供给提供基础信息。三是政府要为失能老人中低收入群体提供救助，以满足这些群体最基本的照护服务。

市场的竞争性供给责任。对于市场的责任就是通过建立竞争性市场，为失能老人长期照护提供结构合理、质量高、价格适度的照护服务。竞争性市场可以降低照护服务的价格，也可以提高照护服务的质量，通过市场细分和定位来调节长期照护服务需求和供给之间结构平衡和总量平衡。另外，通过商业性长期照护保险，可以将失能老人长期照护财务风险由个体承担转化为全体投保人共担，投保人可以通过购买商业性照护保险直接补偿失能老人长期照护的财务损失。

社会组织的补充责任。社会组织在失能老人长期照护财务供给中，具有其他主体不可替代的优势，了解社会底层人群，熟悉失能老人长期照护需求心理、社会组织或利用其养老机构，或由慈善组织直接或间接为失能老人长期照护提供财务支持，弥补其他主体责任缺位或财务供给不足导致的失能老人长期照护服务需求不能得到满足的缺陷。

第三节　加快构建强制性长期照护保险制度

长期照护保险制度是化解失能者财务风险的最主要载体，是通过全体参保者共同筹资来防范少数失能者长期照护财务损失的制度，长期照护保险制度有助于化解大多数有工资收入劳动者失能的风险，形成失能者长期照护稳定的财务来源。政府可以通过规范长期照护保险制度的对象、待遇和资金来源，构建长期照护保险制度的基本框架、财政补贴，降低长期照护保险的价格，吸引更多的参保者，使长期照护保险具有可持续性。

在核心主体政府的主导下，以政府长期照护保险制度为载体，解决绝大部分失能老人长期照护财务风险，为其他主体的参与减轻财务负担，还可以吸引市场、家庭、社会组织等主体的参与、协商、合作、竞争等，使多元主体相互融合。另外，建立长期照护保险制度，可以增强失能老人长期照护购买力，激发失能老人长期照护服务需求，促进竞争性照护服务市场的形成，提升长期照护服务质量，降低照护服务的价格，因而长期照护保险制度成为多元主体融合的抓手。为了加快构建强制性长期照护保险制度，政府需要通过财政补贴、税收优惠、社会保险缴费结构性调整等手段，支持长期照护保险制度。

中国长期照护保险制度正处在试点阶段，由于受到制度环境的约束，实现制度统一的目标不可能一蹴而就，需要分步推进，从风险发生概率最大的需要者逐步覆盖到所有的需要者，从满足最低需要逐步提高到满足基本需要。为此，建议国家在实施长期照护保险制度时，应采用三步走战略。

制度创建期：重在搭建制度框架，覆盖对象宜窄不宜宽。设置5年左右的制度创建期，以搭建制度框架为主要任务。在制度创建期，资金来源主要依靠医疗保险资金的调剂、政府财政拨款、福利彩票资金等筹集，还没有形成内在的制度资金平衡机制，因而在制度创建期的基本思路是宜窄不宜宽。（1）优先解决失能风险发生概率较高的老年人群体的失能风险，主要解决失能老人中的重度失能老人的财务风险。（2）重点解决日常生活活动能力中最基本活动能力受限的老年人护理服务的财务风险。（3）制度覆盖的群体与城镇职工医疗保险制度一致，与城镇职工医疗保险制度捆绑实施长期照护保险制度，因为城镇职工医疗保险制度参保人群的资金来源渠道相对稳定，且雇主、个人多方筹资，政府财政压力小；而城乡居民医疗保险制度的资金主要来源于政府财政支持，个人承担的份额较小，制度本身的财务收支压力大，如果在长期照护保险制度创建期就覆盖城乡居民，势必会导致政府财政压力加大，在长期照护保险制度还不成熟时，覆盖面过宽会导致制度自身财力出现危机。（4）严格限制给付标准，床位费、护理服务费、设备使用费、护理耗材等为长期照护保险补偿范围。失能者经过失能评估6个月后可以申请享受长期照护保险补偿，在制度创建期补偿标准比例为60%，对于居家护理的可以适度提高补偿比例。

制度完善期：重在完善制度内容，逐步推进制度统一。设置5年左右的制度完善期。制度的资金来源实施个人、雇主和国家三方共担的责任机制，资金来源渠道宽，制度内部财务能够均衡。（1）完善失能等级评估标准，失能者从最基本的日常生活活动能力受限的老年人，逐步扩大到认知障碍人群。（2）目标人群从优先解决60岁及以上重度失能老人财务风险扩大到60岁及以上中度失能老人群体的财务风险。（3）制度覆盖的群体从单一的城镇职工医疗保险参保人群，扩大到城乡居民医疗保险参保人群。（4）适度提高补偿标准，缓解失能者财务负担。在失能者连续失能6个月后，长期照护保险补偿标准逐步提高到75%，个人负担25%。对于居家护理的可以适度提高补偿比例至85%。

制度成熟期：重在目标全覆盖，提升目标人群生活品质。制度成熟期的主要任务是目标人群全覆盖，不断提升目标人群长期护理服务质量，满足目标人群的生活品质。（1）长期照护保险评估标准不断完善，以满足不同失能者护理服务的需求。（2）目标人群从60岁及以上的老年人，逐步扩大到所有参保人群中的失能者，既包括老年失能者也包括年轻人中的失能者，但60岁以下失能者必须符合国家规定的疾病种类和失能等级才能享受长期照护保险的待遇给付。（3）赔付对象从重度失能者、中度失能者扩大到轻度失能者，但轻度失能者至少有2项及以上的ADL功能障碍。（4）护理服务内容从生活护理、医疗护理延伸到精神慰藉，以满足精神障碍人群的护理服务需求。

第四节　搭建多元主体融合的信息共享平台

多元主体信息共享平台是各主体相互融合的技术基础，有效的信息共享平台在长期照护财务供给多元主体融合中发挥重要作用，明确、及时、充分的信息可以为财务供给多元主体之间的协调提供渠道。

多元主体融合首先需要主体与需求者之间、各主体之间的信息互通，而政府提供信息共享平台可以为长期照护财务供给的主体和长期照护财务需求者之间搭建相互了解的信息平台，可以使各主体全面掌握失能老人长期照护需要的内容、数量和消费方式，也可以借助信息共享平台使主体与主体间能够相互了解和掌握各主体财务供给信息，使多元主体互动的信息畅通，以达到科学配置长期照护财务资源的目的。

多元主体融合的信息共享首先需要搭建信息平台。现代化信息平台的主要内容就是利用现代计算机技术、互联网技术和信息化管理系统，及时了解失能老人长期照护财务需求状况，及时了解个人或家庭的财务供给能力，市场、社会组织、政府对失能老人长期照护财务供给状况，这样各种与失能老人长期照护财务供给的相关信息就能通过信息平台及时传递到各主体，各主体可以利用这种分离的信息与资源进行完整地系统分析和判断，为各方信息交流提供平台，为各方的融合提供便利，为各主体决策提供依据。

政府内部的信息沟通。由于失能老人长期照护财务供给机构在政府内部分管在残疾人管理部门、社会保障部门、民政部门等，这就客观上要求打破行政层级对信息传递的约束，使财务供给信息在政府内部之间的传递及时、充分、透明，只有这样才能提高资金使用效率。

政府主体与非政府主体之间信息沟通。由于中国的行政体制约束，政府主体与非政府主体之间的信息沟通不畅。政府对失能老人长期照护财务供给的对象、供给数量、供给时间等并没有对非政府主体传递真实的信息，非政府主体对失能老人长期照护财务供给的相关信息也没有对政府主体进行真实传递，政府主体与非政府主体之间信息传递不畅，既损害了失能老人长期照护客观需求，也降低了长期照护资金的使用效率，因而需要构建多元主体相互沟通、相互了解的信息共享平台。

第五节　多元主体参与长期照护财务供给的激励政策

为了促使多元主体融合，需要建立多元主体参与长期照护财务供给的激励政策。政府通过一系列激励政策鼓励多元主体与政府共担长期照护财务供给的责任。建立税收优惠扶持政策，在个人所得税政策中可以对个人或家庭用于未来长期照护积累部分储蓄，对已经失能的老人长期照护财务支出给予税前扣除，以激励更多的个人或家庭通过自身的努力消除长期照护的财务风险。对市场、社会组织提供的长期照护财务供给产品给予税收优惠以降低产品价格，惠及产品的购买者，鼓励慈善组织积极参与长期照护服务的财务支持。政府在土地供给、公共服务设施配套、人才培养等方面给予扶持，激励社会资本进入养老服务市场，形成竞争性养老服务市场，降低养老服务价格，实现养老服务供需的数量均衡和结构均衡，提升养老服务供给质量。

第六节　本章小结

本章认为，为了实现长期照护财务供给多元主体融合，政府应该加大多元主体资源整合力度，包括各主体内部资源整合和主体之间的资源整合；明确政府、家庭、市场、社会组织在长期照护财务供给中的责任；加快构建长期照护保险制度，明确长期照护保险制度的覆盖对象、资金来源、给付标准，实施三步走战略推进长期照护保险制度，这是多元主体融合的核心和抓手。政府应该提供公共服务，利用信息技术为多元主体搭建信息共享的平台以有利于各主体之间、各主体内部成员之间的信息共享，提升多元主体融合的程度和资源使用的效率。

第十一章　基本结论和研究展望

第一节　基本结论

本书的研究运用福利多元理论和协同理论为政府、市场、家庭、社会组织等多元主体融合提供理论依据和理论支撑。从财务能力融合和制度供给融合两个维度来分析中国失能老人长期照护财务供给多元主体融合的机制、模式和制度架构，得出以下几个基本结论。

（1）随着中国人口老龄化趋势加剧和中国家庭人口结构的小型化、核心化发展，失能老人数量在增加，失能老人长期照护财务总需求呈现上升趋势，长期照护的财务风险已经成为个人或家庭沉重的经济负担，长期照护财务风险已经逐步演变为社会风险，需要政府从战略上统筹规划，消解长期照护的财务风险。

（2）中国失能老人长期照护财务供给责任主体，从以个人或家庭为责任主体，逐步演变到政府、家庭、市场、社会组织等多元主体共同参与、共担责任的阶段，这是历史的进步，也是中国人口老龄化社会的客观需要。但是目前政府、家庭、市场、社会组织等多元主体的供给处于分离状态，还没有形成融合，资源使用效率低，失能老人长期照护需求没有得到适度满足。

（3）中国失能老人长期照护财务存在需求总量大与单一主体财务供给能力不足的矛盾。通过对 2020~2050 年中国失能老人数量、长期照护财务需求总量、长期照护平均费用等进行预测，在预测和比较个人或家庭、政府、市场等主体财务供给能力的基础上，发现政府、家庭、市场、社会组织等单一主体无法承担失能老人长期照护财务供给的责任，也无满足失能老人长期照护多元化的需求，需要多元主体的融合才能实现。

（4）失能老人长期照护财务供给多元主体融合的模式有分层替代型融合模式、任务主导型融合模式和多元主体协同型模式。由于中国长期照护财务供给多元主体融合的基础条件不充分，因而中国失能老人长期照护财务供给多元主体融合模式应该充分发挥政府主导作用，采用"政府主导，长期照护保险为载体"的多元主体融合模式，其基本精神就是"以权力、资源和责任作为多元主体深度融合机制的纽带，建立以政府为主导的长期照护保险为载体的融资机制，以家庭、市场为载体的私人融资机制和以社会组织为载体的社会融资机制的融合"，以保障多元主体深度融合机制的实现。核心主体确定、责任分担、相互渗透和法律保障构成的四维机制共同作用，形成了长期照护财务供给多元主体融合状态。

（5）中国失能老人长期照护财务供给多元主体融合的制度架构由政府的制度安排、家庭的支持系统、市场的供给系统和社会组织的补充系统构成。其中政府的制度安排包括强制性长期照护保险制度、长期照护救助制度；家庭的支持系统包括个人储蓄支持和个人财产支持；市场的供给系统由市场自愿性的长期照护商业保险和市场竞争构成；社会组织的补充系统由社会组织非营利性机构和慈善募捐构成。

（6）认为政府应该加大多元主体内部资源和主体之间资源整合力度，明确政府、家庭、市场、社会组织在长期照护财务供给中的责任，加快构建长期照护保险制度，搭建多元主体信息共享平台，提升多元主体融合程度和效率。

第二节　研究的创新

（1）本书提出了长期照护财务供给多元主体的融合是财务能力和制度供给两个方面相互结合的状态，从财务能力融合与制度供给融合的两个维度来分析长期照护财务供给多元主体融合机制、模式与制度架构。

（2）本书提出了核心主体分析方法。运用单一主体长期照护财务供给能力的比较分析法，得出政府作为多元主体的核心主体具有经济上和政治上的优势，以此构建"政府主导，长期照护保险为载体"多元主体融合的模式，提出了长期照护财务供给多元主体融合机制。

（3）发现单一主体长期照护财务供给能力与财务需求不均衡。项目研究中，通过定量预测的手段，对单一主体财务供给能力进行分析，发现即使是中国政府作为单一主体也无法满足中国失能老人长期照护财务需求，需要多元主体共担失能老人长期照护的风险。

第三节　研究的不足

虽然项目的研究时间长达3年，但是研究还存在以下不足之处。

（1）由于研究者理论水平存在一定的局限性，对中国失能老人长期照护财务供给多元主体融合机制的研究，缺乏理论高度和深度，有待进一步思考。

（2）对失能老人长期照护财务需求和财务供给的分析中，由于数据来源的限制和对一些变量设计不全面，预测结果的可靠程度可能会与事实有差距，但不影响对问题论述的效果。

（3）对政府的一些政策建议还缺乏针对性，需要在未来的研究中加以改进和细化，使政策建议更具有说服力和针对性。

第四节　研究的展望

　　失能老人长期照护财务供给和财务需求的矛盾是人口老龄化社会必然的结果，也是人口老龄化国家普遍面临的一个社会问题和理论问题，需要全社会加以关注，也需要理论界重视。本书为中国失能老人长期照护财务供给多元主体融合的研究提供了一个思路，在未来的研究中还需要关注以下几个方面。

　　（1）中国失能老人不同年龄段的失能率变动趋势，即要关注医疗技术的发展、健康中国战略等对同一年龄组的老人，随着时间的变化失能率会不会发生下降的趋势，这个趋势会不会对长期照护财务供需产生影响。

　　（2）政府对中国失能老人长期照护财务供给的主体内部的资源，如何合理规划和合理分配才能使得政府的资源高效利用，需要加以研究。

　　（3）在长期照护保险制度全面推广中，如何规范制度的覆盖面、覆盖对象、赔付水平和制度运作，需要加以研究，为多元主体融合提供基础。

参考文献

[1] J. R. Brown and A. Finkelstein. 2004. Supply or Demand: Why is the Market for Long – term Care Insurance so Small? *NBER Working paper.*

[2] E. Cambois, J. M. Robine. 1996. An International Comparison of Trends in Disability – free Life Expectancy. *Developments in Health Economics and Public Policy.*

[3] M. H. Cantor and M. Brennan. 2000. *Social Care of the Elderly: The Effects of Ethnicity, Class and Culture.* New York: Springer.

[4] A. Davey, E. E. Femia, S. H. Zarit, D. G. Shea, G. Sndstrom, S. Berg, M. A. Smyer & J. Savla. 2005. Life on the Edge: Patterns of Formal and Informal Help to Older Adults in the United States and Sweden. *The Journal of Gerontology: Series B.*

[5] A. Evers, I. Svetlik. 1993. Balancing Pluralism: New Welfare Mixes in Care for the Elderly. *Averbury.*

[6] A. Evers, H. Wintersberger. 1990. Shifts in Welfare Mix: Their Impact on Work, Social Serivies and Welfare Policies. *American Journal of Sociology.*

[7] E. Ostrom, L. Schroeder & S. Wynne. 1993. *Institutional Incentives and Sustainable Development: Infrastructure Policies in Perspective.* Boulder CO: Westview Press.

[8] J. Holdenrieder. 2006. Equity and Efficiency in Funding Long – term Care form an EU Perspective. *Journal of Public Health.*

［9］ N. Johnson. 1999. *Mixed Economies of Welfare*: *A Comparative Perspective*. Prentice Hall Europe.

［10］ WHO Study Group on Home – based Long – term Care，WHO. 2000. Home – based Long – term Care: Report of a WHO Study Group.

［11］ P. Zweifel and W. Strüwe. 1993. Long – term Care Insurance in a Two – Generation Model. *Journal of Risk and Insurance*.

［12］ M. A. Rivlin，and J. M. Wiener. 1998. Who Should Pay for Long – term Care for the Elderly? *The Brookings Review*.

［13］ R. Bennett，S. Savani. 2011. Surviving Mission Drift: How Charities Can Turn Dependence on Government Contract Funding to Their Own Advantage. *Nonprofit Management and Leadership*.

［14］ J. A. Schnepper. 2001. Can You Afford Long – term Care? *USA Today Magazine*.

［15］ M. Gordon. 2001. A Guide to Understanding Long – term Care Insurance. *Employee Benefits Journal*.

［16］ E. Shaman，J. Healy，B. Lokuge. 2006. Australia: Health System Review. *Health Systems in Transition*.

［17］ L. M. B. Alecxih. 1997. *Long – term Care*: *Knowing the Risk*, *Paying the Price*. Health Insurance Association of America.

［18］ 安德鲁·坎贝尔：《战略协同》，任通海等译，机械工业出版社，2000。

［19］ 贝弗里奇：《贝弗里奇报告》，中国劳动和社会保障部社会保险研究所译，中国劳动和社会保障出版社，2008。

［20］ 曹信邦：《中国失能老人长期护理保险制度研究——基于财务均衡的视角》，社会科学文献出版社，2016。

［21］ 丹尼尔·雷恩：《管理思想的演变》，李柱流等译，中国社会科学出版社，1997。

［22］哈肯著《协同学：大自然构成的奥秘》，凌复华译，上海世纪出版集团，2005。

［23］施巍巍：《发达国家老年人长期照护制度研究》，知识产权出版社，2012。

［24］亚当·斯密：《国民财富的性质和原因的研究》，郭大力、王亚南译，商务印书馆，1972。

［25］曹信邦：《中国失能老人公共长期护理保险制度的构建》，《中国行政管理》2015年第7期。

［26］曹艳春、王建云：《老年长期照护研究综述》，《社会保障研究》2013年第3期。

［27］陈慧、刘晋：《中国老年长期照护多支柱保障模式研究》，《经济问题》2014年第8期。

［28］陈晶莹：《老年人之长期照护》，《台湾医学会杂志》2003年第3期。

［29］陈璐、范红丽：《我国失能老人长期护理保障融资制度研究——基于个人态度的视角》，《保险研究》2014年第4期。

［30］崔晓东：《中国老年人口长期护理需求预测——基于多状态分段常数 Markov 分析》，《中国人口科学》2017年第6期。

［31］戴卫东：《国外长期护理保险制度：分析、评价及启示》，《人口与发展》2011年第5期。

［32］戴卫东：《中国农村社会养老保险制度研究述评》，《中国农村观察》2007年第1期。

［33］戴卫东：《中国长期护理制度建构的十大议题》，《中国软科学》2015年第1期。

［34］邓高权：《中国家庭结构变迁与养老对策探讨》，《湖南社会科学》2014年第4期。

［35］邓子纲、雷俊：《失能老人长期照护体系建设及产业化的三个

维度》,《社会保障研究》2014 年第 4 期。

[36] 符柯:《农村失能老人居家长期照护问题研究——以河南省 N 县为例》,郑州大学硕士学位论文,2017。

[37] 郝君富、李心愉:《德国长期护理保险:制度设计、经济影响与启示》,《人口学刊》2014 年第 2 期。

[38] 胡晓宁、陈秉正、祝伟:《基于家庭微观数据的长期护理保险定价》,《保险研究》2016 年第 4 期。

[39] 黄枫、吴纯杰:《基于转移概率模型的老年人长期护理需求预测分析》,《经济研究》2012 年第 S2 期。

[40] 黄匡时、陆杰华:《中国老年人平均预期照料时间研究——基于生命表的考察》,《中国人口科学》2014 年第 4 期。

[41] 黄修明:《论中国古代"孝治"施政的法律实践及其影响》,《西南民族学院学报》(哲学社会科学版)2003 年第 1 期。

[42] 吉鹏:《社会养老服务供给主体间关系解析——基于委托代理理论的视角》,《社会科学战线》2013 年第 6 期。

[43] 江瑞平、李军:《日本的社会保险制度:运营、功能与问题》,《现代日本经济》1997 年第 2 期。

[44] 荆涛:《长期护理保险研究》,对外经济贸易大学博士学位论文,2005。

[45] 荆涛:《建立适合中国国情的长期护理保险制度模式》,《保险研究》2010 年第 4 期。

[46] 雷继明:《家庭、社区与国家:农村多元养老机制的构建》,华中师范大学博士学位论文,2013。

[47] 黎建飞、侯海军:《构建我国老年护理保险制度研究》,《保险研究》2009 年第 11 期。

[48] 李智、张山山等:《2010 年中国各省市区老年人口失能率与区域差异》,《卫生软科学》2015 年第 8 期。

［49］ 林志鸿：《德国照护保险照护需求性概念与制度化意涵》，《小区发展季刊》（台湾）2000 年第 92 期。

［50］ 刘继同：《中国现代家庭福利政策的基础性、战略性地位》，《社会政策研究》2016 年第 1 期。

［51］ 尚晓援：《从国家福利到多元福利——南京市和兰州市社会福利服务的案例研究》，《清华大学学报》（哲学社会科学版）2001 年第 4 期。

［52］ 王德文：《我国老年人口健康照护的困境与出路》，《厦门大学学报》（哲学社会科学版）2012 年第 4 期。

［53］ 王跃生：《十八世纪中后期的中国家庭结构》，《中国社会科学》2000 年第 2 期。

［54］ 王跃生：《中国城乡家庭结构变动分析——基于 2010 年人口普查数据》，《中国社会科学》2013 年第 12 期。

［55］ 席恒：《分层分类：提高养老服务目标瞄准率》，《学海》2015 年第 1 期。

［56］ 徐斌秀：《福利多元主义视角下中国老年社会长期护理保险制度的建构》，南京大学硕士学位论文，2011。

［57］ 徐玮茜：《多中心治理视角下社区居家养老服务供给研究》，南京大学硕士学位论文，2015。

［58］ 许纪霖：《两个美国与政治自由主义的困境》，《读书》2005 年第 6 期。

［59］ 杨超柏：《我国养老服务多元供给主体关系研究》，南昌大学硕士学位论文，2017。

［60］ 杨付英、郝晓宁等：《我国老年人失能现状及其影响因素分析——基于 CHARLS 数据的实证分析》，《卫生经济研究》2016 年第 11 期。

［61］ 易艳阳：《助残社会组织内源发展动因与策略研究》，《江淮论

坛》2019 年第 2 期。

[62] 殷立春：《日本护理保险制度制定的原因分析及启示》，《东北亚论坛》2009 年第 5 期。

[63] 俞祖成：《日本福利 NPO 在养老福利供给中的参与研究——以护理 NPO 为代表》，西南政法大学硕士学位论文，2009。

[64] 袁小波：《构筑家庭照料者社会支持体系》，《社会福利》2010 年第 6 期。

[65] 悦中山、杜海峰、李树茁、费尔德曼：《当代西方社会融合研究的概念、理论及应用》，《公共管理学报》2009 年第 2 期。

[66] 曾毅、陈华帅、王正联：《21 世纪上半叶老年家庭照料需求成本变动趋势分析》，《经济研究》2012 年第 10 期。

[67] 张俊良、曾祥旭：《市场化与协同化目标约束下的养老模式创新——以市场人口学为分析视角》，《人口学刊》2010 年第 3 期。

[68] 张文娟、魏蒙：《中国老年人的失能水平和时间估计——基于合并数据的分析》，《人口研究》2015 年第 5 期。

[69] 郑阳雨璐、潘国臣、陈森松：《财务可持续的长期照护制度构建研究——基于台湾地区的经验》，《社会保障研究》2018 年第 3 期。

[70] 朱铭来、宋占军：《未来"老护"之路的设计走向》，《中国社会保障》2011 年第 2 期。

附录1 关于开展长期护理保险制度试点的指导意见

人社厅发〔2016〕80号

河北、吉林、黑龙江、上海、江苏、浙江、安徽、江西、山东、湖北、广东、重庆、四川省（市）人力资源社会保障厅（局），新疆生产建设兵团人力资源社会保障局：

探索建立长期护理保险制度，是应对人口老龄化、促进社会经济发展的战略举措，是实现共享发展改革成果的重大民生工程，是健全社会保障体系的重要制度安排。建立长期护理保险，有利于保障失能人员基本生活权益，提升他们体面和有尊严的生活质量，弘扬中国传统文化美德；有利于增进人民福祉，促进社会公平正义，维护社会稳定；有利于促进养老服务产业发展和拓展护理从业人员就业渠道。根据党的十八届五中全会精神和"十三五"规划纲要任务部署，现就开展长期护理保险制度试点，提出以下意见：

一 指导思想和原则

（一）指导思想。全面贯彻党的十八大和十八届三中、四中、五中全会精神，以邓小平理论、"三个代表"重要思想、科学发展观为指导，深入贯彻习近平总书记系列重要讲话精神，按照"五位一体"总体布局和"四个全面"战略布局，推动探索建立长期护理保险制度，进一步健全更加公平更可持续的社会保障体系，不断增加人民群众在共建共享发展中的获得感和幸福感。

（二）基本原则。坚持以人为本，着力解决失能人员长期护理保障问题，提高人民群众生活质量和人文关怀水平。坚持基本保障，根据当地经济发展水平和各方面承受能力，合理确定基本保障范围和待遇标准。坚持责任分担，遵循权利义务对等，多渠道筹资，合理划分筹资责任和保障责任。坚持因地制宜，各地根据长期护理保险制度目标任务和基本政策，结合地方实际，制定具体实施办法和政策标准。坚持机制创新，探索可持续发展的体制机制，提升保障绩效，提高管理水平。坚持统筹协调，做好各类社会保障制度的功能衔接，协同推进健康产业和服务体系的发展。

二　目标和任务

（三）试点目标。探索建立以社会互助共济方式筹集资金，为长期失能人员的基本生活照料和与基本生活密切相关的医疗护理提供资金或服务保障的社会保险制度。利用 1－2 年试点时间，积累经验，力争在"十三五"期间，基本形成适应我国社会主义市场经济体制的长期护理保险制度政策框架。

（四）主要任务。探索长期护理保险的保障范围、参保缴费、待遇支付等政策体系；探索护理需求认定和等级评定等标准体系和管理办法；探索各类长期护理服务机构和护理人员服务质量评价、协议管理和费用结算等办法；探索长期护理保险管理服务规范和运行机制。

三　基本政策

（五）保障范围。长期护理保险制度以长期处于失能状态的参保人群为保障对象，重点解决重度失能人员基本生活照料和与基本生活密切相关的医疗护理等所需费用。试点地区可根据基金承受能力，确定重点保障人群和具体保障内容，并随经济发展逐步调整保障范围和保障水平。

（六）参保范围。试点阶段，长期护理保险制度原则上主要覆盖职工基本医疗保险（以下简称职工医保）参保人群。试点地区可根据自身实际，随制度探索完善，综合平衡资金筹集和保障需要等因素，合理确定参保范围并逐步扩大。

（七）资金筹集。试点阶段，可通过优化职工医保统账结构、划转职工医保统筹基金结余、调剂职工医保费率等途径筹集资金，并逐步探索建立互助共济、责任共担的长期护理保险多渠道筹资机制。筹资标准根据当地经济发展水平、护理需求、护理服务成本以及保障范围和水平等因素，按照以收定支、收支平衡、略有结余的原则合理确定。建立与经济社会发展和保障水平相适应的动态筹资机制。

（八）待遇支付。长期护理保险基金按比例支付护理服务机构和护理人员为参保人提供的符合规定的护理服务所发生的费用。根据护理等级、服务提供方式等制定差别化的待遇保障政策，对符合规定的长期护理费用，基金支付水平总体上控制在70%左右。具体待遇享受条件和支付比例，由试点地区确定。

四　管理服务

（九）基金管理。长期护理保险基金参照现行社会保险基金有关管理制度执行。基金单独管理，专款专用。建立举报投诉、信息披露、内部控制、欺诈防范等风险管理制度。建立健全长期护理保险基金监管制度，确保基金安全有效。

（十）服务管理。建立健全对护理服务机构和从业人员的协议管理和监督稽核等制度。明确服务内涵、服务标准以及质量评价等技术管理规范，建立长期护理需求认定和等级评定标准体系，制定待遇申请和资格审定及变更等管理办法。探索引入第三方监管机制，加强对护理服务行为和护理费用使用情况的监管。加强费用控制，实行预算管理，探索适应的付费方式。

（十一）经办管理。加强长期护理保险经办管理服务能力建设，规范机构职能和设置，积极协调人力配备，加快信息系统建设。制定经办规程，优化服务流程，明确相关标准，创新管理服务机制。社会保险经办机构可以探索委托管理、购买以及定制护理服务和护理产品等多种实施路径、方法，在确保基金安全和有效监控前提下，积极发挥具有资质的商业保险机构等各类社会力量的作用，提高经办管理服务能力。加强信息网络系统建设，逐步实现与养老护理机构、医疗卫生机构以及其他行业领域信息平台的信息共享和互联互通。

五 配套措施

（十二）加强与其他保障制度之间的统筹衔接。做好与其他社会保险制度在筹资、待遇等方面的政策与管理衔接。应由已有社会保障制度和国家法律规定支付的护理项目和费用，长期护理保险基金不再给予支付，避免待遇重复享受。

（十三）协同推进长期护理服务体系建设和发展。积极推进长期护理服务体系建设，引导社会力量、社会组织参与长期护理服务，积极鼓励和支持长期护理服务机构和平台建设，促进长期护理服务产业发展。充分利用促进就业创业扶持政策和资金，鼓励各类人员到长期护理服务领域就业创业，对其中符合条件的，按规定落实相关补贴政策。加强护理服务从业人员队伍建设，加大护理服务从业人员职业培训力度，按规定落实职业培训补贴政策。逐步探索建立长期护理专业人才培养机制。充分运用费用支付政策对护理需求和服务供给资源配置的调节作用，引导保障对象优先利用居家和社区护理服务，鼓励机构服务向社区和家庭延伸。鼓励护理保障对象的亲属、邻居和社会志愿者提供护理服务。

（十四）探索建立多层次长期护理保障制度。积极引导发挥社会救助、商业保险、慈善事业等的有益补充，解决不同层面护理需求。

鼓励探索老年护理补贴制度，保障特定贫困老年人长期护理需求。鼓励商业保险公司开发适销对路的保险产品和服务，发展与长期护理社会保险相衔接的商业护理保险，满足多样化、多层次的长期护理保障需求。

六　组织实施

（十五）组织领导。长期护理保险制度试点工作政策性强，涉及面广，各级人力资源社会保障部门要高度重视，加强部门协调，上下联动，共同推进试点工作有序开展。为积极稳妥推进试点，从2016年起确定在部分地区开展试点（名单附后）。试点地区人力资源社会保障部门要在当地政府领导下，加强工作力量配备，按照指导意见要求，研究制定和完善试点方案，周密计划部署，协调相关部门，推动工作落实。新开展试点的地区要抓紧制定试点方案，报省人力资源社会保障厅批准并报人力资源社会保障部备案后，确保年内启动实施。已开展试点的地区要按照本意见要求继续完善政策。

（十六）工作机制。试点原则上以地市为单位整体实施。要建立信息沟通机制，通过简报、情况专报、专题研讨等方式，交流地方探索情况，总结推广典型经验。要建立工作督导机制，试点地区应按季度报送工作进度和试点情况。部里定期组织督导调研，研究试点中出现的新问题、新情况。要建立协作咨询机制，方案制定过程中要广泛听取各方意见，成立专家团队等协作平台，组织和利用社会各界力量。要注重加强宣传工作，大力宣传建立长期护理保险制度的重要意义、制度功能和试点成效，充分调动广大人民群众参与试点的积极性和主动性，引导社会舆论，凝聚社会共识，为试点顺利推进构建良好的社会氛围。

试点中遇有重大事项，要及时向我部报告。

附件：长期护理保险制度试点城市名单

人力资源社会保障部办公厅

2016 年 6 月 27 日

附件

长期护理保险制度试点城市名单

河北省承德市

吉林省长春市

黑龙江省齐齐哈尔市

上海市

江苏省南通市、苏州市

浙江省宁波市

安徽省安庆市

江西省上饶市

山东省青岛市

湖北省荆门市

广东省广州市

重庆市

四川省成都市

新疆生产建设兵团石河子市

吉林和山东两省作为国家试点的重点联系省份

附录2　长期护理保险试点地区的政策评价[①]

　　人口老龄化背景下，失能老年人护理需求急剧增加，传统的家庭护理功能不断弱化，长期护理风险由家庭风险转变为社会风险。面对老年人失能护理压力，建立长期护理保险制度，解决老年人长期护理问题，是中国政府的现实选择。2016年，人力资源和社会保障部颁布了《关于开展长期护理保险制度试点的指导意见》（以下简称《指导意见》），在全国15个城市开展长期护理保险的试点，探索建立以互助共济方式筹集资金，为长期失能人员提供基本生活照料和建立与基本生活密切相关的医疗护理的社会保险制度。

　　三年来，试点工作进展顺利，试点范围不断扩大，制度框架基本形成，筹资主体多元化，保障水平达到预期，减轻了失能者的家庭负担，经办机构和服务机构的社会化发展路径明显，逐步实现标准化、专业化管理，长期护理保险的经济、社会效应初步呈现。目前，除首批15个城市外，自愿加入试点的城市已经有近40个。本研究深入了解15个试点城市长期护理保险试点状况，分析比较试点城市的政策差异，总结试点过程中的主要经验，提出中国长期护理保险制度的目标定位与改革路径，为在全国范围推进中国长期护理保险制度建设提供理论支撑。

[①] 　《长期护理保险试点地区的政策评估》是由曹信邦和李晓鹤博士共同完成的调研报告，针对全国15个试点地区的政策成就、政策差异、问题及政策发展趋势进行了系统分析。

一 中国长期护理保险试点背景

（一）失能风险成为老年人最大的后顾之忧

我国正快速步入老龄化社会。目前，全国 60 岁及以上老年人口 2.49 亿，失能老人超过 4400 万人，并且随着高龄化社会的到来，失能老人的数量会不断增加，预计 2030 年失能老人将达到 6800 万人，2050 年失能老人将达到 9700 万人。老年人口的失能具有持续时间长、护理服务成本高、需求大的特点，失能不但影响老年人也影响年轻人，"一人失能，全家失衡"问题较为严重，巨大的护理费用已成为家庭沉重的经济负担和精神负担。

生活风险、疾病风险和失能风险是老年人面临的主要风险。我国已经建立了制度健全、覆盖面广、待遇水平适度的养老保险制度和医疗保险制度，为老年人基本生活和疾病医疗提供了保障，很大程度上满足了老年人养老和疾病治疗的需要。但是老年人失能的后顾之忧还没有得到解决，老年人的生活品质难以得到保证，亟须政府通过制度化方式减轻老龄化背景下失能老人的长期护理压力。

（二） "第六险"是应对老年失能风险的制度选择

受人口老龄化、失能人口增加、政府财政压力加大的影响，发达国家相继建立了强制性的长期护理保险制度来应对失能老人的护理风险，如 1994 年 5 月德国国会通过长期护理保险法草案，2000 年 4 月日本实施了《介护保险法》，2007 年 4 月韩国国会通过《老年长期看护保险法》，开始强制推行政府主导的长期护理保险制度。发达国家通过社会保险"大众参与、小众受益"的风险分担机制化解失能老人的经济风险，为中国提供了思路和经验，中国需要建立长期护理保险制度应对失能风险，让护理保险成为继养老保险、医疗保险、失业保险、工伤保险和生育保险之后的"第六险"，作为社会稳定的减压阀来发挥作用。

二　长期护理保险试点政策比较

2016 年以来，青岛、南通、广州、荆门等 15 个试点城市主要围绕筹资机制、经办模式、服务标准等制度运行的关键环节，推动政策创新，初步形成了公平享有、多元参与、服务便捷的长期护理保险制度。但是，由于试点政策缺乏顶层设计，长期护理保险试点制度差异明显，形成不同的发展模式，见附表《15 个试点城市长期护理保险现行政策文件目录》。基于此，本研究着重从试点政策的关键环节入手，对比分析长期护理保险试点政策差异，为建立统一的长期护理保险制度提供现实依据。

（一）长期护理保险试点政策的趋同性分析

1. 公平享有的政策价值取向

为避免长期护理保险制度的碎片化，各试点地区按照统筹城乡发展的思路，坚持公平享有的基本价值导向，逐步实现长期护理保险制度城乡全覆盖。长期护理保险作为独立于其他社会保险的"第六险"，在试点过程中，吸取了我国在社会保险制度改革中的历史经验教训，以控制和缩小群体间的待遇差距为目标，逐步扩大实际覆盖面，朝着"应保尽保"的方向发展。从覆盖对象来看，随着试点工作的逐步推进，一些地区按照"先覆盖城镇职工，后城乡推广"的思路，逐步扩大试点覆盖范围。目前，长期护理保险制度仅覆盖城镇职工的城市数量逐步下降为 6 个，南通、苏州和荆门已经实现了长期护理保险试点的城乡全覆盖。

2. 多元参与的筹资格局

在试点过程中，依托医疗保险统筹账户和个人账户，试点地区初步形成了个人、单位、财政补贴、医保、社会援助等多元主体参与的筹资格局。多元筹资机制有效地分担了筹资压力，通过责任分担的方式，最大程度上分散了长期护理风险。由于医疗保险账户不能持久为长期护理保险筹资提供资金支持，部分地区开始探索设定最低缴费年限，建立筹资动态调整机制，尝试根据收入和年龄分段设定缴费标准，建立筹资预算机制，提高长期护理保险缴费的激励性，吸引更多年轻人主动参与长期护理保险。

3. "社商合作"的经办模式

在试点过程中，各地尝试将商业保险公司引入长期护理保险经办管理，充分利用商业保险公司在长期护理保险方面的管理经验，弥补社会保险机构在长期护理保险管理方面的不足，创新了长期护理保险经办模式。委托商业保险公司承担经办管理职责有两方面的优势：一方面，可以解决社会保险基层管理机构经办能力和经验不足的现实难题，较少的资金投入可以减轻政府负担，节约经办业务投入成本；另一方面，能够充分发挥专业机构的技能和经验优势，有效提高长期护理保险的经办效率。

4. 现收现付的基金管理机制

长期护理保险试点地区按照"以收定支，收支平衡"的现收现付基金管理模式，实现了基金分账运行，独立核算，建立了长期护理保险基金单独管理机制。为了防控老龄化背景下基金未来的支付风险，长春、齐齐哈尔、苏州等试点地区在此基础上建立了风险预警机制，通过风险储备金等方式，提高长期护理保险的抗风险能力。由于长期护理保险的风险发生规律与医疗保险不同，风险集中在年老时期，且风险估算困难，应建立基金积累和投资管理机制。但是，采取现收现付基金管理方式的试点地区，尚未开展基金积累和投资运营的管理机制探索。

（二）长期护理保险试点政策的差异性分析

1. 筹资政策的地区差异性

筹资机制是长期护理保险试点工作开展的基础和重点，因此，试点地区筹资机制成为区别地区间长期护理保险制度差异的主要政策依据。在中国社会保险缴费率过高，政策引导各地区调整和降低社会保险整体缴费水平的背景下，长期护理保险筹资机制呈现明显政策差异，主要表现在筹资渠道、筹资标准、筹资水平和筹资方式四个方面。

（1）筹资渠道单一性与多元化并存

为了迅速扩大长期护理保险的覆盖面，部分地区以医疗保险基金划拨为主要筹资渠道，采取从基本医疗保险统筹基金划拨或调整基本医疗保险统筹基金和个人账户的渠道进行筹资，个人和用人单位在试点时期无须缴费，筹资渠道比较单一。这些城市包括长春市、广州市、宁波市。

其他城市逐步建立了多元化的筹资渠道。从目前试点进展来看，长期护理保险基金来源渠道包括：个人缴费、用人单位缴费、医疗保险统筹账户和个人账户划转、医疗保险统筹账户结余划转、政府财政补贴、社会捐助、福利彩票等。试点地区先采取从医疗保险基金划转部分运行资金的方式，以扩大长期护理保险的覆盖面和社会影响力。在试点结束以后，开始实行多元筹资方式，逐步强化个人、用人单位、政府和社会的筹资责任，以提高制度的可持续性。

其中，多元筹资渠道试点的城市中，明确政府财政筹资责任的城市主要包括承德市、长春市、南通市、苏州市、青岛市、荆门市、重庆市、成都市、石河子市；明确规定用人单位筹资责任的城市主要包括上海市、上饶市、成都市、石河子市；划转福利彩票资金，充实长期护理保险基金的城市主要包括南通市、石河子市。

（2）筹资方式多样化

从筹资方式来看，试点地区的长期护理保险筹资可以分为：定额筹资、比例筹资和混合筹资三类，如表1所示。定额筹资方式主要在齐齐哈尔、南通、苏州、安庆、上饶、广州、重庆等地区开展试点，筹资按照固定数额缴费，每人的筹资标准统一，此筹资方式简单便捷，易于精算，但是由于以绝对数额的形式呈现，民众对缴费数额调整敏感，当制度面临人口老龄化、疾病、灾害、经济动荡等风险压力时，增加缴费困难。相比之下，比例筹资方式以工资、收入或医保筹资总额的形式呈现，能够伴随经济社会水平的发展提高，实现和其他社会保险制度的衔接，但是由于长期护理风险不确定性、个人工资或收入基数不一，筹资比例确定难度较高。目前，比例筹资模式主要在承德、上海、宁波、荆门、成都地区试点。

　　另外，长春、青岛、石河子等地区采用了混合筹资方式。这三个地区的筹资方式包含定额筹资和比例筹资两种，通过多渠道为长期护理保险提供稳定的筹资来源，分散筹资风险，但是在试点过程中，考虑到城乡社会保险制度的职业差异，针对不同人群和职业采取不同的筹资方式，容易导致筹资方式不统一和碎片化，在一定程度上降低了制度的公平性。

　　（3）筹资水平和筹资标准的差异性明显

　　目前，各试点城市的筹资水平确定方式可以分为四类：一是以医疗保险缴费基数为参考测算筹资水平，如青岛市（职工参保人）、上海市（职工参保人）、长春市（职工参保人）、宁波市、成都市；二是确定筹资水平的固定数额，如南通市、安庆市、上饶市、广州市、重庆市；三是依据个人经济收入状况确定筹资水平，如南通市、苏州市、承德市、齐齐哈尔市、荆门市；四是明确规定了暂行筹资水平，但尚未有公开的确立依据，如石河子市。

表 1　长期护理保险试点地区覆盖对象与筹资政策比较

试点城市	覆盖对象	筹资渠道	年筹资标准	筹资水平	筹资方式
承德市	城镇职工	个人、政府财政、医保、社会捐助	个人0.15%、财政补助0.05%、医保基金0.20%、社会捐助	个人上年度工资总额×0.4%	比例筹资

续表

试点城市	覆盖对象	筹资渠道	年筹资标准	筹资水平	筹资方式
长春市	城镇职工、城镇居民	医保、政府	医保统筹 0.3%，医保个账 0.2%，城镇居民 30 元/人	医保缴费基数×0.5%	混合筹资
齐齐哈尔市	城镇职工	个人、医保社会捐助	试点为 60 元/人，个人 30 元，医保统筹 30 元	在岗职工平均工资×1.5%	比例筹资（试点：定额筹资）
上海市	城镇职工、城镇居民 >60 岁人员	个人、用人单位、医保	医保统筹账户（一类为用人单位医保缴费基数×1%，二类为略低一类统筹基金筹资）	医保缴费基数×1%	比例筹资
南通市	城镇职工、城乡居民	个人、医保、政府、社会捐助、福彩	医保统筹 30 元，个人 30 元，财政 40 元	100 元/人·年，上年城镇居民人均可支配收入 0.3%	定额筹资
苏州市	城镇职工、城乡居民	个人、政府、医保	试点阶段个人不缴费，政府补贴 50 元，职工医保 70 元，居民医保 35 元	上年居民人均可支配收入×0.2%	定额筹资
宁波市	城镇职工	医保，探索多渠道	职工 0.1%，单位 0.2%，其他人员 0.3%，退休人员 0.1%	医保缴费基数×0.3%	比例筹资
安庆市	城镇职工、城乡居民	个人、医保	个人 10 元，医保统筹 20 元	30 元/人·年	定额筹资
上饶市	城镇职工、城乡居民	个人、单位、医保、政府	个人 50 元，单位或财政 5 元，医保统筹结余 35 元	90 元/人·年	定额筹资
青岛市	城镇职工、城乡居民	个人、医保、政府、社会捐助	个人 0.2%，医保统筹 0.5%，财政 30 元/人	医保缴费基数×0.7%	混合筹资

续表

试点城市	覆盖对象	筹资渠道	年筹资标准	筹资水平	筹资方式
荆门市	城镇职工、城乡居民	个人、医保、政府	个人 37.5%，医保统筹 25%，财政 37.5%	上年度居民人均可支配收入 × 0.4%	比例筹资
广州市	城镇职工	医保	试点阶段按 130 元/人标准从医保统筹划转	130 元/人·年	定额筹资
重庆市	城镇职工	个人、医保、政府、社会捐助	个人 90 元，医保 60 元	150 元/人·年	定额筹资
成都市	城镇职工	个人、单位、医保、政府、社会捐助	个人和单位（1% ~ 3% 分年龄段缴费）医保统筹 2%，医保结余或财政 0.1%	医保缴费基数 × 2.1% ~ 5.1%	比例筹资
石河子市	城镇职工、居民医保	个人、单位、医保、政府、福利彩票、社会捐助	城镇职工 15 元，居民 24 元/人·年，财政：40 元×（重残人数 + 60 岁以上老人数），福彩公益金 ×5%	政策暂无明确规定	混合筹资

资料来源：根据各试点地区长期护理保险相关政策整理所得。

　　由于总体筹资水平的不同，试点地区的筹资标准差异较大。采取比例筹资方式的试点城市中，筹资标准大部分以城镇职工上年度工资总额、基本医疗保险缴费基数或上年度居民人均可支配收入为缴费基数，筹资比例在 0.3% ~ 0.5%。采取定额筹资方式的试点城市中，由于每个城市的经济发展水平与老龄化程度不同，筹资标准也存在较大差异，筹资标准从每人每年 30 元到 150 元不等。其中，齐齐哈尔市、安庆市和广州市老龄化程度比较接近，三个试点城市的筹资标准分别为每年每人 60 元、30 元和 130 元；老龄化程度较高的重庆市筹资标准为每人每年 150 元，而老龄化程度最高的苏州市和南通市，筹资标准分别为 120 元和 100 元。采取混合筹资方式的试点城市中,长春市与青岛市的筹资标准较为接近,而石河子市采用了按人头确定财政补贴资金的方式,进一步明确政府财政的筹资责任。

2. 服务供给政策的多层次性

各试点地区都明确规定了长期护理保险服务供给的内容包括基本生活照料和与基本生活密切相关的医疗护理服务,但是在服务方式、服务内容、服务机构方面具有一定的差异性,展现了地方需求和试点特色。

(1) 因地制宜,细分服务方式

试点地区提供的长期护理服务可以分为居家护理、机构护理和住院医疗护理三种形式。在此基础上,部分试点城市对三种护理服务方式进行了进一步细分,例如,按照护理时间的长短,荆门市把居家护理分为非全日护理和全日护理。13 个城市提供的长期护理服务已经覆盖三种护理形式。其中,青岛市的长期护理服务最为全面,除了三种护理方式以外,增加了巡护方式,并且按照护理时间和时段不同,将护理服务进一步划分为长期照护、日间照护和短期照护三种。

机构护理包括养老院、护理院、医院三种子类型。绝大部分试点方案支付养老院或护理院提供的护理服务费用,部分城市如青岛市、承德市、长春市、南通市、苏州市、安庆市、荆门市等城市也支付医疗机构提供的护理服务费用。居家护理包括由专业人员和非专业人员(家人、亲戚、邻居和志愿者等)提供的护理服务。绝大部分城市的方案覆盖了专业人员提供的居家照护,安庆市还覆盖了来自非协议机构的专业人员提供的居家照护。另外,为促进居家护理服务的发展,解决机构护理供给不足的现实问题,上饶市、成都市、石河子市的长期护理保险试点政策已经覆盖了非专业人员提供的居家照护,其中上饶市支付由其家属或指定人员提供的居家自主护理,成都市支付亲戚、邻居等提供的居家照护,石河子市支付居家自行护理费用支出。

（2）量身定做，扩展服务内容

大部分长期护理保险试点地区的基本护理服务包含生活照料、医疗护理、预防性护理、康复护理和心理疏导等服务内容，积极响应《试点意见》对长期护理保险制度构建的整体要求。其中，12 个城市出台了比较明确的服务项目清单，具体服务内容如表 2 所示。

表 2 长期护理保险试点地区服务供给政策比较

试点城市	长期护理服务形式	长期护理服务内容	长期护理服务机构
承德市	医护、养护、家护	洗脸、洗头、口腔清洁、协助如厕等22项护理服务	医疗机构、护理院、老年公寓
长春市	医护、养护	七大类17项护理服务项目	医疗服务、养老和护理机构，符合定点医疗照护机构基本条件
齐齐哈尔市	医护、养护、家护	清洁护理、饮食护理等14项生活护理和10项医疗护理	具备相应医疗资质或与协议医疗机构签订合作服务协议，且具备一定医疗条件的医养护理服务机构，养老护理服务机构，设置符合规定的护理病区和护理床位
上海市	医护、养护、家护	基本生活照料和常用临床护理42项，包括预防性护理和康复护理内容	养老机构、社区养老服务机构以及医疗机构（如护理站等）
南通市	医护、养护、家护	安康护理套餐6个，包括10项生活护理，2项医疗护理	医院、护理院、社区卫生服务中心、养老服务机构
苏州市	医护、养护、家护	清洁照料、饮食照料等13项生活护理，2项医疗护理，2项预防性护理，1项康复护理	医院、护理院、社区卫生服务中心、养老服务机构、提供居家护理服务的其他服务机构
宁波市	医护、养护，探索家护	清洁照料、饮食照料等14项生活护理和基本医疗护理	有条件为重度失能人员提供护理服务和生活照料的机构
安庆市	医护、养护、家护	暂无具体政策规定	医疗机构（护理机构）、养老机构、残疾人托养机构

续表

试点城市	长期护理服务形式	长期护理服务内容	长期护理服务机构
上饶市	自主照料、上门护理、机构护理	25 项基本生活照料，17 项常用临床护理	医疗机构、护理机构、社区卫生服务机构、专业养老机构，符合长期护理保险定点机构准入条件
青岛市	专护、院护、家护、巡护、长期照护、日间照护、短期照护	急性期后的健康管理和维持性治疗、长期护理、生活照料、功能维护、安宁疗护、临终关怀、精神慰藉等 6 项生活护理，14 项医疗护理，1 项心理疏导	专业护理服务机构、社区定点医疗机构和二级及以上住院定点医疗机构
荆门市	家护、养护、医护	14 项生活护理，13 项医疗护理，1 项康复护理，1 项心理疏导	一级以上医疗机构（含医养结合机构）、养老院、福利院、护理院、社区卫生服务中心（站）、乡镇卫生院、村卫生室
广州市	机构护理、居家护理	七类 31 项生活照护护理包，19 项医疗护理项目，2 项预防性护理，1 项康复护理，1 项心理疏导	医疗机构、养老机构、家庭服务机构、社区居家养老服务机构
重庆市	机构护理、居家护理	饮食照料、排泄照料、行走照料、清洁照料等基本生活护理服务项目	具有护理资质的医疗机构、养老机构和有护理经营范围的法人主体
成都市	机构护理、居家护理	四大类 31 项，包括生活照料、护理照料、风险防范、功能维护	医院、护理院、社区卫生服务中心、乡镇卫生院、各位养老服务机构，符合长期护理保险定点机构准入条件
石河子市	机构护理、居家医护、居家自行护理	定期巡诊，根据护理等级进行的基础护理、专科护理、特殊护理、一般专项护理等七方面，包括 6 项生活护理，13 项医疗护理，1 项心理疏导	养老服务机构、护理院、其他商业护理服务机构、老年护理机构、养老服务机构

资料来源：根据试点地区试点方案整理所得。

相比之下，广州市和成都市的长期护理服务内容最广，包含 5 种类型长期护理服务，上海市、广州市、南通市和苏州市相关政策规定比较清晰，既规定了服务项目的内容、频次和工时，又规定了服务的基本考核标准。另外，广州市和南通市城市按照顾客导向的原则，根据长期护理服务方式和受益者个人需求，确定长期护理服务套餐或护理包，实现长期护理服务的定制化、标准化供给。

同时，仅有较少的试点城市覆盖了预防性照护、康复照护与心理疏导等内容，而且涵盖的护理服务项目较为有限，一些城市依据不同的失能等级界定长期护理保险服务内容。比如，苏州市将长期护理服务项目划分为重度失能和中度失能两个层面，针对相同的服务项目，重度失能人员享有"给予"相关护理服务层次，而中度失能人员只享受"协助"相关护理服务的层次。

（3）放宽条件，增加服务机构

试点地区对定点长期护理服务机构的准入条件都有明确的规定。为了推动长期护理服务市场化发展，其准入条件比较低，具备从事长期护理服务基本条件和服务能力的社会机构，都有资格申请成为定点服务机构。表 3 显示了各个试点城市长期护理服务机构的机构类型。从机构类型来看，由于试点城市长期护理服务市场化程度不一，长期护理服务机构的类型各异。其中，南通市、苏州市、上饶市、荆门市、成都市逐步将社区卫生服务中心纳入居家护理服务机构，以提高长期护理服务的覆盖能力。

3. 长期护理保险给付政策差异性

（1）给付对象的地区差异性明显

按照《指导意见》的要求，长期护理保险试点制度应重点保障重度失能人员的基本生活照料和医疗护理需求。15 个试点城市都将重度失能人员作为优先保障的对象，上海、南通、苏州、广州等城市在试点中将给付对象扩大到中度失能人员，一些地区逐步将失智人员也纳入长期护理保险给付对象，比如，苏州、南通、宁波、上饶、青岛、广州。失能失智人员必须满足一定给付条件，才能享受长期护理保险给付。

部分地区在失能失智评定标准外，附加了年龄、缴费年限等限制条件。如上海市将给付对象限定为 60 周岁以上中度和重度失能老年人，成都市规定参保人员必须连续缴费 2 年以上并累计缴费满 15 年才能享受长期护理保险给付。

（2）给付限额的政策倾向性不同

为了合理控制长期护理保险费用支出，形成长期护理费用社会分担机制，试点地区对长期护理保险给付限额做出明确规定。给付限额主要有三种形式：日限额、周限额和月限额，具体内容如表 4 所示。除上饶市、成都市、石河子市和上海市，大部分试点地区规定了每日最高给付额，由于保障水平差异，给付限额从 25 元到 120 元不等，其中，齐齐哈尔市、苏州市、宁波市、安庆市的日给付限额低于 50元；广州市机构护理日给付限额为 120 元、居家护理日给付限额为120 元，月最高限额为 1000 元；荆门市居家护理、养老机构护理日给付限额为 100 元，医疗机构护理日给付限额为 150 元。实行月给付限额的地区主要按照护理服务机构的不同适度调整月给付限额。一般情况下，居家护理服务的月给付限额低于机构护理。比如，成都市按失能等级确定月给付限额，1～3 级重度失能失智人员的月给付限额分别为城镇就业人员工资的 50%、40%、30%。

表 3　试点地区长期护理保险给付政策比较

试点城市	给付对象	给付限额	给付水平
承德市	重度 ADL 失能人员	日限额（医护 70 元，养护 50 元，家护 40 元）	70%

续表

试点城市	给付对象	给付限额	给付水平
长春市	重度 ADL 失能人员	日限额（97 元，使用一次性耗材加 10 元）	职工 90%，居民 80%
齐齐哈尔市	重度 ADL 失能人员	日限额（医护 30 元，养护 25 元，家护 20 元）	医护 60%，养护 55%，家护 50%
上海市	60 岁及以上老年照护需求评估 2～6 级参保人员	周定量供给（2～3 级 3 次，4 级 5 次，5～6 级 7 次，每次 1 小时）	家护 90%，养护 85%，医护参考医保标准
南通市	中度、重度 ADL 失能人员	日限额（医护重度 70 元，中度 30 元；养护重度 50 元，中度 30 元），月限额（家护 1200 元）	医护 60%，养护 50%
苏州市	中度、重度综合评估失能失智人员	日限额（机构重度 26 元，中度 20 元；居家重度 75 元×12 次，中度 75 元×10 次，每次 2 小时）	无明确规定
宁波市	重度失能失智人员	日限额 40 元	无明确规定
安庆市	重度 ADL 失能人员	日限额（医护 50 元，养护 40 元），月定额（家护 750 元）	医护 60%，养护 50%
上饶市	重度失能失智人员	月限额（自主照料 450 元，上门护理 900 元，机构护理 1200 元）	医护 60%，养护 50%
青岛市	失能失智人员	按医疗护理费和生活照料费分别设定日限额	职工 90%，居民 70%～80%
荆门市	重度 ADL 失能人员	日限额（家护和养护 100 元，医护 150 元）	家护 80%，养护 75%，医护 70%
广州市	中度、重度失能失智人员	日限额（机构护理 120 元，居家护理 115 元），月最高限额 1000 元	机构照护 75%，居家照护 90%
重庆市	重度 ADL 失能人员	日限额（机构护理 50 元，居家护理 40 元，家人护理等 30 元）	无明确规定
成都市	重度失能失智人员（1～3 级）	月限额（1～3 级分别为城镇就业人员工资的 50%、40%、30%）	机构照护 70%，居家照护 75%
石河子市	重度 ADL 失能人员	月限额（协议服务机构 750 元）日限额（非协议服务机构 25 元/日）	机构照护 70%，居家照护 75%

资料来源：根据试点地区试点方案整理所得。

从给付限额来看，试点城市对居家护理和机构护理的政策倾向存在差异。经济较发达地区，尤其是长期护理服务市场化程度较高地区，比如苏州市、上海市、广州市，逐步提高居家护理服务的给付限额，缩小其与机构护理的给付差距，开始引导受益者接受居家护理服务。而长期护理服务市场化程度较低的试点地区，由于机构护理服务供给严重不足，政策表现对机构护理服务的明显倾向，机构护理服务的给付限额明显高于居家护理服务，以促进养老院、护理院等护理机构的快速发展，实现长期护理服务市场化供给。

（3）给付水平与经济发展水平挂钩

《指导意见》指出，对符合规定的长期护理费用，基金给付水平总体上控制在70%，具体支付比例可由试点地区确定。试点地区长期护理保险的给付水平受到当地经济发展水平的影响，发达地区的长期护理保险给付水平明显高于其他地区。上海市、青岛市和广州市等试点地区将给付水平提高到80%~90%，承德市、成都市、石河子市等试点地区则严格执行了基金给付水平控制在70%的政策指导规定，而齐齐哈尔市、安庆市、上饶市等试点地区的基金给付水平在70%以下。

4. 失能评估政策的地区差异性

大部分试点城市将失能等级评估作为筛选给付对象的主要机制，规定因年老、疾病、伤残等导致的失能，经过不少于6个月的治疗，经日常生活能力评估或综合评估符合失能标准，生活不能自理且需要长期护理的参保人员才能享受长期护理保险给付，然而各地在失能评估标准的设定、失能评估管理工作开展方面，存在较大差异。

（1）失能评估标准不一

由于《指导意见》未明确规定长期护理保险的失能等级评估标准，试点地区结合本地实际情况，探索了各具特色的失能等级评估标准。不同失能等级评估标准下，长期护理保险给付对象存在明显地区差异。试点地区的失能评估政策差异主要表现在失能等级划分、失能评估领域、失能评估工具和失能评估标准四个方面。

失能等级划分是长期护理保险制度开展的重要基础工作。试点地区主要按照受益对象的身体失能程度，将受益对象失能等级主要划分为不同等级，但等级划分方式不一。比如青岛市将失能人员划分为轻度功能障碍（ADL 评估 ≥ 60 分）、中度功能障碍（ADL 评估 41 ~ 59 分），重度功能障碍（ADL 评估 ≤ 40 分）。而上海市借鉴日本和德国的失能等级划分经验，进一步细化了失能等级政策，将长期护理等级划分为 6 个等级，建议 2 级及以上失能老人到医疗机构就诊。

全面、科学的失能评估领域有利于把握失能者的失能程度和长期护理服务需求。大部分试点地区主要针对失能者生活自理能力和失能程度进行评估，相比之下，青岛、广州等城市建立了对失能者的全面综合评估机制，将失能老人纳入长期护理保险的保障范围，通过对参保人员的生命体征、生活状况、心理社会评估、跌倒风险评估、置管情况等 7 个方面综合评估，明确失能者的护理服务需求。

表 4　典型代表城市的失能等级评估标准比较

项目	上海市	青岛市	长春市	南通市
等级划分	1 ~ 6 级，2 级及以上到医疗机构就诊	轻度、中度、重度	无具体等级划分	中度、重度
评估领域	生活自理程度、疾病状况、照护情况等	生命体征、生活状况、心理社会评估等 7 个方面综合评估	生活自理能力、疾病状况	生活自理能力、疾病状况
评估工具	上海市老年照护统一需求评估调查表	Barthel 指数 ADL 量表	Barthel 指数 ADL 量表；《综合医院分级护理指导原则（试行）》；卡氏评分 KPS	Barthel 指数 ADL 量表

续表

项目	上海市	青岛市	长春市	南通市
评估标准	按照疾病等级 30 分、70 分和照护 1～6 级划分评估标准	ADL 量表低于 60 分；接受专护需符合另行规定的 5 种情形之一，接受医护、家护、巡护需符合另行规定的 4 种情形之一	重度依赖评定标准：ADL 量表≤40 分；《意见》符合一级护理条件；KPS≤50 分癌症晚期护理患者	ADL 量表低于 40 分；入住医护须符合另行规定的 4 种情形之一

资料来源：作者整理。

　　由于日常生活活动能力评估量表（简称 ADL 量表）简单、容易操作，大部分试点地区将 ADL 量表作为失能评估的主要工具。但是，ADL 量表无法准确反映认知障碍人群的失能状况，因此上海、苏州、青岛等城市在试点中摸索，形成本土化的照护需求综合评定量表，采用复合式的评估工具来准确评估失能者的长期护理服务需求。

　　和评估工具一样，试点地区的评估标准差异性也较大。大部分地区依据 Barthel 指数日常生活能力评定量表确定主要给付对象，以评分低于既定分数作为给付条件，但是未能形成统一的既定分数标准。多数地区以低于 60 分为既定分数标准，也有一些城市如青岛以 40 分作为给付条件。另外，长春以国家《综合医院分级护理指导原则（试行）》确定的符合一级护理条件且生活自理能力重度依赖的人员和体力状况评分标准 KPS（卡式评分），将低于 50 分作为癌症晚期护理服务需求者的分级标准。上海市则根据老年照护统一需求评估调查表，先以疾病维度得分划分为 3 个等级，疾病维度评分标准分别为小于或等于 30 分、大于 30 分且小于或等于 70 分、大于 70 分，再根据自理能力维度划分照护等级。

　　（2）失能鉴定机构的地区差异显著

　　由于《指导意见》并未明确规定失能评估鉴定机构和管理方法，试点地区开展的失能评估鉴定机构差异较大。从试点进展来看，失能评估鉴定工作主要由第三方专业评估机构、劳动能力鉴定机构、商业保险公司和医疗专家团队开展，形成了各具特色的失能评估管理机制。

一是商业保险公司作为经办机构，直接参与失能评估鉴定工作，社会保障管理部门承担对商业保险公司的监管职责，通过长期护理保险费用总额控制、服务流程标准化操作、定期不定期监督检查、复评机制等方式，保证失能评估过程的客观、公正，形成经办机构和社会保障监管机构互动机制。该管理机制的管理成本较低，能够通过社商合作模式，建立快速高效的失能评估管理制度，但是，由于自身的营利属性，为降低运营成本，商业保险公司选择从轻评估参保对象的失能等级，参保对象的权益易遭受损害，因此，完善的第三方监管机制成为此管理机制高效运转的关键。为此，试点地区借助劳动能力鉴定机构的力量，成立长期护理保险资格评定委员会或建立联席会议制度，形成对商业保险公司的牵制力量，建立第三方监管机制。试点阶段，长春、南通、安庆和重庆等试点地区主要采取此类失能评估管理机制。

二是成立第三方评估机构，由专家团队直接参与失能评估工作，经办机构配合第三方评估机构完成受益对象初步审核和筛选工作，社会保障部门承担对第三方评估机构的监督审核，形成经办机构、第三方评估机构、社会保障监管机构的三方互动机制。由第三方评估机构的专家团队评定受益对象的失能等级，专业性较强，能够保证评估结果的客观公正。三方互动机制相互监督和牵制，监督管理成本较低。试点阶段，承德、上海、苏州、宁波、上饶、青岛等试点地区主要采用此类失能评估管理机制。但是，由于缺少能够直接参与失能评估的、专业化的第三方评估机构，在试点阶段，无法形成自由竞争的市场供给氛围，需要政府采取优惠政策，鼓励和扶植第三方评估机构的发展。

　　三是由社会保障部门组织专家团队或专业医护人员，抽选专家、医护人员直接参与失能评定工作，经办机构配合专家完成受益对象初步审核和筛选工作，形成经办机构和社会保障机构的互动机制。此管理机制下，社会保障部门实质上承担了失能鉴定的职能，形成对第三方经办管理机构的牵制管理，避免失能鉴定产生争议。但是，在试点过程中，采取从医疗机构抽调专业医师从事失能鉴定工作的方式，额外增加了专业医师的工作量，加之失能鉴定费用较低，专家团队的人员稳定性下降。目前，广州和荆门采取此种评估管理机制。为解决专业评估人员不稳定、供给不足的现实问题，荆门市采取就近委托定点服务机构的专业医护人员的方式，增强失能鉴定专家团队的稳定性。

　　四是由劳动能力鉴定机构直接参与失能评定工作，经办机构和劳动能力鉴定机构相互支持和配合。此管理机制的管理成本较低，充分发挥了劳动能力鉴定机构的工作经验优势，但是由于跨职能部门合作，无法形成高效的、相互监督的互动机制。目前，齐齐哈尔、成都和石河子主要采取此种管理机制。其中，成都市在劳动能力鉴定中心设立长期照护保险资格评定委员会，统筹和负责失能评估工作。

三　中国长期护理保险试点政策成效

（一）覆盖人群持续增长

　　截至 2019 年 6 月底，15 个试点城市和吉林、山东 2 个重点联系省的参保人数达到 8854 万人，共 42.6 万名参保人员享受了长期护理保险待遇，人均基金支付 9200 多元。覆盖人群主要是城镇职工医疗保险参保人员，部分城市涵盖城镇居民，个别地区开始逐步覆盖全体城乡居民。参保人员中城镇职工参保者和城乡居民参保者的比例约为 7∶3。其中，山东、吉林等重点联系省份开始部署在全省全面推行政策，2018 年山东长期护理保险覆盖人数达到 2062 万人，累计 6 万余人享受长期护理保险待遇①，于 2019 年继续完善长期护理保险政策，以达到全面推行的政策效果；吉林省在 2019 年 9 月 1 日启动省直长期护理保险制度，积极探索将保障范围进一步扩大到农村居民中的重度失能人员。

如表 5 所示，试点地区多为老龄化程度较高的城市，苏州和南通 60 岁以上老龄人口比重已经超过 25%，对长期护理保险的需求巨大。虽然大部分试点地区开展长期护理保险的试点时间不长，但制度覆盖人群实现了快速增长，覆盖面逐步扩大。青岛、上海、苏州、南通、成都等地区的失能鉴定人数已经接近或超过 1 万人次，其中，青岛、长春、上海、苏州、成都等地区的长期护理保险受益人数已经超过 1 万人。随着受益人数的上升，基金支付金额也逐年上升，长春、上海、青岛、广州、石河子等城市的长期护理保险基金支出已经超过 1 亿元，其中试点最早的青岛市基金支出最高，超过 17 亿元，上海次之，基金支出超过 12.7 亿元。

（二）保障水平达到预期，减轻了失能者的家庭负担

试点地区长期护理保险的受益人群基本上都是重度失能人员，部分地区如南通、上海、广州等经济较为发达地区将受益对象拓展到中度失能人员，包括但并不限于老年人。从待遇给付占长期护理费用支出的比例来看，试点地区维持在 50%～90%，大部分地区在 70% 以上，部分地区如上海、南通、苏州等地，鼓励发展居家护理，不断加大对居家护理的政策倾斜，使得居家护理的报销比例高于机构护理的报销比例。待遇保障范围较为明晰，明确了具体服务项目目录，大部分地区将护理服务分为医疗护理和生活护理两种，采取护理包的形式，逐步为受益者量身定做个人长期护理计划，以提高受益对象对长

---

① 《试点迈入第四年　长护险亟待统一筹资机制和评估标准》，中国金融新闻网，http://www.financialnews.com.cn/bx/bxsd/201907/t20190703_163075.html。

期护理保险的满意程度。长期护理保险制度体现了社会保险的"大众参与、小众受益"的运行机制。

表 5 试点地区长期护理保险覆盖面统计表

试点城市	试点日期	数据统计日期	60 岁以上人口占总人口比重	覆盖人数	失能鉴定人数	受益人数	护理机构数	基金支付金额
承德市	2016.11	2019.11	17.65%	26.8 万人	1436 人	1412 人	20 个	1772 万元
长春市	2018.3	2019.9	14.02%	407.6 万人	19666 人	11571 人	53 个	2.3 亿元
齐齐哈尔市	2017.7	2019.9	19.30%	53.7 万人	/	747 人	35 个	185.9 万元
上海市	2016.12	2019.7	23.40%	/	455000 人	416000 人	1109 个	12.7 亿元
南通市	2015.10	2019.12	28.47%	120.3 万人	12494 人	11441 人	41 个	8500 万元
苏州市	2017.06	2019.6	26.02%	大于 542.8 万人	17366 人	14067 人	46 个	5448.3 万元
宁波市	2017.12	2018.7	19.60%	175.4 万人	/	686 人	23 个	462.9 万元
安庆市	2017.1	2019.7	18.18%	25.0 万人	495 人	300 人	12 个	230.0 万元
上饶市	2016.12	2019.7	14.45%	41.5 万人	/	2341 人	35 个	1800 万元
青岛市	2012.6	2019.8	21.80%	865.6 万人	/	60000 人	700 个	17 亿元
荆门市	2016.12	2019.8	20.28%	247.0 万人	11100 人	7162 人	121 个	4000 万元
广州市	2017.7	2019.3	18.03%	684.2 万人	10006 人	6881 人	65 个	1.3 亿元
重庆市	2017.12	2019.8	20.83%	45.0 万人	289 人	289 人	/	/
成都市	2017.2	2019.6	21.35%	803.8 万人	24100 人	23013 人	53 个	3.01 亿元
石河子市	2017.3	2018.4	16.14%	55.8 万人	1450 人	1200 人	28 个	142 万元

数据来源：根据试点 15 个地区人力资源和社会保障部网站长期护理保险相关数据整理和实地调研所得。

以上海市为例，截至 2019 年 7 月末，上海市长期护理保险试点各街镇社区事务受理服务中心累计受理申请共计 50.8 万人次，累计完成需求评估 45.5 万人次，其中符合待遇享受条件的 39.1 万人次。

护理服务方面，共接收服务对象 41.6 万人，其中接受社区居家护理服务的老人为 30.5 万人，接受养老机构服务的老人为 11.1 万人①。纳入试点的失能老人家庭照护压力和经济负担得到一定程度的减轻，给失能老人带来较强的获得感，以往家庭成员或保姆无法提供的医疗护理服务或者需要协助完成的洗澡等生活护理服务，都能居家实现。

（三）服务机构的社会化路径明显

试点地区采用购买服务的方式，促进长期护理服务产业的发展，形成了多样化的服务提供框架，从服务供给主体来看，以社会力量为主体的医疗机构、养老机构、社区居家养老服务机构发展迅速，为失能人员提供机构、社区、居家服务，试点衍生细化了巡护、专护等服务方式，上饶市和南通市探索提供居家护理器具租赁服务。从服务提供方式来看，居家护理得到大力发展，机构护理的比重不断降低。另外，试点初步建立了按服务项目、时长、定额包干等多种付费方式，并结合当地物价、平均工资等因素，区别服务提供方式，确定了差别化的服务购买价格。

在长期护理保险政策引导下，部分地区由社会资本投资设立的护理服务机构已逐步成为提供长期护理保险服务的主要力量，其中上海长期护理服务机构的市场化程度较高，截至 2019 年 6 月底，上海市各类定点服务机构已经达到 1109 家，其中 479 家社区养老机构是由社会资本投资设立的，超过九成在 2016～2018 年上海开展长期护理保险试点后投资建立②。

（四）经办服务和管理运行逐步标准化

试点地区采取协议管理、服务评估标准、服务满意度调查、第三

---

① 《上海持续深化长护险试点，今年长护基金支付 12.7 亿元》，搜狐新闻，http://www.sohu.com/a/334860506_260616。

② 《上海市共受理长护险申请 50 万次，服务超过 41 万次》，新浪财经，https://finance.sina.com.cn/roll/2019-08-28/doc-ihytcern4203770.shtml。

方机构经办流程、服务机构准入和退出机制、经办机构服务实施细则等方式，约束经办机构的行为，加大社保部门对经办机构的监督检查，建立了标准化的经办服务流程和机制。另外，大部分地区依托医疗保险管理信息平台，加强长期护理保险制度的信息服务建设，部分地区协同商业保险机构共同开发长期护理保险系统平台，从而在参保者、经办机构、服务机构和评估机构之间，建立公开透明的信息共享机制，降低违规操作的可能性，逐步实现管理运行机制的标准化管理。

（五）长期护理保险的经济、社会效应初步呈现

长期护理保险采取了现金补贴的方式，刺激了相关服务产业的发展，起到了资源配置平台和购买服务机制的杠杆作用。截至 2018 年 11 月，在全国范围开展长期护理保险试点工作的 15 个城市中，商业保险机构参与经办或失能评估服务的城市达到 13 个。据不完全统计，商业保险机构参与长期护理保险项目 35 个，已经覆盖 4647 万人，长期护理保险基金的规模达到 47 亿元①。长期护理保险的实施使得医疗资源得到合理配置。以南通市为例，三年间，失能人员享受长期护理保险待遇前后的医疗费用由 1.62 亿元下降为 9970 万元，其中有 770 名失能人员从医院转移到护理院，个人和家庭负担显著减轻，有效缓解了"一人失能，全家失衡"的社会矛盾②。

四　中国长期护理保险试点政策问题分析

（一）政策目标双重定位：财务损失赔付与护理服务供给并举

15 个长期护理保险制度的试点地区的制度缺乏顶层设计，长期

---

①　资料来源：银保监会人身保险监督部健康险处副处长刘长利在"长期护理保险制度试点三周年——实践探索与经验总结研讨会"上发言稿相关数据整理。

②　资料来源：根据南通市人力资源和社会保障局网站数据整理所得。

护理保险制度目标定位不清晰，导致政策目标双重定位，部分地区政策目标定位与制度初衷偏差较大。试点地区普遍存在把长期护理保险制度的目标功能定位为财务损失的赔付与护理服务的供给并举，把长期护理保险制度目标功能无限延伸，既强调对失能者提供财务损失的赔付，也强调护理服务的供给。一旦有双重目标功能的思维，就会制约长期护理保险制度的发展，目前部分试点地区总是认为本地区长期护理服务业还不成熟，护理服务数量、质量、结构不能满足失能者的基本需求，顾虑护理保险有现金给付但购买不到优质服务，因而认为实施长期护理保险制度的条件不成熟，对长期护理保险制度的信心不足。

目标功能双重定位使得长期护理保险制度承担着护理损失的赔付和护理服务供给的双重责任，在目前护理服务市场还不成熟时，护理服务供给的渠道更多的是依靠政府直接或间接对市场干预，目前还没有形成护理服务市场的良性发展，但是已经挤占了长期护理保险的大量资源。

双重目标功能是中国长期护理保险制度发展初期的一种客观要求，是基于中国护理服务业不成熟时，建立长期护理保险制度相配套工程的需要，但一旦护理服务市场成熟，长期护理保险制度的目标功能就要回归。目前，由于护理服务市场的不成熟，几乎所有试点地区都存在目标功能双重定位、目标功能输送渠道错位问题，而在实施长期护理保险制度较早的青岛市，长期护理保险制度刺激了护理服务的需求，对护理服务市场的引导作用已经显现，目前护理服务业已经初具规模，护理服务基本满足了社会需求，长期护理保险制度的目标功能需要逐步回归本位。

（二）制度框架定位冲突："依托医保"与"第六险"并存

长期护理保险制度定位应该与医疗保险制度有所区别，这两个险种针对的风险事故不同，建立长期护理保险制度就是要通过制度设计来化解失能者长期护理的财务风险。目前，长期护理保险制度框架的定位存在争议，有两种不同的选择，一种是以青岛市、长春市为典型代表的长期护理保险从属于医疗保险的运作方式，即医疗护理保险制度，主要解决失能者在疾病治疗期间的护理服务财务风险，目标功能、目标对象、筹资渠道和赔付标准从属于医疗保险。另一种是以上海市、成都市、南通市等地为典型代表的独立架构的长期护理保险险种的运作方式。长期护理保险作为一个独立险种，有着自己的目标功能、目标对象、筹资渠道和赔付标准。

制度框架定位不同，决定了长期护理保险制度的目标人群、风险补偿范围和程度的根本差别。从长远来看，老龄化必然带给医疗保险基金更大的支付压力，依附于医疗保险的制度框架，不可持续。一方面，长期护理保险基金筹资从医疗保险盈余基金划拨，缺乏制度法理基础。按照《中华人民共和国社会保险法》的相关规定，基本医疗保险基金应专款专用，存入财政专户，任何组织和个人不得侵占或挪用。长期护理保险基金从医疗保险盈余基金划拨，违反了基本医疗保险基金专款专用原则，违背社会保险基金管理的基本规定。缺乏稳定基金来源的情况下，根据"以收定支，收支平衡"原则运行的长期护理保险试点，随着老龄化程度增加，必然导致长期护理保险保障水平低下。

然而，在大部分试点地区，试点独立的"第六险"，缺乏现实基础。一方面，社会群体对长期护理保险的认知不足，潜在的长期护理服务需求未转变成为对长期护理保险的有效需求，居民参与长期护理保险制度的意愿较低。有关调查显示，在对南京市330位老人的长期护理保险认知及参保意愿调查过程中，有83%的南京市老年居民表示没有听说过长期护理保险，67.3%的被调查者不愿意参加长期护理保险。被调查者不愿意参保的原因，33.3%的人表示对长期护理保险制度欠缺了解，缺乏对制度信任，所以不愿意参加。另一方面，社会保险的综合缴费率过高，企业负担过重，挤占了长期护理保险试点的缴费空间。受经济发展新常态的影响，企业人工成本过高影响企业正常生产经营，社会保险缴费率降低已经成为政策改革的趋势。2019 年政府工作报告表示，要明显降低企业社保缴费负担。尽管经过测算，长期护理保险缴费水平在个人平均工资或收入的 1%～2%，居民和企业的缴费意愿不高，经济能力制约了部分居民的参保热情。南京市老年居民不愿意参加长期护理保险的原因显示，有 38%的人因为经济条件不允许，不愿意参保。在问到老年护理费用应由哪些渠道解决时，39%的老年居民选择应由政府提供①。

（三）目标人群定位不清晰：参保人群与保障对象地区差异大

目标人群定位影响长期护理保险制度的公平性和可持续性。《指导意见》提出，"试点阶段，长期护理保险制度原则上主要覆盖职工基本医疗保险参保人群"。试点地区根据自身实际，确定不同的参保人群。在实践中参保人群有大有小，大部分试点地区选择了"窄范围"，如承德市、安庆市、成都市等覆盖了城镇职工医疗保险参保人群，而仅有少数试点地区选择"宽范围"，如青岛市、南通市、上海市等覆盖了城镇职工医疗保险参保人群和城乡居民医疗保险参保人群。参保人群定位的差异是人为规定的，而不是制度内在规律，反映了试点地区对长期护理保险制度真正的需要者缺乏统一的认识。目标人群定位模糊势必会剥夺一部分长期护理保险制度需要者的权利，增加被剥夺者个人或家庭财务负担。

保障对象差异影响长期护理保险制度的发展目标。《指导意见》提出长期护理保险重度保障对象的总体原则，"长期护理保险制度以长期处于失能状态的参保人群为保障对象，重点解决重度失能人员基

---

① 张瑞利、时明铭、徐佩：《老年居民长期护理保险认知及参保意愿调查研究——以南京市为例》，《华东理工大学学报》（社会科学版）2018 年第 4 期，第 106～114 页。

本生活照料和与基本生活密切相关的医疗护理等所需费用。试点地区可根据基金承受能力，确定重点保障人群和具体保障内容，并随经济发展逐步调整保障范围和保障水平"。但是试点地区对保障对象的界定存在一定的差异。

年龄的约束条件存在差异。试点地区有两种做法，一种是赔付的目标人群是老年人，60 岁及以上参加长期护理保险的老年人才有资格获得护理保险待遇支付，主要是减轻失能风险发生概率较大的老年人的财务负担，其中以上海市为典型代表；另一种是赔付的目标人群为所有参保者，即参加长期护理保险制度的参保者只要发生长期护理风险损失就可以获得待遇支付，目前试点地区基本上把所有参保者作为待遇支付的目标人群，没有年龄的限制条件。

失能程度的约束条件存在差异。不同的失能者存在失能程度的差异，有轻度失能、中度失能和重度失能之分，而长期护理保险制度承担赔付重度失能者甚至是所有失能者的护理风险。试点地区形成了两种不同的做法，一种是赔付目标人群仅针对重度失能者，如南通市、承德市、上饶市、成都市等都规定赔付的对象为"参保人因疾病、伤残等原因常年卧床达到或预期达到 6 个月以上，生活完全不能自理，病情基本稳定"。另一种是赔付对象包括中度失能者和重度失能者，如上海市规定"暂定为 60 周岁及以上、经评估失能程度达到评估等级二至六级且在评估有效期内的参保人员，可以享受长期护理保险待遇"。

失能等级评估指标存在差异。失能等级评估指标是定位长期护理保险制度目标人群和损失补偿程度的基础，由于制定失能等级评估指标的前期工作不到位，试点地区大部分参照国际康复医学领域常用的《日常生活活动能力评定量表》，即巴氏量表（Barthel Index）来评估失能等级，以日常生活中最基本活动能力，即进食、轮椅与床位间的移动、个人卫生、上厕所、洗澡、行走于平地、上下楼梯、穿脱衣服、大便控制和小便控制等 10 项活动来评估失能者受限程度并加以量化。而 2016 年上海市出台了《上海市老年照护统一需求评估标准（试行）》，采用自理能力和疾病轻重两个维度的分值来决定需要护理的等级，其中自理能力中日常生活活动能力、工具性日常生活活动能力和认知能力三个维度权重分别占 85%、10% 和 5%，上海市失能等级评估指标与其他试点地区使用的巴氏量表不同，目标人群范围更大。

（四）给付政策冲突："苛刻"和"优厚"给付矛盾凸显

为了控制长期护理保险基金的支付风险，大部分试点地区限定了严格的给付条件，并通过专业化管理，严格筛查符合条件的失能者。严格的给付条件和复杂管理流程，限制了长期护理保险的可获得性。现阶段，试点地区长期护理保险的主要给付对象是重度失能人员，为了保证给付对象的准确性，试点地区主要用 ADL 日常生活能力评定表、超过 6 个月以上失能期、3 个月等待期、年龄和家计调查等条件，来甄别重度失能老年人和重度失能贫困老人，将中度失能人员排除在制度之外，导致制度在试点过程中，赔付概率很低，受益对象受限。按照第四次中国城乡老年人生活状况抽样调查数据显示，老年人失能概率在 15% ~20%，而试点城市受益的失能人数占比最高达到 2.52%，最低只有 0.16%。[①] 大部分居民是被排除长期护理保险试点受益对象，加之对试点制度的认识不足，在自愿参保原则基础上，由"受益实例—利益驱动—参保意愿增强—制度覆盖面扩大"的影响路径受阻，出于赔付的小概率事件考虑，大部分居民的参保动机不足。

由于重度失能老人的赔付对象具有筛选性，试点地区在基金运行之初，面临基金盈余过多的情况。长期护理保险给付不同于医疗保险

---

① 数据根据银保监会人身保险监督部健康险处副处长刘长利在"长期护理保险制度试点三周年——实践探索与经验总结研讨会"上的发言稿相关数据整理。

给付，医疗保险给付受疾病发生概率和成本影响，疾病发生概率有随机性，如果不受灾害、传染性疾病的冲击，技术条件稳定的前提下，疾病发生概率基本稳定，年度赔付水平增长的速度和规模可以根据经验数据得到较为准确的预测。但长期护理保险给付具有集中性和延迟性，参与者当期赔付的概率较低，随着年龄的增长，人在 65 岁以后，赔付概率将大大提升。这样，试点地区在基金运行的较长时间内，只需要负担已退休重度失能人员的长期护理保险支出，给付标准的可选择空间较大。试点地区长期护理保险的赔付标准从实际长期护理费用支出的从 70% 到 90% 不等。

给付条件"苛刻"和给付标准"优厚"的政策矛盾，人为拉大了制度受益者和中度、轻度失能人员的差距，在不久的未来会增加长期护理保险运行的道德风险。从个人角度来看，为了获得长期护理保险赔付，一部分失能人员会放弃康复治疗，处于主动恶化健康状态，另一部分人员可能寻找管理漏洞，通过寻租或欺瞒的手段，获得赔付资格通过过程审查。如何防范和化解道德风险，是试点地区未来面临的主要问题。

从基金运行的可持续性来看，过高的给付标准不具备财务可持续性，由于福利支出具有刚性，部分试点地区在未来降低给付标准的政策阻力也较大。长期护理筹资应明确划分政府、企业、个人和家庭的筹资责任，个人和家庭应承担必要的长期护理费用支出，长期护理成本从根本上才能得以控制，长期护理资源的合理配置才有现实基础。根据国际长期护理制度运行经验，个人和家庭承担的长期护理费用一般在 30%～50%，根据国家的福利体系而不同程度的调整。长期护理保险给付标准在 80% 及以上时，长期护理保险基金替代了个人和家庭应该承担的长期护理责任，未来长期护理保险费用并不可控。当未来长期护理保险基金集中赔付时，在现行的筹资机制和管理机制约束下，80% 的基金赔付标准并不能兑现，会给政府财政、制度信用、制度可持续性带来巨大的挑战。

给付条件"苛刻"和给付标准"优厚"的政策矛盾，必然导致长期护理保险赔付的低效率，一方面给付对象的严格筛查，降低了制度运行的公平性；另一方面给付标准过高，降低了制度运行的效率，未来会导致制度的公平和效率同时缺失、长期护理保险资源配置低效率。

（五）监管制度缺失：监管主体与监管定位模糊

我国在长期护理保险试点过程中，尚未形成清晰的监管思路，监管主体的定位模糊，使得出现多头管理、混乱管理的局面。试点城市中对政府管理机构与具体责任的规定不尽相同，存在一定的差异，并不统一。各个城市自己设置的管理机构及其具体责任的规定也过于笼统，部分部门的任务量过大。比如，青岛市人社部门既要负责行政管理工作，又要制定管理规范和基本流程，还要适时调整筹集保费的标准，任务量太大，很难做到多任务之间的统筹兼顾。长春市和上海市在实践中也存在类似的问题。长春市的定点医疗照护机构与上海市的定点护理服务机构承担了过多的管理责任，而政府在对长期护理保险的管理方面过多依赖定点医疗照护机构与定点护理服务机构。

政府监督不到位。通过对相关法条和政策的观察和规整，不难发现在率先创设和试行长期护理保险制度的城市中，关于政府对经办机构、服务机构、失能鉴定机构等利益相关机构的监管制度规定内容非常少，由于缺乏第三方专业监管制度，制度的监管职责主要由政府承担，由于社保经办部门人力与经验的缺乏，监管能力十分有限，暴露出政府对该项制度的创设和运行过程中存在监督不到位这一根本问题。另外，试点城市政策文件很少涉及利用互联网等现代化的先进媒介建立信息网络监督系统的具体操作规定，信息网络建设的方式多样且不统一，不仅容易造成资源浪费，而且容易降低监管效率。

五　长期护理保险政策改革的目标定位与改革路径

（一）长期护理保险政策改革的目标定位

社会政策是内部因素和外部因素相互作用的结果。作为一项社会政策，长期护理保险制度的改革目标必须具有明确性。其政策目标要根据现有的条件量力而行，要考虑社会问题变化规律和社会问题之间的关联，注重制度改革目标的可行性、可持续性和协调性。否则，制度效率无法得到体现，制度权威难以维护，制度的公信度就会缺失。目前，中国经济下行、社会保障总体缴费率较高，社会保障筹资渠道窄、筹资能力弱，在资源约束背景下，要实现长期护理保险制度公平和效率最大公约数，需要对中国长期护理保险制度的目标定位，即坚持"公平、效率、稳定"的基本原则，有助于保障需要者的需要，有助于制度的可持续性，有助于抑制被保险人、服务供给者的道德风险，实现制度的公平。以此为基础，确立中国长期护理保险制度的统一框架。

1. 制度目标功能定位

目标功能定位是长期护理保险制度的灵魂，是制度目标定位的基础，直接影响制度目标工具和目标人群定位。长期护理保险制度目标功能定位存在是为了失能老人长期护理提供财务损失的赔付，还是为了失能老人身体功能的康复而提供护理服务之争。相比护理服务，保险的实质是运用风险集中和风险分担的机制来化解少数人的经济损失，因而长期护理保险制度是由所有参保者共担失能老人长期护理财务风险的机制，这也是人口老龄化国家制定长期护理保险制度的初衷。提供长期护理财务损失的赔付，有助于失能老人在获得保险赔付后通过市场购买长期护理服务。因此，作为保险，长期护理保险制度直接目标是提供财务损失的赔付，而不是服务的直接供给，是"大众参与、小众受益"的机制。

2. 制度目标工具定位

长期护理财务风险不是个体特定的风险而是社会面临的共同风险，风险的群体数量大，失能老人长期护理财务风险成为每一个老年人所要面临的一个共同的风险，且逐渐呈现社会风险的特征，这就需要政府通过制度化措施化解风险。目前，长期护理保险依赖医疗保险筹资，与医疗保险制度风险"捆绑"在一起。从制度可持续性来看，长期护理保险与医疗保险是两个不同险种。医疗护理与长期护理在服务供给上有一定的差异，满足被保险人不同身体功能状态的需求。以医疗护理保险替代长期护理保险，目标人群受益面、风险损失补偿程度都没有真实反映长期护理保险制度实际需要。两个险种的目标、风险事故不同，显然不适合把长期护理保险依附于医疗保险。因而，长期护理保险应建立一个独立的社会保险险种，这样才能有助于发挥制度的保障功能。

3. 制度目标人群定位

长期护理保险是为了化解失能者护理风险而设计的一种风险共担制度，而要使得制度发挥其自身的作用，首先要找到制度的真正需要者，无限扩大和无限缩小长期护理保险制度对象，都会导致制度真正需要者的风险得不到化解，制度效率会低下。在具体操作层面，可以综合使用类别定位和需求定位，即根据参保对象、受益年龄、健康状况、补偿程度等多维手段确定类别人群，根据类别人群的特定需求状况来确定长期护理保险制度的真正需要者。

从年龄结构看，任何年龄段的人群都有失能的可能性，但是失能率高低与年龄呈正相关，老年人因身体机能衰退、慢性病等原因，失能率高于年轻人。而在老年群体中，高龄老人又是失能的高风险群体，其失能率远超过低龄老人，成为失能的最主要人群，而这些失能老人长期需要高额的护理服务费用以维持基本生活需要，因而长期护理保险制度的目标人群主要是老年人。所有人都有失能风险，但基于长期护理保险的保险属性以及与医疗保险之间的联系，长期护理保险制度应该覆盖所有医疗保险参保者，包括职工医疗保险参保者和城乡居民医疗保险参保者。

从失能程度看，失能者有轻度失能、中度失能和重度失能之区别，不同的失能者由于失能程度的差别，长期护理财务风险损失就有差别，但无论失能程度轻重，失能者都会产生长期护理财务损失，长期护理保险制度的目标定位就是不同程度失能者的财务损失补偿。一般来讲，重度失能者的风险损失的负担要大于中度失能者和轻度失能者。因而风险赔付要优先解决重度失能者的财务负担，其次是中度失能者的财务负担，最后才是轻度失能者的财务负担。

4. 给付标准的目标定位

长期护理保险的给付标准是对被保险人长期护理财务损失的赔付程度。科学地确定长期护理保险给付标准，有助于把有限的资源合理分配给需要的人。无限扩大待遇给付标准不利于制度的财务平衡，也会导致个人责任、家庭责任的无限退缩。无限降低待遇给付标准不利于被保险人财务风险的化解，长期护理保险制度的公信度会下降。

给付标准的目标定位首先是补偿范围。补偿范围应遵循"因果原则"，即因为失能而产生的额外护理服务损失，换言之，失能前和失能后都需要的服务支出就不在长期护理保险的补偿范围。护理服务费、设备使用费、护理耗材等应属于长期护理保险补偿范围，而对于在长期护理期间发生的药品费用应纳入医疗保险支付范围，生活费用、床位费由失能者承担。

给付标准的目标定位需要确定补偿比例。补偿比例取决于制度的支付能力和由此产生的外部影响。较高的补偿比例要由高缴费率维持，势必加重投保人经济负担以及政府财政的负担，激化缴费群体与已受益群体之间矛盾，弱化了个人或家庭应对未来风险防范意识，整个社会对长期护理保险制度产生过度依赖，也不利于多支柱补偿体系的建立。较低的补偿比例，虽然能够维持制度收支平衡，但会出现被保险人对制度信心不足的问题，扩大长期护理保险制度的覆盖面难度大。因而补偿比例是各种因素相互均衡的结果，目标补偿比例宜适度。个人适当承担一定比例的护理费用，可以抑制过度需求，避免资源过度利用和浪费。

给付标准的目标定位还需对补偿门槛科学界定。在长期护理保险制度中，需要对"长期"一词加以界定，制度的本意是因部分失能者长期处于失能状态，而使护理服务财务负担加重，需要通过保险的风险共担机制来化解。因而，需要设置长期护理保险制度待遇给付门槛，即连续失能时间的界限。

（二）长期护理保险试点政策改革路径

中国长期护理保险制度改革的目标不可能一蹴而就，为了满足失能者长期护理需求的最基本需求，试点改革需要分步推进，从风险发生概率最大的需要者逐步覆盖到所有的需要者，从满足最低需要逐步提高到满足基本需要。具体改革路径可以分为制度创建期、制度完善期、制度成熟期三个阶段。

1. 制度创建期：重在搭建制度框架，目标定位宜窄不宜宽

设置 5 年左右的制度创建期，以搭建制度框架为主要任务。在制度创建期，资金来源主要依靠医疗保险资金的调剂、政府财政拨款、福利彩票资金等筹集方式，还没有形成制度内在的资金平衡机制，因而在制度创建期的目标定位的基本思路是宜窄不宜宽。优先解决失能风险发生概率较高的老年人群体的失能问题，主要解决失能老人中的重度失能老人的财务问题，重点解决日常生活活动能力中最基本活动能力受限的老年人护理服务的财务问题。

首先，制度覆盖的群体与城镇职工医疗保险制度一致，与城镇职工医疗保险制度捆绑实施长期护理保险制度，因为城镇职工医疗保险制度参保人群的资金来源渠道相对稳定，且雇主、个人多方筹资，政

府财政压力小；而城乡居民医疗保险制度的资金主要来源于政府财政支持，个人承担的份额较小，制度本身的财务收支压力大，如果在长期护理保险制度创建期就覆盖城乡居民，势必会导致政府财政压力加大，在长期护理保险制度还不成熟时，覆盖面过宽会导致制度自身财力出现危机。其次，严格限制给付标准。将床位费、护理服务费、设备使用费、护理耗材等设为长期护理保险补偿范围。失能者经过失能评估6个月后可以申请享受长期护理保险补偿，在制度创建期补偿标准比例为60%，对于居家护理的可以适度提高补偿比例。

2. 制度完善期：重在完善制度内容，目标定位逐步推进

制度完善期的主要任务是完善长期护理保险制度的财务筹资机制、覆盖范围、评估标准和待遇标准等。在制度完善期，制度的资金来源实施个人、雇主和国家三方共担的责任机制，资金来源渠道宽，制度内部财务能够均衡，因而在制度成熟期目标定位的基本思路是稳步推进的，实现对失能老人的全覆盖，满足失能老人长期护理服务的基本需要。

首先，完善失能等级评估标准，失能者从最基本的日常生活活动能力受限的老年人，逐步扩大到认知障碍人群。目标人群从优先解决60岁及以上重度失能老人财务风险扩大到60岁及以上中度失能老人群体的财务风险。制度覆盖的群体从单一的城镇职工医疗保险参保人群，扩大到城乡居民医疗保险参保人群。其次，适度提高补偿标准，缓解失能者财务负担。在失能者连续失能6个月后，长期护理保险补偿标准逐步提高到75%，个人负担25%。对于居家护理的可以适度提高补偿比例至85%。

3. 制度成熟期：重在目标全覆盖，提升目标人群生活品质

在制度完善期后，长期护理保险制度进入制度成熟期，制度成熟期的主要任务是目标人群的全覆盖，不断提升目标人群长期护理服务质量，提高目标人群的生活品质。

首先，不断完善长期护理保险评估标准，以满足不同失能者护理服务的需求。目标人群从 60 岁及以上的老年人，逐步扩大到所有参保人群中失能者，既包括老年失能者也包括年轻人中的失能者，但 60 岁以下失能者必须符合法定的疾病和失能等级才能享受长期护理保险的待遇给付。赔付对象从重度失能者、中度失能者扩大到轻度失能者，但轻度失能者至少有 2 项 ADL 功能障碍。其次，将护理服务内容从生活护理、医疗护理延伸到精神慰藉，以满足精神障碍人群的护理服务需求。

六　中国长期保险试点政策改革的政策建议

根据长期护理保险的试点改革状况，按照试点改革目标与路径要求，长期护理保险试点应以构建统一的制度框架为改革重点，坚持广覆盖、保基本、多层次、可持续的指导方针，坚持与经济发展水平相适应的原则，逐步实现个人福利和职业获取相结合，对弱势群体提供缴费补贴，应遵循"大众参与、小众受益"的积极价值取向，逐步成为满足参保者基本长期护理需求的社会保险"第六险"。

要充分借鉴国外成熟经验和牢记我国以往社会保险深刻的教训，一要在目标定位上体现统一性、普惠性，避免重现养老保险、医疗保险发展过程中的人均有别、碎片化发展的经验教训，以建立适度倾斜的普惠制度为目标。二要强调保基本、多层次，发挥商业保险在精算分析、风险管控、信息技术、服务提供等方面的作用，提升管理服务水平。三要注重标准化、强制化，建立严格的准入、评估、监管机制，制定标准化的制度、技术、规定，确保高效可持续运营，增强民众的获得感和幸福感。

（一）建立统一的失能评估标准体系

加快失能评估和护理标准体系建设，研究制定全国统一的失能等级评定标准。如表 6 所示，可以参考英国的失能老人评估标准体系，建立国家评估标准，为各地方长期护理保险试点提供指导性的、方向性的政策依据。统一并不代表完全一致，各地区可以结合实际情况，在统一的国家评估标准基础上，遵循可操作性强、实用性强、评估标准清晰的原则，改进现有的失能评估标准，探索实行本土化的失能评估标准体系。在原有的对失能者疾病状况和生活自理能力状况评估的基础上，着重对其在认知能力、情绪控制、心理状态、社会支持等多方面加以评估，建立对失能者护理服务需求的全方位、多层次的综合评估机制。

表 6　英国失能老人评估标准体系审查框架

护理需求程度	资格条件
严重需求者	严重危及生活；患有重大疾病；无法独立使用周围环境的主要设施；被忽视或受虐待；无法照顾自己和做家务；无法完成主要工作、教育或学习；无法获得社会支持；无法承担家庭和社会的主要角色
高度需求者	可独立使用周围环境的部分主要设施；被忽视或被虐待；无法完成大部分的家务和照顾自我；无法完成大部分的工作、教育或学习；能获取极少的社会支持或支持不能持续；无法承担家庭和社会的大部分角色
中度需求者	只能完成少部分的个人照顾活动和家务；可胜任一部分工作、教育和学习，但不能持续很久；获取一部分社会关系支持，但不能持续；能承担一部分的家庭和社会角色
低需求者	不能完成一项或两项个人照顾活动或家务；能胜任一两项工作、教育和学习，但不能持续很久；能获取一两方面的社会支持，但不能持续；能胜任一两种家庭和社会角色

资料来源：Disability Alliance，http://www.disabilityalliance.org。

（二）建立可持续和可负担的独立筹资机制

从目前试点状况来看，中国的长期护理保险应作为一个独立的险种单独筹资，长期护理保险制度应作为一个兼具强制性、一体化、保基本及福利性特点的社会保障制度来为国民提供基本的护理保障。

首先，筹资应具备强制性的特征。长期护理保险具有社会风险，而个人是非理性的，需要国家采取强制性的方式进行制度安排，对资源配置进行干预。其次，筹资应统筹城乡发展。"碎片化"一直是中国社会保障制度的一大弊端，作为一项新的社会保障制度，在长期护理保险试点过程中，参保主体覆盖对象"先城后乡，人群有别"的试点做法不可取，应逐步覆盖全体劳动者。再次，应明确多元主体的筹资责任。一方面，长期护理保险的福利性特征要求将公共财政投入作为资金筹集来源的一部分，对参保者进行标准、统一的补助，对部分特殊困难群体适当调整补助额度，确保他们能够参与制度中并享受到护理服务；另一方面，加强个人和企业筹资责任建设，建立筹资激励机制，激励年轻人尽早参保，降低未来长期护理保险赔付风险。最后，筹资水平坚持适度原则。筹资水平应与经济社会发展水平相适应，保障受益对象的基本护理需求，确保可持续性与可负担性，实现筹资财务测算的长期平衡。

以此为基础，逐步摆脱对医疗保险筹资的依赖，形成"保险缴费 + 使用者负担 + 政府补贴"的独立筹资机制，明确各缴费主体的筹资责任和比例。保险资金大部分应源于长期护理保险缴费，这部分由企业缴付和个人缴付共同组成，建议占比为 50% ~ 60%。根据国际经验，个人负担比例不宜超过 25%，否则会导致个人负担比例过重，日本的个人负担比例为 10%，韩国机构、居家护理分别为 20% 和 15%，而我国上海试点这一数据是 15% 和 10%，这里建议个人缴费负担占比在 10% ~ 20%。另外，明确各级政府筹资责任和筹资比例，结合社会保险降费改革措施，充分利用养老保险和医疗保险个人账户改革政策，鼓励个人增加长期护理保险缴费积累。

（三）建立与护理服务等级衔接的保险给付机制

在失能评估标准完善的基础上，建立与失能评估标准、护理服务等级衔接的长期护理保险分级给付机制。试点地区采取不同的评估鉴定标准，且失能等级分级标准模糊，造成长期护理保险给付与护理服务等级脱节，不利于长期护理保险制度的可持续发展。因此，在进一步改革过程中，要根据长期护理需求评估机制，科学划分长期护理需求等级，对不同等级长期护理保险给付标准和水平实行差别化待遇，设置不同等级护理服务的给付类型和限额。同时，根据地方经济社会发展水平，规范给付对象、待遇支付方式和支付范围，确定长期护理保险待遇支付的基本目录，以合理控制长期护理保险给付水平。

（四）建立以信息服务为基础的第三方机构监管系统

由政府部门主导的信息服务平台，通过信息共享，实现服务机构、经办机构、管理机构、监管机构等多平台的联动配合机制，有利于第三方机构迅速掌握长期护理保险制度运行状况和问题。将合同制引入第三方机构监管制度中来，政府和第三方监管机构之间签订合同，通过合同来约束第三方监管机构的行为，保护受益者的合法权益。这样，将实际管理者和监督管理者的角色分离，地方政府通过委托的方式，实现管理角色转变。第三方监管机构能够充分发挥自身强项，保证管理活动的独立性，从而保障监管系统的效率。另外，通过建立机构准入制度、质量监管制度、行业最低工资制和政策补贴等配套政策，引导社会力量进入长期护理保险监管服务行业，保证不同性质的护理机构平等参与竞争的同时提高监管质量。

（五）构建长期护理地区预防体系

随着人口结构的快速转型，中国人口老龄化向高龄化转变的速度加剧，未来长期护理保险赔付将会大量增加，失能老年人的失能转换概率随着高龄化程度加深而提高，长期护理保险面临资金和服务的双重压力。从发达国家长期护理保险制度经验来看，日本建立长期护理保险制度后，由于个人负担比例较低，长期护理保险基金在2005年前后出现支付压力，支出达到制度改革初期的2倍以上。2006年，日本建立长期护理地区预防和联动体系，由被动保障转变为以预防机制为基础的主动综合保障，抑制失能转换概率，从而有效控制了长期护理保险支出。鉴于日本的改革经验，中国应以社区为依托，构建长期护理预防体系，开展地区预防性访问护理、上门体能康复、预防性访问照顾等服务项目，将长期护理工作重点从治疗和康复转移到综合预防体系建设上来，强化地区紧密型的护理服务，为被保险人提供小规模、灵活的地区护理服务，满足被保险人护理需求的多样化，建立地区性护理预防和联动服务机制。

附表

15 个试点城市长期护理保险现行政策文件目录

试点城市		长期护理保险现行政策文件
承德市	2016.11.23	《关于建立城镇职工长期护理保险制度的实施意见》（承市政字〔2016〕156 号）
	2016.11	《承德市城镇职工长期护理保险实施办法（试行）》
	2018.5.10	《承德县人力资源和社会保障局　关于申报市本级长期护理保险定点服务机构的通知》
	2018.8.15	《承德市城镇职工长期护理保险居家护理管理办法（试行）》
长春市	2015.2.16	《长春市人民政府办公厅关于建立失能人员医疗照护保险制度的意见》（长府办发〔2015〕3 号）
	2015.3.16	《长春市失能人员医疗照护保险实施办法（试行）》
	2017.4.16	《吉林省人民政府办公厅转发省人力资源社会保障厅等部门关于进一步推进长期护理保险制度试点实施意见的通知》（吉政办发〔2017〕28 号）
	2017.4.25	《吉林省人力资源社会保障厅关于印发吉林省长期护理保险制度试点管理暂行办法的通知》（吉人社办字〔2017〕28 号）
	2017.4.25	《吉林省长期护理保险制度试点经办规程（试行）》（吉人社办字〔2017〕29 号）
	2019.6.25	《吉林省省直开展长期护理保险制度试点工作实施方案》（吉医保联〔2019〕10 号）

续表

试点城市		长期护理保险现行政策文件
齐齐哈尔市	2017.9	《齐齐哈尔市人力资源和社会保障局关于印发〈齐齐哈尔市长期护理保险定点护理服务机构协议管理办法试行〉》的通知（齐医险发〔2017〕69号）
	2017.9	《齐齐哈尔市人力资源和社会保障局关于印发〈齐齐哈尔市长期护理保险失能人员生活活动能力等级评定管理办法（试行）〉的通知》（齐人社规〔2017〕5号）
	2017.9	《齐齐哈尔市人民政府办公室关于印发齐齐哈尔市长期护理保险实施方案（试行）的通知》（齐政办规〔2017〕15号）
	2017.9	《齐齐哈尔市长期护理保险实施细则（试行）》（齐人社规〔2017〕4号）
上海市	2017.12.30	《上海市人民政府关于印发修订后的〈上海市长期护理保险试点办法〉的通知（2017）》（沪府发〔2017〕97号）
	2018.1.5	《上海市人民政府办公厅关于印发〈上海市老年照护统一需求评估及服务管理办法〉的通知》（沪府办规〔2018〕2号）
	2017.12.30	《关于印发〈上海市长期护理保险试点办法实施细则（试行）〉的通知》（沪人社规〔2017〕44号）
	2017.12.30	《关于印发〈上海市长期护理保险结算办法（试行）〉的通知》（沪人社规〔2017〕45号）
	2018.1.5	《关于印发〈上海市老年照护统一需求评估办理流程和协议管理实施细则（试行）〉的通知》（沪人社规〔2018〕3号）
	2018.1.10	《关于公布本市长期护理保险评估费试行价格的通知》（沪价费〔2018〕1号）
	2018.2.5	《关于本市长期护理保险试点有关个人负担费用补贴的通知》（沪民规〔2018〕2号）
	2018.11.16	《关于印发〈上海市老年照护统一需求评估标准（试行）〉的通知》
南通市	2015.10.16	《南通市人民政府印发〈关于建立基本照护保险制度的意见（试行）〉的通知》（通政发〔2015〕73号）
	2016.1.7	《关于引发〈南通市基本照护保险实施细则（试行）〉的通知》（通人社规〔2015〕17号）

试点城市		长期护理保险现行政策文件
南通市	2016.9.6	《关于印发〈南通市区基本照护保险定点照护服务机构协议管理试行办法〉的通知》（通人社规〔2016〕16 号）
	2017.1.5	《关于印发〈南通市基本照护保险实施细则〉的通知》（通人社规〔2016〕28 号）
	2017.1.9	《关于医疗保险和照护保险照护服务标准化管理的通知》（通人社规〔2017〕1 号）
	2017.7.3	《关于试行将居家照护服务企业纳入市区基本照护保险协议管理的通知》（通人社规〔2017〕13 号）
	2017.9.28	《关于印发〈南通市基本照护保险居家上门照护服务意见〉的通知》（通人社规〔2017〕25 号）
	2017.11.1	《关于印发〈南通市照护保险定点照护服务机构考核暂行办法〉的通知》（通人社规〔2017〕27 号）
	2017.12.8	《关于调整市区医疗保险、照护保险有关政策的通知》（通人社规〔2017〕40 号）
	2018.5.21	《关于做好全市照护保险工作的通知》（通人社医〔2018〕17 号）
	2018.6.8	《关于开展基本照护保险辅助器具服务的意见（试行）》（通人社规〔2018〕15 号）
	2018.12.24	《关于建立全市统一基本照护保险制度的意见》（通人社医〔2018〕28 号）
	2018.12.28	《关于将部分辅助器具服务纳入照护保险基金支付的通知》（通人社规〔2018〕22 号）
苏州市	2017.6.30	《市政府印发关于开展长期护理保险试点的实施意见的通知》（苏府〔2017〕77 号）
	2017.9.23	《苏州市区长期护理保险经办规程（试行）》（苏社基〔2017〕55 号）
	2017.9.28	《关于印发苏州市长期护理保险定点护理服务机构管理办法（试行）的通知》（苏人保医〔2017〕21 号）
	2017.9.28	《关于印发苏州市长期护理保险生活照料服务项目和标准（试行）的通知》（苏人保医〔2017〕22 号）

续表

试点城市	长期护理保险现行政策文件	
苏州市	2017.9.28	《关于印发苏州市长期护理保险失能等级评估参数表和自测表（试行）的通知》（苏人保医〔2017〕23 号）
	2017.9.28	《苏州市长期护理保险失能等级评估管理办法（试行）》（苏人保医〔2017〕24 号）
	2017.12.21	《关于开展苏州市区 2017 年度护理院申请纳入医疗保险及长期护理保险协议管理工作的通知》
	2018.5.18	《关于明确苏州市长期护理保险居家护理服务机构和服务人员条件的通知（试行）》（苏人保医〔2018〕19 号）
	2018.5.21	《关于明确苏州市长期护理保险居家护理服务项目内容和待遇标准的通知（试行）》（苏人保医〔2018〕20 号）
	2018.6.29	《关于开展苏州市区居家护理机构申请纳入长期护理保险协议管理工作的通知》（苏社基〔2018〕46 号）
	2018.10.30	《关于苏州大市范围内试行开展异地享受长期护理保险待遇工作的通知》（苏人保医〔2018〕35 号）
	2019.6.7	《关于开展苏州市 2019 年度居家护理机构申请纳入长期护理保险协议管理工作的通知》（苏社基〔2019〕42 号）
宁波市	2017.10.17	《宁波市人民政府办公厅关于印发宁波市长期护理保险制度试点方案的通知》（甬政办发〔2017〕115 号）
	2017.12.06	《关于印发〈宁波市长期护理保险试点实施细则〉的通知》（甬人社发〔2017〕159 号）
	2017.12.04	《关于印发〈宁波市长期护理保险失能评估试点办法〉的通知》（甬人社发〔2017〕160 号）
	2019.1.22	《宁波市民政局、宁波市财政局、宁波市人力资源和社会保障局关于印发宁波市老年人生活能力评估办法的通知》（甬民发〔2018〕150 号）
安庆市	2017.8.10	《安庆市人民政府办公室关于安庆市城镇职工长期护理保险试点的实施意见》（宜政办秘〔2017〕5 号）
	2017.8.10	《关于印发〈安庆市职工长期护理保险实施细则（试行）〉的通知》（宜人社秘〔2017〕136 号）

试点城市		长期护理保险现行政策文件
上饶市	2016.12.1	《上饶市人民政府办公厅关于印发开展长期护理保险试点工作实施方案的通知》（饶府厅字〔2016〕122号）
	2017.7.20	《关于印发上饶市长期护理保险制度试点经办规程（试行）的通知》（饶人社字〔2017〕162号）
	2019.8.5	《上饶市人民政府印发关于全面开展长期护理保险制度试点实施方案的通知》（饶府字〔2019〕33号）
荆门市	2016.11.22	《荆门市人民政府关于印发荆门市长期护理保险办法（试行）的通知》（荆政发〔2016〕43号）
	2017.1.11	关于印发《荆门市长期护理保险实施细则（试行）》和《荆门市长期护理保险定点服务机构管理办法（试行）》的通知（荆人社〔2016〕26号）
	2018.7.26	《市人民政府办公室关于加强长期护理服务从业人员队伍建设的意见》（荆政办文〔2017〕6号）
青岛市	2017.2.20	《关于将重度失智老人纳入长期护理保险保障范围并实行"失智专区"管理的试点意见》（青人社发〔2016〕27号）
	2016.7.4	《关于印发〈青岛市人力资源和社会保障局长期护理保险定点护理服务机构协议管理办法（试行）〉的通知》（青人社字〔2016〕31号）
	2018.3.15	《青岛市长期照护需求等级评估实施办法》（青人社规〔2018〕3号）
	2018.3.16	《关于实施〈青岛市长期护理保险暂行办法〉有关问题的通知》（青人社规〔2018〕4号）
	2018.3.15	《关于印发〈青岛市长期护理保险定点护理服务机构协议管理办法〉的通知》（青人社规〔2018〕5号）
	2018.5.30	《关于印发〈青岛市长期护理保险定点护理服务机构考核办法（试行）〉的通知》（青人社规〔2018〕12号）
	2018.10.11	《关于印发〈青岛市长期护理保险照护需求等级第三方评估工作监督管理办法（试行）〉的通知》（青人社办字〔2018〕150号）

续表

试点城市		长期护理保险现行政策文件
广州市	2017.7	《广州市人民政府办公厅关于开展长期护理保险制度试点工作的意见》（穗府办函〔2017〕67号）
	2017.7.31	《关于印发〈广州市长期护理保险试行办法〉的通知》（穗人社规字〔2017〕6号）
	2017.10	《广州市长期护理保险鉴定评估费用使用和管理规程》（穗人社发字〔2017〕57号）
	2018.1.10	《广州市医疗保障局、广州市民政局、广州市卫生健康委员会关于印发广州市长期护理保险协议定点服务机构管理办法的通知》（穗人社规字〔2018〕1号）
	2018.8.20	《广州市人民政府办公厅关于印发深入组织实施老年人照顾服务项目工作方案的通知》（穗府办函〔2018〕142号）
	2019.7.26	《关于印发〈广州市长期护理保险试行办法〉的通知》（穗医保规字〔2019〕8号）
重庆市	2017.12.25	《重庆市人力资源和社会保障局、重庆市财政局关于印发重庆市长期护理保险制度试点意见》的通知（渝人社发〔2017〕280号）
成都市	2017.3.28	《成都市人民政府关于印发成都市长期照护保险制度试点方案的通知》（成府函〔2017〕22号）
	2017.4.7	《成都市长期照护保险实施细则（试行）》（成人社发〔2017〕20号）
	2018.10.22	《关于印发〈成都市长期照护保险失能照护服务项目和标准（失智）〉和〈成都市长期照护保险协议照护服务机构标准（失智）〉的通知》（成医发〔2018〕17号）
	2018.11.23	《成都市医疗保险管理局关于长期照护保险失能照护服务项目及待遇标准（失智）的通知》（成医发〔2018〕18号）
石河子市	2017.3.10	《八师石河子市长期护理保险实施细则（试行）的通知》

附录 3　国务院办公厅关于全面放开养老服务市场提升养老服务质量的若干意见

国办发〔2016〕91 号

各省、自治区、直辖市人民政府，国务院各部委、各直属机构：

养老服务业既是涉及亿万群众福祉的民生事业，也是具有巨大发展潜力的朝阳产业。近年来，我国养老服务业快速发展，产业规模不断扩大，服务体系逐步完善，但仍面临供给结构不尽合理、市场潜力未充分释放、服务质量有待提高等问题。随着人口老龄化程度不断加深和人民生活水平逐步提高，老年群体多层次、多样化的服务需求持续增长，对扩大养老服务有效供给提出了更高要求。为促进养老服务业更好更快发展，经国务院同意，现提出如下意见：

一　总体要求

（一）指导思想

全面贯彻党的十八大和十八届三中、四中、五中、六中全会精神，深入学习贯彻习近平总书记系列重要讲话精神和治国理政新理念新思想新战略，认真落实党中央、国务院决策部署，紧紧围绕"五位一体"总体布局和"四个全面"战略布局，坚持以新发展理念引领经济发展新常态，坚持中国特色卫生与健康发展道路，持续深化简政放权、放管结合、优化服务改革，积极应对人口老龄化，培育健康养老意识，加快推进养老服务业供给侧结构性改革，保障基本需求，繁荣养老市场，提升服务质量，让广大老年群体享受优质养老服务，切实增强人民群众获得感。

（二）基本原则

深化改革，放开市场。进一步降低准入门槛，营造公平竞争环境，积极引导社会资本进入养老服务业，推动公办养老机构改革，充分激发各类市场主体活力。

改善结构，突出重点。补齐短板，将养老资源向居家社区服务倾斜，向农村倾斜，向失能、半失能老年人倾斜。进一步扩大护理型服务资源，大力培育发展小型化、连锁化、专业化服务机构。

鼓励创新，提质增效。树立健康养老理念，注重管理创新、产品创新和品牌创新，积极运用新技术，培育发展新业态，促进老年产品用品丰富多样、养老服务方便可及。

强化监管，优化环境。完善监督机制，健全评估制度，推动行业标准化和行业信用建设，加强行业自律，促进规范发展，维护老年人合法权益。

（三）发展目标

到 2020 年，养老服务市场全面放开，养老服务和产品有效供给能力大幅提升，供给结构更加合理，养老服务政策法规体系、行业质量标准体系进一步完善，信用体系基本建立，市场监管机制有效运行，服务质量明显改善，群众满意度显著提高，养老服务业成为促进经济社会发展的新动能。

二　全面放开养老服务市场

（四）进一步放宽准入条件

降低准入门槛。设立营利性养老机构，应按"先照后证"的简化程序执行，在工商行政管理部门办理登记后，在辖区县级以上人民政府民政部门申请设立许可。在民政部门登记的非营利性养老机构，可以依法在其登记管理机关管辖范围内设立多个不具备法人资格的服务网点。非本地投资者举办养老服务项目与当地投资者享受同等政策待遇，当地不得以任何名目对此加以限制。

放宽外资准入。在鼓励境外投资者在华举办营利性养老机构的基础上，进一步放开市场，鼓励境外投资者设立非营利性养老机构，其设立的非营利性养老机构与境内投资者设立的非营利性养老机构享受同等优惠政策。

精简行政审批环节。全面清理、取消申办养老机构的不合理前置审批事项，优化审批程序，简化审批流程。申请设立养老服务类社会组织，符合直接登记条件的可以直接向民政部门依法申请登记，不再经由业务主管单位审查同意。支持新兴养老业态发展，对于养老机构以外的其他提供养老服务的主体，鼓励其依法办理法人登记并享受相关优惠政策。

（五）优化市场环境

进一步改进政府服务。举办养老机构审批过程中涉及的各有关部门，都要主动公开审批程序和审批时限，推进行政审批标准化，加强对筹建养老机构的指导服务。加快推行养老机构申办一站式服务，建立"一门受理、一并办理"的网上并联审批平台，进一步提高审批效率。根据消防法和有关规定，制定既保障安全、又方便合理的养老机构设立和管理配套办法。

完善价格形成机制。加快建立以市场形成价格为主的养老机构服务收费管理机制。对于民办营利性养老机构，服务收费项目和标准由经营者自主确定。对于民办非营利性养老机构，服务收费标准由经营者合理确定，有关部门对其财务收支状况、收费项目和调价频次进行必要监管，同时加强对价格水平的监测分析。对于政府运营的养老机构，以扣除政府投入、社会捐赠后的实际服务成本为依据，按照非营利原则,实行政府定价或政府指导价;对于以公建民营等方式运营的养老机构,采用招投标、委托运营等竞争性方式确定运营方,具体服务收费标准由运营方依据委托协议等合理确定。

加快公办养老机构改革。各地要因地制宜设置改革过渡期,加快推进具备向社会提供养老服务条件的公办养老机构转制成为企业或开展公建民营,到2020年政府运营的养老床位数占当地养老床位总数的比例应不超过50%。鼓励社会力量通过独资、合资、合作、联营、参股、租赁等方式,参与公办养老机构改革。完善公建民营养老机构管理办法,政府投资建设和购置的养老设施、新建居民区按规定配建并移交给民政部门的养老设施、国有单位培训疗养机构等改建的养老设施,均可实施公建民营。改革公办养老机构运营方式,鼓励实行服务外包。

加强行业信用建设。建立覆盖养老服务行业法人、从业人员和服务对象的行业信用体系。建立健全信用信息记录和归集机制,加强与全国信用信息共享平台的信息交换和共享,通过企业信用信息公示系统向社会公示相关企业的行政许可、行政处罚等信息。引入第三方征信机构,参与养老行业信用建设和信用监管。建立多部门、跨地区的联合奖惩机制,将信用信息作为各项支持政策的重要衡量因素,对诚实守信者在政府购买服务、债券发行等方面实行优先办理、简化程序等绿色通道支持激励政策,建立养老服务行业黑名单制度和市场退出机制,加强行业自律和监管。

三 大力提升居家社区养老生活品质

(六)推进居家社区养老服务全覆盖

开展老年人养老需求评估,加快建设社区综合服务信息平台,对接供求信息,提供助餐、助洁、助行、助浴、助医等上门服务,提升居家养老服务覆盖率和服务水平。依托社区服务中心(站)、社区日间照料中心、卫生服务中心等资源，为老年人提供健康、文化、体育、法律援助等服务。鼓励建设小型社区养老院，满足老年人就近养老需求，方便亲属照护探视。

（七）提升农村养老服务能力和水平

依托农村社区综合服务设施，拓展养老服务功能。鼓励各地建设农村幸福院等自助式、互助式养老服务设施，加强与农村危房改造等涉农基本住房保障政策的衔接。农村集体经济、农村土地流转等收益分配应充分考虑解决本村老年人的养老问题。加强农村敬老院建设和改造，推动服务设施达标，满足农村特困人员集中供养需求，为农村低收入老年人和失能、半失能老年人提供便捷可及的养老服务。鼓励专业社会工作者、社区工作者、志愿服务者加强对农村留守、困难、鳏寡、独居老年人的关爱保护和心理疏导、咨询等服务。充分依托农村基层党组织、自治组织和社会组织等，开展基层联络人登记，建立应急处置和评估帮扶机制，关注老年人的心理、安全等问题。

（八）提高老年人生活便捷化水平

通过政府补贴、产业引导和业主众筹等方式，加快推进老旧居住小区和老年人家庭的无障碍改造，重点做好居住区缘石坡道、轮椅坡道、公共出入口、走道、楼梯、电梯候梯厅及轿厢等设施和部位的无障碍改造，优先安排贫困、高龄、失能等老年人家庭设施改造，组织开展多层老旧住宅电梯加装。支持开发老年宜居住宅和代际亲情住宅。各地在推进易地扶贫搬迁以及城镇棚户区、城乡危房改造和配套基础设施建设等保障性安居工程中，要统筹考虑适老化设施配套建设。

四 全力建设优质养老服务供给体系

（九）推进"互联网＋"养老服务创新

发展智慧养老服务新业态，开发和运用智能硬件，推动移动互联网、云计算、物联网、大数据等与养老服务业结合，创新居家养老服务模式，重点推进老年人健康管理、紧急救援、精神慰藉、服务预约、物品代购等服务，开发更加多元、精准的私人订制服务。支持适合老年人的智能化产品、健康监测可穿戴设备、健康养老移动应用软件（App）等设计开发。打通养老服务信息共享渠道，推进社区综合服务信息平台与户籍、医疗、社会保障等信息资源对接，促进养老服务公共信息资源向各类养老服务机构开放。

（十）建立医养结合绿色通道

建立医疗卫生机构设置审批绿色通道，支持养老机构开办老年病院、康复院、医务室等医疗卫生机构，将符合条件的养老机构内设医疗卫生机构按规定纳入城乡基本医疗保险定点范围。鼓励符合条件的执业医师到养老机构、社区老年照料机构内设的医疗卫生机构多点执业。开通预约就诊绿色通道，推进养老服务机构、社区老年照料机构与医疗机构对接，为老年人提供便捷医疗服务。提升医保经办服务能力，切实解决老年人异地就医直接结算问题。探索建立长期护理保险制度，形成多元化的保险筹资模式，推动解决失能人员基本生活照料和相关医疗护理等所需费用问题。

（十一）促进老年产品用品升级

支持企业利用新技术、新工艺、新材料和新装备开发为老年人服务的产品用品，研发老年人乐于接受和方便使用的智能科技产品，丰富产品品种，提高产品安全性、可靠性和实用性；上述企业经认定为高新技术企业的，按规定享受企业所得税优惠。及时更新康复辅助器具配置目录，重点支持自主研发和生产康复辅助器具。

（十二）发展适老金融服务

规范和引导商业银行、保险公司等金融机构开发适合老年人的理财、保险产品，满足老年人金融服务需求，鼓励金融机构建设老年人无障碍设施，开辟服务绿色通道。强化老年人金融安全意识，加大金融消费权益保护力度。稳步推进养老金管理公司试点，按照国家有关规定，积极参与养老金管理相关业务，做好相关受托管理、投资管理和账户管理等服务工作。

五　切实增强政策保障能力

（十三）加强统筹规划

发挥规划引领作用，分级制定养老服务相关规划，与城乡规划、土地利用总体规划、城镇化规划、区域规划等相衔接，系统提升服务能力和水平。各地要进一步扩大面向居家社区、农村、失能半失能老年人的服务资源，结合实际提出养老床位结构的合理比例，到 2020 年护理型床位占当地养老床位总数的比例应不低于 30%。

（十四）完善土地支持政策

统筹利用闲置资源发展养老服务，有关部门应按程序依据规划调整其土地使用性质。营利性养老服务机构利用存量建设用地建设养老设施，涉及划拨建设用地使用权出让（租赁）或转让的，在原土地用途符合规划的前提下，允许补缴土地出让金（租金），办理协议出让或租赁手续。企事业单位、个人对城镇现有空闲的厂房、学校、社区用房等进行改造和利用，举办养老服务机构，经有关部门批准临时改变建筑使用功能从事非营利性养老服务且连续经营一年以上的，五年内土地使用性质可暂不作变更。民间资本举办的非营利性养老机构与政府举办的养老机构可依法使用农民集体所有的土地。对在养老服务领域采取政府和社会资本合作（PPP）方式的项目，可以国有建设用地使用权作价出资或者入股建设。

（十五）提升养老服务人才素质

将养老护理员培训作为职业培训和促进就业的重要内容。对参加养老服务技能培训或创业培训且培训合格的劳动者，按规定给予培训补贴。推动普通高校和职业院校开发养老服务和老年教育课程，为社区、老年教育机构及养老服务机构等提供教学资源及服务。完善职业技能等级与养老服务人员薪酬待遇挂钩机制。建立养老服务行业从业人员奖惩机制，提升养老护理队伍职业道德素养。将养老护理员纳入企业新型学徒制试点和城市积分入户政策范围。积极开发老年人力资源，为老年人的家庭成员提供养老服务培训，倡导"互助养老"模式。

（十六）完善财政支持和投融资政策

完善财政支持政策。各地要建立健全针对经济困难的高龄、失能老年人的补贴制度，统一设计、分类施补，提高补贴政策的精准度。对养老机构的运行补贴应根据接收失能老年人等情况合理发放。各级政府要加大投入，支持养老服务设施建设，切实落实养老机构相关税费优惠政策，落实彩票公益金支持养老服务体系建设政策要求。鼓励各地向符合条件的各类养老机构购买服务。

拓宽投融资渠道。鼓励社会资本采取建立基金、发行企业债券等方式筹集资金，用于建设养老设施、购置设备和收购改造社会闲置资源等。鼓励银行业金融机构以养老服务机构有偿取得的土地使用权、产权明晰的房产等固定资产和应收账款、动产、知识产权、股权等抵质押，提供信贷支持，满足养老服务机构多样化融资需求。有条件的地方在风险可控、不改变养老机构性质和用途的前提下，可探索养老服务机构其他资产抵押贷款的可行模式。

六　加强监管和组织实施

（十七）加强服务监管

各地要建立健全民政部门和相关部门协同配合的监管机制，加强对养老机构运营和服务的监管。严禁以举办养老机构名义从事房地产开发，严禁利用养老机构的房屋、场地、设施开展与养老服务无关的活动，严禁改变机构的养老服务性质。做好养老服务领域非法集资信息监测和分析工作，做好政策宣传和风险提示工作。对养老服务中虐老欺老等行为，对养老机构在收取保证金、办理会员卡和发行金融产品等活动中的违法违规行为，要依法严厉查处。加强养老设施和服务安全管理，建立定期检查机制，确保老年人人身安全。

（十八）加强行业自律

民政、质检等部门要进一步完善养老服务标准体系，抓紧制定管理和服务标准。落实养老机构综合评估和报告制度，开展第三方评估并向社会公布，评估结果应与政府购买服务、发放建设运营补贴等挂钩。政府运营的养老机构要实行老年人入住评估制度，综合评估申请入住老年人的情况，优先保障特困人员集中供养需求和其他经济困难的孤寡、失能、高龄等老年人的服务需求。

（十九）加强宣传引导

坚持以社会主义核心价值观为引领，弘扬中华民族尊老、敬老的社会风尚和传统美德，开展孝敬教育，营造养老、助老的良好社会氛围，加强对养老服务业发展过程中涌现出的先进典型和先进事迹的宣传报道，及时总结推广养老服务业综合改革试点中的好经验、好做法。依法打击虐待、伤害老年人及侵害老年人合法权益的行为。积极组织开展适合老年人的文化体育娱乐活动，引导老年人积极参与社区服务、公益活动和健康知识培训，丰富老年人精神文化生活。

（二十）加强督促落实

各地要把全面放开养老服务市场、提升养老服务质量摆在重要位置，建立组织实施机制，及时制定配套实施意见，对政策落实情况进行跟踪分析和监督检查，确保责任到位、工作到位、见到实效。各部门要加强协同配合，落实和完善相关优惠政策，共同促进养老服务提质增效。对不落实养老服务政策，或者在养老机构运营和服务中有违反法律法规行为的，依法依规追究相关人员的责任。国家发展改革委、民政部要会同有关部门加强对地方的指导，及时督促检查并报告工作进展情况。

附件：重点任务分工及进度安排表

国务院办公厅

2016 年 12 月 7 日

（此件公开发布）

附件

重点任务分工及进度安排表

序号	工作任务	负责部门	时间进度
1	鼓励境外投资者设立非营利性养老机构	民政部、公安部、国家发展改革委、商务部等	2016 年 12 月底前完成
2	全面清理、取消申办养老机构的不合理前置审批事项，优化审批程序，简化审批流程	民政部等	2016 年 12 月底前完成
3	根据消防法和有关规定，制定既保障安全、又方便合理的养老机构设立和管理配套办法	民政部、公安部、住房城乡建设部等	2017 年 6 月底前完成
4	完善价格形成机制	国家发展改革委、民政部等	持续实施
5	加快公办养老机构改革	民政部、各省级人民政府	持续实施
6	加强行业信用建设	民政部、国家发展改革委、人民银行、工商总局等	2017 年 6 月底前完成
7	提高老年人生活便捷化水平	住房城乡建设部、民政部、国家发展改革委等	持续实施

续表

序号	工作任务	负责部门	时间进度
8	推进"互联网+"养老服务创新	工业和信息化部、科技部、民政部、国家卫生计生委、国家发展改革委等	持续实施
9	探索建立长期护理保险制度	人力资源社会保障部、国家卫生计生委、财政部、民政部、国家发展改革委、保监会等	2016年12月底前完成
10	制定养老服务相关规划	民政部、国家发展改革委等	2016年12月底前完成
11	完善土地支持政策	国土资源部、住房城乡建设部、国家发展改革委、财政部、民政部等	持续实施
12	完善职业技能等级与养老服务人员薪酬待遇挂钩机制	人力资源社会保障部、民政部等	2016年12月底前完成
13	探索养老服务机构其他资产抵押贷款的可行模式	人民银行、民政部等	持续实施
14	加强服务监管	民政部、人民银行、银监会、国土资源部、住房城乡建设部、公安部、全国老龄办等	持续实施
15	完善养老服务标准体系	民政部、质检总局等	持续实施
16	落实养老机构综合评估和报告制度	民政部等	持续实施
17	政府运营的养老机构实行老年人入住评估制度	民政部等	2016年12月底前完成

附录4　国务院办公厅关于推进养老服务发展的意见

国办发〔2019〕5号

各省、自治区、直辖市人民政府，国务院各部委、各直属机构：

党中央、国务院高度重视养老服务，党的十八大以来，出台了加快发展养老服务业、全面放开养老服务市场等政策措施，养老服务体系建设取得显著成效。但总的看，养老服务市场活力尚未充分激发，发展不平衡不充分、有效供给不足、服务质量不高等问题依然存在，人民群众养老服务需求尚未有效满足。按照2019年政府工作报告对养老服务工作的部署，为打通"堵点"，消除"痛点"，破除发展障碍，健全市场机制，持续完善居家为基础、社区为依托、机构为补充、医养相结合的养老服务体系，建立健全高龄、失能老年人长期照护服务体系，强化信用为核心、质量为保障、放权与监管并重的服务管理体系，大力推动养老服务供给结构不断优化、社会有效投资明显扩大、养老服务质量持续改善、养老服务消费潜力充分释放，确保到2022年在保障人人享有基本养老服务的基础上，有效满足老年人多样化、多层次养老服务需求，老年人及其子女获得感、幸福感、安全感显著提高，经国务院同意，现提出以下意见。

一　深化放管服改革

（一）建立养老服务综合监管制度

制定"履职照单免责、失职照单问责"的责任清单，制定加强养老服务综合监管的相关政策文件，建立各司其职、各尽其责的跨部门协同监管机制，完善事中事后监管制度。健全"双随机、一公开"工作机制，加大对违规行为的查处惩戒力度，坚持最严谨的标准、最严格的监管、最严厉的处罚、最严肃的问责。市场监管部门要将企业登记基本信息共享至省级共享平台或省级部门间数据接口；民政部门要及时下载养老机构相关信息，加强指导和事中事后监管。加快推进养老服务领域社会信用体系建设，2019年6月底前，建立健全失信联合惩戒机制，对存在严重失信行为的养老服务机构（含养老机构、居家社区养老服务机构，以及经营范围和组织章程中包含养老服务内容的其他企业、事业单位和社会组织）及人员实施联合惩戒。养老服务机构行政许可、行政处罚、抽查检查结果等信息按经营性质分别通过全国信用信息共享平台、国家企业信用信息公示系统记于其名下并依法公示。（民政部、发展改革委、人民银行、市场监管总局按职责分工负责，地方各级人民政府负责）

（二）继续深化公办养老机构改革

充分发挥公办养老机构及公建民营养老机构兜底保障作用，在满足当前和今后一个时期特困人员集中供养需求的前提下，重点为经济困难失能（含失智，下同）老年人、计划生育特殊家庭老年人提供无偿或低收费托养服务。坚持公办养老机构公益属性，确定保障范围，其余床位允许向社会开放，研究制定收费指导标准，收益用于支持兜底保障对象的养老服务。探索具备条件的公办养老机构改制为国有养老服务企业。制定公建民营养老机构管理办法，细化评审标准和遴选规则，加强合同执行情况监管。公建民营养老机构运营方应定期向委托部门报告机构资产情况、运营情况，及时报告突发重大情况。（民政部、发展改革委、财政部、中央编办、国资委、卫生健康委按职责分工负责，地方各级人民政府负责）

（三）解决养老机构消防审验问题

依照《建筑设计防火规范》，做好养老机构消防审批服务，提高审批效能。对依法申报消防设计审核、消防验收和消防备案的养老机构，主动提供消防技术咨询服务，依法尽快办理。各地要结合实际推行养老服务行业消防安全标准化管理，注重分类引导，明确养老机构建筑耐火等级、楼层设置和平面布置、防火分隔措施、安全疏散和避难设计、建筑消防设施、消防管理机构和人员、微型消防站建设等配置要求，推动养老机构落实消防安全主体责任，开展隐患自查自改，提升自我管理水平。农村敬老院及利用学校、厂房、商业场所等举办的符合消防安全要求的养老机构，因未办理不动产登记、土地规划等手续问题未能通过消防审验的，2019年12月底前，由省级民政部门提请省级人民政府组织有关部门集中研究处置。具备消防安全技术条件的，由相关主管部门出具意见，享受相应扶持政策。（应急部、住房城乡建设部、自然资源部、民政部、市场监管总局按职责分工负责，地方各级人民政府负责）

（四）减轻养老服务税费负担

聚焦减税降费，养老服务机构符合现行政策规定条件的，可享受小微企业等财税优惠政策。研究非营利性养老服务机构企业所得税支持政策。对在社区提供日间照料、康复护理、助餐助行等服务的养老服务机构给予税费减免扶持政策。落实各项行政事业性收费减免政策，落实养老服务机构用电、用水、用气、用热享受居民价格政策，不得以土地、房屋性质等为理由拒绝执行相关价格政策。（财政部、税务总局、发展改革委、市场监管总局按职责分工负责，地方各级人民政府负责）

（五）提升政府投入精准化水平

民政部本级和地方各级政府用于社会福利事业的彩票公益金，要加大倾斜力度，到 2022 年要将不低于 55% 的资金用于支持发展养老服务。接收经济困难的高龄失能老年人的养老机构，不区分经营性质按上述老年人数量同等享受运营补贴，入住的上述老年人按规定享受养老服务补贴。将养老服务纳入政府购买服务指导性目录，全面梳理现行由财政支出安排的各类养老服务项目，以省为单位制定政府购买养老服务标准，重点购买生活照料、康复护理、机构运营、社会工作和人员培养等服务。（财政部、民政部、卫生健康委按职责分工负责，地方各级人民政府负责）

（六）支持养老机构规模化、 连锁化发展

支持在养老服务领域着力打造一批具有影响力和竞争力的养老服务商标品牌，对养老服务商标品牌依法加强保护。对已经在其他地方取得营业执照的企业，不得要求其在本地开展经营活动时必须设立子公司。开展城企协同推进养老服务发展行动计划。非营利性养老机构可在其登记管理机关管辖区域内设立多个不具备法人资格的服务网点。（市场监管总局、知识产权局、民政部、发展改革委按职责分工负责，地方各级人民政府负责）

（七）做好养老服务领域信息公开和政策指引

建立养老服务监测分析与发展评价机制，完善养老服务统计分类标准，加强统计监测工作。2019 年 6 月底前，各省级人民政府公布本行政区域现行养老服务扶持政策措施清单、养老服务供需信息或投资指南。制定养老服务机构服务质量信息公开规范，公开养老服务项目清单、服务指南、服务标准等信息。集中清理废除在养老服务机构公建民营、养老设施招投标、政府购买养老服务中涉及地方保护、排斥营利性养老服务机构参与竞争等妨碍统一市场和公平竞争的各种规定和做法。（统计局、发展改革委、民政部、财政部、市场监管总局按职责分工负责，各省级人民政府负责）

二　拓宽养老服务投融资渠道

（八）推动解决养老服务机构融资问题

畅通货币信贷政策传导机制，综合运用多种工具，抓好支小再贷款等政策落实。对符合授信条件但暂时遇到经营困难的民办养老机构，要继续予以资金支持。切实解决养老服务机构融资过程中有关金融机构违规收取手续费、评估费、承诺费、资金管理费等问题，减少融资附加费用，降低融资成本。鼓励商业银行探索向产权明晰的民办养老机构发放资产（设施）抵押贷款和应收账款质押贷款。探索允许营利性养老机构以有偿取得的土地、设施等资产进行抵押融资。大力支持符合条件的市场化、规范化程度高的养老服务企业上市融资。支持商业保险机构举办养老服务机构或参与养老服务机构的建设和运营，适度拓宽保险资金投资建设养老项目资金来源。更好发挥创业担保贷款政策作用，对从事养老服务行业并符合条件的个人和小微企业给予贷款支持，鼓励金融机构参照贷款基础利率，结合风险分担情况，合理确定贷款利率水平。（人民银行、财政部、银保监会、证监会、自然资源部按职责分工负责）

（九）扩大养老服务产业相关企业债券发行规模

根据企业资金回流情况科学设计发行方案，支持合理灵活设置债券期限、选择权及还本付息方式，用于为老年人提供生活照料、康复护理等服务设施设备，以及开发康复辅助器具产品用品项目。鼓励企业发行可续期债券，用于养老机构等投资回收期较长的项目建设。对于项目建成后有稳定现金流的养老服务项目，允许以项目未来收益权为债券发行提供质押担保。允许以建设用地使用权抵押担保方式为债券提供增信。探索发行项目收益票据、项目收益债券支持养老服务产业项目的建设和经营。（发展改革委、人民银行、银保监会、证监会

按职责分工负责）

（十）全面落实外资举办养老服务机构国民待遇

境外资本在内地通过公建民营、政府购买服务、政府和社会资本合作等方式参与发展养老服务，同等享受境内资本待遇。境外资本在内地设立的养老机构接收政府兜底保障对象的，同等享受运营补贴等优惠政策。将养老康复产品服务纳入中国国际进口博览会招展范围，探索设立养老、康复展区。（民政部、发展改革委、商务部按职责分工负责）

三 扩大养老服务就业创业

（十一）建立完善养老护理员职业技能等级认定和教育培训制度

2019年9月底前，制定实施养老护理员职业技能标准。加强对养老服务机构负责人、管理人员的岗前培训及定期培训，使其掌握养老服务法律法规、政策和标准。按规定落实养老服务从业人员培训费补贴、职业技能鉴定补贴等政策。鼓励各类院校特别是职业院校（含技工学校）设置养老服务相关专业或开设相关课程，在普通高校开设健康服务与管理、中医养生学、中医康复学等相关专业。推进职业院校（含技工学校）养老服务实训基地建设。按规定落实学生资助政策。（人力资源社会保障部、教育部、财政部、民政部、市场监管总局按职责分工负责，地方各级人民政府负责）

（十二）大力推进养老服务业吸纳就业

结合政府购买基层公共管理和社会服务，在基层特别是街道（乡镇）、社区（村）开发一批为老服务岗位，优先吸纳就业困难人员、建档立卡贫困人口和高校毕业生就业。对养老服务机构招用就业困难人员，签订劳动合同并缴纳社会保险费的，按规定给予社会保险补贴。加强从事养老服务的建档立卡贫困人口职业技能培训和就业指导服务，引导其在养老服务机构就业，吸纳建档立卡贫困人口就业的养老服务机构按规定享受创业就业税收优惠、职业培训补贴等支持政策。对符合小微企业标准的养老服务机构新招用毕业年度高校毕业生，签订 1 年以上劳动合同并缴纳社会保险费的，按规定给予社会保险补贴。落实就业见习补贴政策，对见习期满留用率达到 50% 以上的见习单位，适当提高就业见习补贴标准。（人力资源社会保障部、教育部、财政部、民政部、扶贫办按职责分工负责，地方各级人民政府负责）

（十三）建立养老服务褒扬机制

研究设立全国养老服务工作先进集体和先进个人评比达标表彰项目。组织开展国家养老护理员技能大赛，对获奖选手按规定授予"全国技术能手"荣誉称号，并晋升相应职业技能等级。开展养老护理员关爱活动，加强对养老护理员先进事迹与奉献精神的社会宣传，让养老护理员的劳动创造和社会价值在全社会得到尊重。（人力资源社会保障部、民政部、卫生健康委、广电总局按职责分工负责）

四　扩大养老服务消费

（十四）建立健全长期照护服务体系

研究建立长期照护服务项目、标准、质量评价等行业规范，完善居家、社区、机构相衔接的专业化长期照护服务体系。完善全国统一的老年人能力评估标准，通过政府购买服务等方式，统一开展老年人能力综合评估，考虑失能、失智、残疾等状况，评估结果作为领取老年人补贴、接受基本养老服务的依据。全面建立经济困难的高龄、失能老年人补贴制度，加强与残疾人两项补贴政策衔接。加快实施长期护理保险制度试点，推动形成符合国情的长期护理保险制度框架。鼓励发展商业性长期护理保险产品，为参保人提供个性化长期照护服务。（民政部、财政部、卫生健康委、市场监管总局、医保局、银保监会、

中国残联按职责分工负责）

（十五）发展养老普惠金融

支持商业保险机构在地级以上城市开展老年人住房反向抵押养老保险业务，在房地产交易、抵押登记、公证等机构设立绿色通道，简化办事程序，提升服务效率。支持老年人投保意外伤害保险，鼓励保险公司合理设计产品，科学厘定费率。鼓励商业养老保险机构发展满足长期养老需求的养老保障管理业务。支持银行、信托等金融机构开发养老型理财产品、信托产品等养老金融产品，依法适当放宽对符合信贷条件的老年人申请贷款的年龄限制，提升老年人金融服务的可得性和满意度。扩大养老目标基金管理规模，稳妥推进养老目标证券投资基金注册，可以设置优惠的基金费率，通过差异化费率安排，鼓励投资人长期持有养老目标基金。养老目标基金应当采用成熟稳健的资产配置策略，控制基金下行风险，追求基金资产长期稳健增值。（银保监会、证监会、人民银行、住房城乡建设部、自然资源部按职责分工负责）

（十六）促进老年人消费增长

开展全国老年人产品用品创新设计大赛，制定老年人产品用品目录，建设产学研用协同的成果转化推广平台。出台老年人康复辅助器具配置、租赁、回收和融资租赁办法，推进在养老机构、城乡社区设立康复辅助器具配置服务（租赁）站点。开展系统的营养均衡配餐研究，开发适合老年人群营养健康需求的饮食产品，逐步改善老年人群饮食结构。（民政部、发展改革委、工业和信息化部、科技部、卫生健康委按职责分工负责）

（十七）加强老年人消费权益保护和养老服务领域非法集资整治工作

加大联合执法力度，组织开展对老年人产品和服务消费领域侵权行为的专项整治行动。严厉查处向老年人欺诈销售各类产品和服务的违法行为。广泛开展老年人识骗防骗宣传教育活动，提升老年人抵御欺诈销售的意识和能力。鼓励群众提供养老服务领域非法集资线索，对涉嫌非法集资行为及时调查核实、发布风险提示并依法稳妥处置。对养老机构为弥补设施建设资金不足，通过销售预付费性质"会员卡"等形式进行营销的，按照包容审慎监管原则，明确限制性条件，采取商业银行第三方存管方式确保资金管理使用安全。（市场监管总局、公安部、民政部、卫生健康委、人民银行、银保监会、广电总局按职责分工负责，地方各级人民政府负责）

五　促进养老服务高质量发展

（十八）提升医养结合服务能力

促进现有医疗卫生机构和养老机构合作，发挥互补优势，简化医养结合机构设立流程，实行"一个窗口"办理。对养老机构内设诊所、卫生所（室）、医务室、护理站，取消行政审批，实行备案管理。开展区域卫生规划时要为养老机构举办或内设医疗机构留出空间。医疗保障部门要根据养老机构举办和内设医疗机构特点，将符合条件的按规定纳入医保协议管理范围，完善协议管理规定，依法严格监管。具备法人资格的医疗机构可通过变更登记事项或经营范围开展养老服务。促进农村、社区的医养结合，推进基层医疗卫生机构和医务人员与老年人家庭建立签约服务关系，建立村医参与健康养老服务激励机制。有条件的地区可支持家庭医生出诊为老年人服务。鼓励医护人员到医养结合机构执业，并在职称评定等方面享受同等待遇。（卫生健康委、民政部、中央编办、医保局按职责分工负责）

（十九）推动居家、社区和机构养老融合发展

支持养老机构运营社区养老服务设施，上门为居家老年人提供服

务。将失能老年人家庭成员照护培训纳入政府购买养老服务目录，组织养老机构、社会组织、社工机构、红十字会等开展养老照护、应急救护知识和技能培训。大力发展政府扶得起、村里办得起、农民用得上、服务可持续的农村幸福院等互助养老设施。探索"物业服务＋养老服务"模式，支持物业服务企业开展老年供餐、定期巡访等形式多样的养老服务。打造"三社联动"机制，以社区为平台、养老服务类社会组织为载体、社会工作者为支撑，大力支持志愿养老服务，积极探索互助养老服务。大力培养养老志愿者队伍，加快建立志愿服务记录制度，积极探索"学生社区志愿服务计学分"、"时间银行"等做法，保护志愿者合法权益。（民政部、发展改革委、财政部、卫生健康委、住房城乡建设部、教育部、共青团中央、中国红十字会总会按职责分工负责）

（二十）持续开展养老院服务质量建设专项行动

继续大力推动质量隐患整治工作，对照问题清单逐一挂号销账，确保养老院全部整治过关。加快明确养老机构安全等标准和规范，制定确保养老机构基本服务质量安全的强制性国家标准，推行全国统一的养老服务等级评定与认证制度。健全养老机构食品安全监管机制。扩大养老服务综合责任保险覆盖范围，鼓励居家社区养老服务机构投保雇主责任险和养老责任险。（民政部、卫生健康委、应急部、市场监管总局、银保监会按职责分工负责）

（二十一）实施"互联网＋养老"行动

持续推动智慧健康养老产业发展，拓展信息技术在养老领域的应用，制定智慧健康养老产品及服务推广目录，开展智慧健康养老应用试点示范。促进人工智能、物联网、云计算、大数据等新一代信息技术和智能硬件等产品在养老服务领域深度应用。在全国建设一批"智慧养老院"，推广物联网和远程智能安防监控技术，实现

24 小时安全自动值守，降低老年人意外风险，改善服务体验。运用互联网和生物识别技术，探索建立老年人补贴远程申报审核机制。加快建设国家养老服务管理信息系统，推进与户籍、医疗、社会保险、社会救助等信息资源对接。加强老年人身份、生物识别等信息安全保护。（工业和信息化部、民政部、发展改革委、卫生健康委按职责分工负责）

（二十二）完善老年人关爱服务体系

建立健全定期巡访独居、空巢、留守老年人工作机制，积极防范和及时发现意外风险。推广"养老服务顾问"模式，发挥供需对接、服务引导等作用。探索通过公开招投标方式，支持有资质的社会组织接受计划生育特殊家庭、孤寡、残疾等特殊老年人委托，依法代为办理入住养老机构、就医等事务。积极组织老年人开展有益身心健康的活动。重视珍惜老年人的知识、技能、经验和优良品德，发挥老年人的专长和作用，鼓励其在自愿和量力的情况下，从事传播文化和科技知识、参与科技开发和应用、兴办社会公益事业等社会活动。（民政部、卫生健康委、人力资源社会保障部按职责分工负责，地方各级人民政府负责）

（二十三）大力发展老年教育

优先发展社区老年教育，建立健全"县（市、区）—乡镇（街道）—村（居委会）"三级社区老年教育办学网络，方便老年人就近学习。建立全国老年教育公共服务平台，鼓励各类教育机构通过多种形式举办或参与老年教育，推进老年教育资源、课程、师资共享，探索养教结合新模式，为社区、老年教育机构及养老服务机构等提供支持。积极探索部门、行业企业、高校所举办老年大学服务社会的途径和方法。（教育部、卫生健康委、中央组织部、民政部按职责分工负责）

六 促进养老服务基础设施建设

（二十四）实施特困人员供养服务设施（敬老院）改造提升工程

将补齐农村养老基础设施短板、提升特困人员供养服务设施（敬老院）建设标准纳入脱贫攻坚工作和乡村振兴战略。从 2019 年起实施特困人员供养服务设施（敬老院）改造提升工程，积极发挥政府投资引导作用，充分调动社会资源，利用政府和社会资本合作、公建民营等方式，支持特困人员供养服务设施（敬老院）建设、改造升级照护型床位，开辟失能老年人照护单元，确保有意愿入住的特困人员全部实现集中供养。逐步将特困人员供养服务设施（敬老院）转型为区域性养老服务中心。（民政部、发展改革委按职责分工负责，地方各级人民政府负责）

（二十五）实施民办养老机构消防安全达标工程

从 2019 年起，民政部本级和地方各级政府用于社会福利事业的彩票公益金，采取以奖代补等方式，引导和帮助存量民办养老机构按照国家工程建设消防技术标准配置消防设施、器材，针对重大火灾隐患进行整改。对因总建筑面积较小或受条件限制难以设置自动消防系统的建筑，加强物防、技防措施，在服务对象住宿、主要活动场所和康复医疗用房安装独立式感烟火灾探测报警器和局部应用自动喷水灭火系统，配备应急照明设备和灭火器。（财政部、民政部、应急部按职责分工负责）

（二十六）实施老年人居家适老化改造工程

2020 年底前，采取政府补贴等方式，对所有纳入特困供养、建档立卡范围的高龄、失能、残疾老年人家庭，按照《无障碍设计规范》实施适老化改造。有条件的地方可积极引导城乡老年人家庭进行适老化改造，根据老年人社会交往和日常生活需要，结合老旧小区改

造等因地制宜实施。（民政部、住房城乡建设部、财政部、卫生健康委、扶贫办、中国残联按职责分工负责，地方各级人民政府负责）

（二十七）落实养老服务设施分区分级规划建设要求

2019 年在全国部署开展养老服务设施规划建设情况监督检查，重点清查整改规划未编制、新建住宅小区与配套养老服务设施"四同步"（同步规划、同步建设、同步验收、同步交付）未落实、社区养老服务设施未达标、已建成养老服务设施未移交或未有效利用等问题。完善"四同步"工作规则，明确民政部门在"四同步"中的职责，对已交付产权人的养老服务设施由民政部门履行监管职责，确保养老服务用途。对存在配套养老服务设施缓建、缩建、停建、不建和建而不交等问题的，在整改到位之前建设单位不得组织竣工验收。按照国家相关标准和规范，将社区居家养老服务设施建设纳入城乡社区配套用房建设范围。对于空置的公租房，可探索允许免费提供给社会力量，供其在社区为老年人开展日间照料、康复护理、助餐助行、老年教育等服务。市、县级政府要制定整合闲置设施改造为养老服务设施的政策措施；整合改造中需要办理不动产登记的，不动产登记机构要依法加快办理登记手续。推进国有企业所属培训中心和疗养机构改革，对具备条件的加快资源整合、集中运营，用于提供养老服务。凡利用建筑面积 1000 平方米以下的独栋建筑或者建筑物内的部分楼层改造为养老服务设施的，在符合国家相关标准的前提下，可不再要求出具近期动迁计划说明、临时改变建筑使用功能说明、环评审批文件或备案回执。对养老服务设施总量不足或规划滞后的，应在城市、镇总体规划编制或修改时予以完善，有条件的地级以上城市应当编制养老服务设施专项规划。（住房城乡建设部、自然资源部、生态环境部、民政部、国资委按职责分工负责，地方各级人民政府负责）

（二十八）完善养老服务设施供地政策

举办非营利性养老服务机构，可凭登记机关发给的社会服务机构登记证书和其他法定材料申请划拨供地，自然资源、民政部门要积极协调落实划拨用地政策。鼓励各地探索利用集体建设用地发展养老服务设施。存量商业服务用地等其他用地用于养老服务设施建设的，允许按照适老化设计要求调整户均面积、租赁期限、车位配比及消防审验等土地和规划要求。（自然资源部、住房城乡建设部、民政部按职责分工负责，地方各级人民政府负责）

国务院建立由民政部牵头的养老服务部际联席会议制度。各地、各有关部门要强化工作责任落实，健全党委领导、政府主导、部门负责、社会参与的养老服务工作机制，加强中央和地方工作衔接。主要负责同志要亲自过问，分管负责同志要抓好落实。将养老服务政策落实情况纳入政府年度绩效考核范围，对落实养老服务政策积极主动、养老服务体系建设成效明显的，在安排财政补助及有关基础设施建设资金、遴选相关试点项目方面给予倾斜支持，进行激励表彰。各地要充实、加强基层养老工作力量，强化区域养老服务资源统筹管理。

国务院办公厅

2019 年 3 月 29 日

（本文有删减）

图书在版编目（CIP）数据

中国失能老人长期照护多元主体融合研究：基于财
务供给的视角／曹信邦著． —— 北京：社会科学文献出
版社，2020.10
　　ISBN 978 - 7 - 5201 - 7432 - 9

Ⅰ.①中… Ⅱ.①曹… Ⅲ.①老年人 - 护理 - 社会保
障 - 财政支出 - 研究 - 中国 Ⅳ.①D669.6②F812.45

中国版本图书馆 CIP 数据核字（2020）第 190536 号

中国失能老人长期照护多元主体融合研究
　　——基于财务供给的视角

著　　者／曹信邦

出 版 人／谢寿光
责任编辑／仇　扬
文稿编辑／张凡羽

出　　版／社会科学文献出版社·当代世界出版分社（010）59367004
　　　　　地址：北京市北三环中路甲29号院华龙大厦　邮编：100029
　　　　　网址：www. ssap. com. cn
发　　行／市场营销中心（010）59367081　59367083
印　　装／三河市尚艺印装有限公司

规　　格／开　本：787mm × 1092mm　1/16
　　　　　印　张：18　字　数：239千字
版　　次／2020 年 10 月第 1 版　2020 年 10 月第 1 次印刷
书　　号／ISBN 978 - 7 - 5201 - 7432 - 9
定　　价／89.00 元

本书如有印装质量问题，请与读者服务中心（010 - 59367028）联系